ATIF MIAN UND AMIR SUFI

DAS SCHULDENHAUS

Für unsere Eltern, weil sie immer für uns da waren.
Für Saima und Ayesha

ATIF MIAN und AMIR SUFI

DAS SCHULDENHAUS

Die globale Finanzkrise – warum der Konsument das Problem ist
und nicht die Banken

Aus dem Englischen von Karsten Petersen

orell füssli Verlag

Die englische Originalausgabe erschien 2014 unter dem Titel »House of Debt: How They (and You) Caused The Great Recession, and How We Can Prevent It from Happening Again« bei The University of Chicago Press, Chicago, Illinois, U.S.A.

© Atif Mian und Amir Sufi, 2014

© der deutschen Ausgabe Orell Füssli Verlag AG, Zürich 2015
www.ofv.ch
Alle Rechte vorbehalten

Übersetzer: Karsten Petersen
Redaktion: Werner Wahls
Umschlaggestaltung: Hauptmann & Kompanie Werbeagentur, Zürich
Druck: fgb • freiburger graphische betriebe, Freiburg

ISBN 978-3-280-05584-7

Bibliografische Information der Deutschen Nationalbibliothek: Die Deutsche National-bibliothek verzeichnet diese Publikation in der Deutschen Nationalbibliografie; detaillierte bibliografische Daten sind im Internet über http://dnb.d-nb.de abrufbar.

Inhalt

1   Ein Skandal in Böhmen

Früher war es ganz einfach, in den USA Wohnmobile zu verkaufen. Bob Olson, der CEO des Wohnmobil-Herstellers Winnebago, pflegte einen Button zu tragen, der verkündete: »Drei Dinge kann man den Amerikanern nicht nehmen: Sex, Schnaps und ihr Wochenende.« Aber 2008 geriet die Branche in arge Bedrängnis, als die Verkaufszahlen der Monaco Coach Corporation, einem der größten Hersteller von Wohnmobilen, um fast 30 Prozent einbrachen. Das ließ deren Management kaum eine Wahl. Der Unternehmenssprecher Craig Wanichek klagte: »Wir bedauern, dass uns das wirtschaftliche Umfeld – auf das wir ganz offenkundig keinen Einfluss haben – gezwungen hat, … schwierige Entscheidungen zu treffen.«

Monaco war der größte Hersteller dieselgetriebener Wohnmobile. Das traditionsreiche Unternehmen hat viele Jahre lang im Norden von Indiana produziert und überall in den Vereinigten Staaten verkauft. Im Jahr 2005 setzte Monaco über 15 000 Fahrzeuge ab und beschäftigte etwa 3000 Mitarbeiter in den Bezirken Wakarusa, Nappanee und Elkhart im Bundesstaat Indiana. Im Juli 2008 wurden an zwei Standorten der Monaco Coach Corporation in Indiana 1430 Beschäftigte entlassen. Die Belegschaft war wie vor den Kopf gestoßen. Jennifer Eiler, die in der Fabrik im Bezirk Wakarusa arbeitete, sprach in einem Restaurant am anderen Ende der Straße mit einem Reporter und erzählte: »Ich war total schockiert. Wir ahnten, dass es wieder Entlassungen geben könnte, aber so etwas haben wir nicht erwartet.« Karen Hundt, die als Barkeeperin in einem Hotel in Wakarusa arbeitete, fasste die Probleme, mit denen sich die entlassenen Mitarbeiter konfrontiert sahen, folgendermaßen zusammen: »Die Leute haben doch seit Jahren nichts anderes gemacht. Wer wird sie denn jetzt noch einstellen, wenn sie über fünfzig sind? Sie stehen total unter Schock und haben die volle Tragweite ihrer Situation noch gar nicht begriffen.«

Im Jahr 2008 spielte sich dieses traurige Szenario wiederholt im ganzen nördlichen Indiana ab. Bis zum Ende des Jahres war die Arbeitslosenquote in Elkhart, Indiana, von 4,9 auf 16,2 Prozent hochgeschnellt – beinahe 20 000 Arbeitsplätze gingen verloren. Und Schulen und wohltätige Organisationen in der gesamten Region bekamen die Folgen der hohen Arbeitslosigkeit zu spüren. In Suppenküchen in Elkhart stellten sich doppelt so viele Menschen wie sonst für kostenlose Mahlzeiten an, und in der Weihnachtszeit verzeichnete die Heilsarmee einen sprunghaften Anstieg der Nachfrage nach Lebensmitteln und Spielzeug. Etwa 60 Prozent der Schüler in den staatlichen Schulen von Elkhart kamen aus Familien, deren Einkommen so niedrig war, dass sie Anspruch auf kostenlose Schulspeisung hatten.[1]

Die Menschen im Norden von Indiana bekamen die Misere schon frühzeitig zu spüren, aber sie blieben keineswegs allein. Die Große Amerikanische Rezession vernichtete zwischen 2007 und 2009 acht Millionen Arbeitsplätze. Über vier Millionen Immobilien fielen der Zwangsvollstreckung anheim. Ohne die Auswirkungen der Großen Rezession wäre das Einkommen der Vereinigten Staaten im Jahre 2012 um zwei Billionen Dollar höher gewesen; das entspricht etwa 17 000 Dollar pro Haushalt.[2] Aber das tiefergehende menschliche Leid ist noch verhängnisvoller. Zahlreiche Studien haben auf die gravierenden negativen psychischen Folgen von Arbeitslosigkeit hingewiesen, etwa Depressionen oder gar Suizid. Arbeitnehmer, die in einer Rezession entlassen werden, verlieren über ihre gesamte Lebenszeit betrachtet durchschnittlich drei volle Jahre an Einkommenspotenzial.[3] US-Präsident Franklin Delano Roosevelt (1933–1945) hat diese verheerenden Folgen sehr treffend beschrieben, als er Arbeitslosigkeit als »die größte Bedrohung für unsere gesellschaftliche Ordnung« bezeichnete.[4]

Ebenso wie die Belegschaft der Monaco-Fabriken in Indiana sind Menschen, die in Rezessionen ihren Arbeitsplatz verlieren, schockiert, fassungslos und verwirrt – und zwar aus gutem Grund. Einschneidende wirtschaftliche Abschwünge sind in vielerlei Hinsicht ein Rätsel. Sie werden fast nie durch ein offenkundiges Einbrechen der Produktionskapazität der Wirtschaft herbeigeführt. So gab es zum Beispiel vor der Großen Rezession keine Naturkatastrophe und keinen Krieg, der Gebäude, Maschinen oder die neuesten Hochtechnologien zerstört hätte. Die Mitarbeiter von Monaco vergaßen nicht plötzlich das immense Wissen, das sie über lange Jahre der Ausbildung und Berufstätigkeit erworben hatten. Die Wirtschaft geriet schlicht ins Stottern, der Konsum brach ein und Millionen von Arbeitsplätzen gingen verloren. Das menschliche Leid, das durch schwere Wirtschaftskrisen verursacht wird, ist zweifellos immens – aber es gibt keinen offensichtlichen Grund, warum sie geschehen.

Wenn Menschen starke Schmerzen haben, laufen sie zum Arzt, um Antworten zu bekommen. Warum habe ich diese Schmerzen? Was kann ich tun, um sie zu lindern? Um uns besser zu fühlen, sind wir bereit, Medikamente zu nehmen oder unseren Lebensstil zu ändern. Aber an wen können wir uns wenden, von wem Antworten bekommen, wenn es um wirtschaftliche Schmerzen geht? Wie lässt sich dieses Leiden heilen? Bedauerlicherweise bringen die Menschen den Ökonomen nicht den gleichen Respekt entgegen wie den Ärzten. Während der Weltwirtschaftskrise in den 1930er-Jahren kritisierte der Wirtschaftswissenschaftler John Maynard Keynes seine Kollegen, als er schrieb, sie würden »offenbar von der mangelnden Übereinstimmung zwischen den Folgerungen ihrer Theorie und den Erfahrungstatsachen nicht berührt«. Was dazu führe, dass »der gewöhnliche Mann … den Ökonomen mehr und mehr die Achtung verweigert, die er anderen Gelehrten zollt, deren theoretische Folgerungen durch die Beobachtung bestätigt werden, wenn sie an der Empirie gemessen werden.«[5]

Inzwischen hat es eine Flut von Daten über wirtschaftliche Aktivitäten gegeben und erhebliche Fortschritte in den Techniken, die wir nutzen können, um sie auszuwerten, wodurch wir gegenüber Keynes und seinen Zeitgenossen klar im Vorteil sind. Dennoch ist das Ziel, das wir uns mit diesem Buch gesetzt haben, durchaus ehrgeizig. Wir wollen versuchen, Daten zu nutzen und wissenschaftliche Verfahren anzuwenden, um einige der wichtigsten Fragen zu beantworten, die sich der modernen Wirtschaft stellen: Warum kommt es zu schweren Rezessionen? Hätten wir die Große Rezession und ihre Folgen verhindern können? Wie können wir solche Krisen in Zukunft verhindern? Dieses Buch liefert Antworten, die auf empirischen Beweisen beruhen. Die entlassenen Arbeitnehmer von Monaco und Millionen andere Amerikaner, die ihren Arbeitsplatz verloren haben, verdienen eine auf Fakten beruhende Erklärung, warum es zu der Großen Rezession kam und was wir tun können, um solche Krisen in Zukunft zu verhindern.

Wer war's?

In der Erzählung »Ein Skandal in Böhmen« sagt Sherlock Holmes den bekannten Satz: »Es ist ein schwerer Fehler, Theorien aufzustellen, bevor man Tatsachen hat. Dann fängt man unmerklich an, die Tatsachen zu verdrehen, bis sie zu den Theorien passen, statt die Theorien den Tatsachen anzupassen.«[6] Das Rätsel wirtschaftlicher Katastrophen stellt eine Herausforderung dar, die jedem Problem, das der große Detektiv jemals zu lösen hatte, in nichts nachsteht. Es ist leicht für Ökonomen, der Versuchung nachzugeben, Theorien aufzustellen, bevor sie die Beweislage gründlich erfasst haben, aber wir müssen ähnlich methodisch vorgehen wie Sherlock Holmes. Fangen wir damit an, möglichst viele Fakten zusammenzutragen.

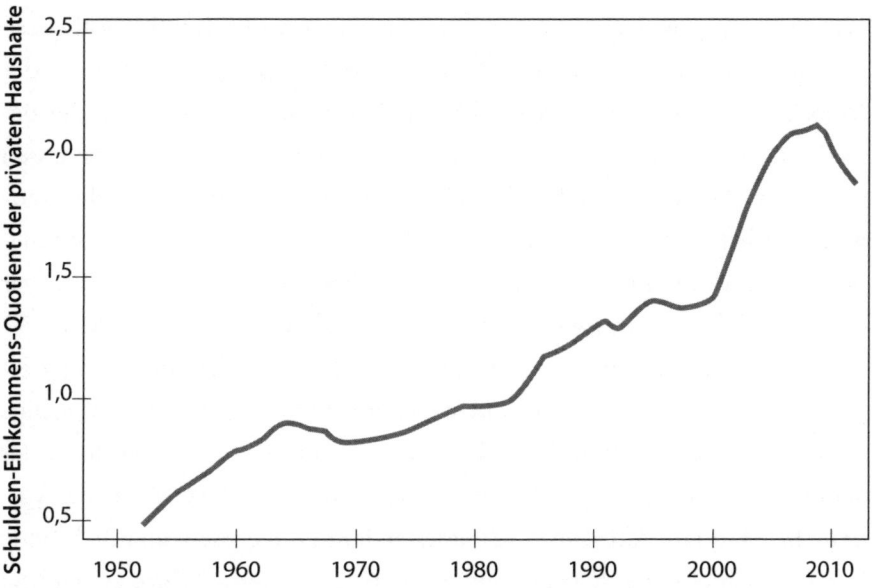

Abb. 1.1: Schulden-Einkommens-Quotient[7] der privaten Haushalte in den USA

Wenn es um die Große Rezession geht, fällt ein wichtiger Umstand ins Auge: In den Vereinigten Staaten war zwischen 2000 und 2007 ein dramatischer Anstieg der Verschuldung der privaten Haushalte zu beobachten – deren Gesamtverschuldung *verdoppelte* sich in diesen sieben Jahren auf 14 Billionen Dollar, und der Schulden-Einkommens-Quotient schnellte von 1,4 auf 2,1 in die Höhe. Um diese Entwicklung zu veranschaulichen, zeigt Abbildung 1.1 den Schulden-Einkommens-Quotienten der Haushalte in den USA von 1950 bis 2010. Die Verschuldung nahm bis zum Jahr 2000 stetig zu, aber dann stellte sich eine deutliche Veränderung ein.

Unter Verwendung einer längeren historischen Entwicklung (basierend auf dem Quotienten aus der Verschuldung der Haushalte und dem BIP [Bruttoinlandsprodukt]) hat der Ökonom David Beim gezeigt, dass der Anstieg vor der Großen Rezession nur mit einer einzigen anderen Episode im vergangenen Jahrhundert der US-Geschichte vergleichbar ist, und zwar mit den Anfangsjahren der Weltwirtschaftskrise.[8] Zwischen

11

1920 und 1929 war ein sprunghafter Anstieg sowohl von Hypotheken- als auch von Ratenkrediten – etwa zur Anschaffung von Autos oder Möbeln – zu beobachten. Seine Daten sind weniger genau, aber die Berechnungen, die der Ökonom Charles Persons 1930 angestellt hat, lassen vermuten, dass die ausstehenden Hypotheken für städtische, nicht landwirtschaftlich genutzte Immobilien sich zwischen 1920 und 1929 *verdreifachten*.[9] Ein so massiver Anstieg der Hypothekenverschuldung stellt sogar den Immobilienboom zwischen 2000 und 2007 weit in den Schatten.

Die Zunahme der Finanzierung durch Ratenkredite in den 1920er-Jahren revolutionierte die Art und Weise, wie private Haushalte langlebige Gebrauchsgüter kauften, Produkte wie Waschmaschinen, Autos oder Möbel. Martha Olney, eine führende Expertin für die Geschichte des Verbraucherkredits, erklärt, dass »die 1920er-Jahre die entscheidende Wende in der Geschichte des Konsumentenkredits markieren.«[10] Zum ersten Mal in der Geschichte der USA gewöhnten sich die Anbieter von langlebigen Gebrauchsgütern daran, dass ein Kunde, der zur Tür hereinkam, einen Kredit in Anspruch nahm um seine Anschaffung zu finanzieren. Die gesellschaftliche Haltung zum Aufnehmen von Schulden hatte sich verändert, Käufe auf Kredit wurden immer akzeptabler.

Durch die wachsende Bereitschaft, Verbrauchern Kredite zu gewähren, stiegen die Ausgaben der privaten Haushalte in den 1920er-Jahren schneller als die Einkommen.[11] Im Verhältnis zum Einkommen der Haushalte nahmen die Konsumentenkredite in den zehn Jahren vor der Weltwirtschaftskrise um mehr als das Doppelte zu und etliche Studien haben eine »ungewöhnlich starke Zunahme von Zahlungsverpflichtungen der privaten Haushalte im Jahr 1929« dokumentiert.[12] Als Persons 1930 sein Buch schrieb, kam er zu eindeutigen Schlussfolgerungen über die Verschuldung in den 1920er-Jahren: »Im vergangenen Jahrzehnt war eine Kreditinflation großen Ausmaßes zu beobachten. Unsere Zeit des Wohlstandes basierte zum großen Teil auf nichts Substanziellerem als auf einer Expansion der Verschuldung.«[13] Und während die privaten Haushalte sich verschuldeten, um neue Produkte zu kaufen, sparten sie immer weniger. Olney schätzt, dass die private Sparquote in den Vereinigten Staaten von durchschnittlich 7,1 Prozent zwischen 1898 und 1916 auf 4,4 Prozent zwischen 1922 und 1929 fiel.

Also können wir feststellen, dass sowohl der Großen Rezession als auch der Weltwirtschaftskrise eine erhebliche Zunahme der Verschuldung der privaten Haushalte voranging. Es gibt eine weitere, bemerkenswerte Parallele: Beide Krisen begannen mit einem unerklärlich starken Rückgang der Konsumausgaben der privaten Haushalte. So wurden die Mitarbeiter der Monaco Coach Corporation in erster Linie wegen des Einbruchs der Käufe von Wohnmobilen in den Jahren 2007 und 2008 entlassen. Dieses Verhaltensmuster war weitverbreitet. Der Konsum von langlebigen Gütern wie Autos, Möbeln und Haushaltsgeräten brach in der Anfangsphase der Großen Rezession massiv ein – also vor dem Tiefpunkt der Finanzkrise im September 2008. Die Verkaufszahlen von Autos in der Zeit von Januar bis August 2008 waren im Vergleich zu 2007 um fast zehn Prozent zurückgegangen, ebenfalls vor der schlimmsten Phase der Rezession oder der Finanzkrise.

Auch die Weltwirtschaftskrise begann mit einem starken Rückgang der Ausgaben der privaten Haushalte. Der Wirtschaftshistoriker Peter Temin vertritt die Auffassung, dass »die Depression so schwer war, weil die autonomen Ausgaben stark und anhaltend einbrachen«. Darüber hinaus stellt er fest, dass der Konsumrückgang von 1930 »wirklich autonom« war, also zu groß, um durch fallende Einkommen erklärt werden zu können. Ebenso wie die Große Rezession wurde die Weltwirtschaftskrise von einem unerklärlich starken Rückgang der Konsumausgaben ausgelöst.[14]

Die Situation in anderen Ländern

Dieses Muster von stark steigender Verschuldung der privaten Haushalte und Einbrüchen der Konsumausgaben vor wirtschaftlichen Katastrophen ist nicht nur in den Vereinigten Staaten zu beobachten. Die Daten zeigen, dass dieser Zusammenhang auch in anderen Ländern zuverlässig besteht. Und wenn wir uns international umsehen, stellen wir noch etwas anderes fest: Je mehr die Verschuldung zunimmt, desto stärker brechen die Ausgaben ein. Eine 2010 von Reuven Glick und Kevin Lansing durchgeführte Studie über die Große Rezession in 16 Mitgliedsländern der OECD (Organisation für wirtschaftliche Zusammenarbeit und Entwicklung) zeigt, dass die Länder mit der höchsten Zunahme privater Verschuldung von 1997 bis 2007 genau diejenigen mit dem stärksten Einbruch der Konsumausgaben von 2008 bis 2009 waren.[15] Die Autoren stellen einen engen Zusammenhang zwischen Verschuldungszunahme und Konsumrückgang während der Großen Rezession fest. Sie weisen darauf hin, dass der Konsum am stärksten in Irland und Dänemark einbrach, also in zwei Ländern, die in den frühen 2000er-Jahren einen enormen Anstieg privater Verschuldung zu verzeichnen hatten. So erstaunlich die Zunahme der Privatverschuldung in den Vereinigten Staaten zwischen 2000 und 2007 auch war – in Irland, Dänemark, Norwegen, Großbritannien, Spanien, Portugal und den Niederlanden war sie noch höher. Und so dramatisch der Rückgang der Konsumausgaben in den USA auch war – in fünf dieser sechs Länder (mit Ausnahme von Portugal) fiel er noch stärker aus.

In einer Studie des Internationalen Währungsfonds (IWF) wurde die Stichprobe von Glick und Lansing auf 36 Länder erweitert, darunter auch zahlreiche osteuropäische und asiatische Staaten, und es wurden Daten bis 2010 untersucht.[16] Die Ergebnisse bestätigen, dass eine Zunahme der Verschuldung der privaten Haushalte einer der besten Prädiktoren für den Rückgang der Konsumausgaben während der Rezession ist. Aber war dieser Zusammenhang zwischen der Verschuldungszunahme und der Schwere der Rezession nur während der Großen Rezession zu beobachten? Im Jahr 1994, also lange vor der Großen Rezession, hielt Mervyn King, der spätere Präsident der Bank von England, einen Vortrag unter dem Titel »Debt Deflation: Theory and Evidence« (»Schuldendeflation: Theorie und Fakten«) vor der Europäischen Ökonomischen Vereinigung.

Schon in der ersten Zeile der Ankündigung schrieb er: »In den frühen 1990er-Jahren stellten sich die schwersten Rezessionen in den Ländern ein, welche die höchste Zunahme der privaten Verschuldung erlebt hatten.«[17] In seiner Rede dokumentierte er den Zusammenhang zwischen der Verschuldungszunahme der privaten Haushalte in einem gegebenen Land von 1984 bis 1988 und dem Rückgang des Wirtschaftswachstums in diesem Land von 1989 bis 1992. Dies entsprach den Ergebnissen der Analysen, die Glick und Lansing sowie die Forscher des IWF 20 Jahre später für die Große Rezession vorlegten. Obwohl er sich auf eine ganz andere Rezession konzentriert hatte, stellte King genau den gleichen Zusammenhang fest: Länder mit der stärksten Zunahme der privaten Verschuldung – vor allem Schweden und Großbritannien – hatten den stärksten Wachstumsrückgang während der Rezession erlebt.

Eine weitere Reihe wirtschaftlicher Abschwünge, die wir untersuchen können, sind diejenigen, welche die Ökonomen Carmen Reinhart und Kenneth Rogoff als die »großen fünf« Nachkriegs-Bankenkrisen in der entwickelten Welt bezeichnen: Spanien 1977, Norwegen 1987, Finnland und Schweden 1991 sowie Japan 1992.[18] Diese Rezessionen wurden durch Zusammenbrüche von Assetpreisen ausgelöst, die zu massiven Verlusten im Bankensektor führten, und sie alle waren besonders starke Abschwünge, von denen sich die betroffenen Volkswirtschaften nur langsam wieder erholten. Reinhart und Rogoff zeigen, dass allen fünf Episoden erhebliche Steigerungen der Immobilienpreise und ein Anschwellen des Leistungsbilanzdefizits des jeweiligen Landes vorangegangen waren.

Aber die Muster der privaten Verschuldung, die diesen Bankenkrisen vorangingen, werden von Reinhart und Rogoff nicht besonders hervorgehoben. Um die Entwicklung der Verschuldung der privaten Haushalte zu beleuchten, stellten Moritz Schularick und Alan Taylor einen hervorragenden Datenbestand zusammen, der mit Ausnahme von Finnland alle diese Episoden abdeckt. In den anderen vier Ländern waren sämtlichen von Reinhart und Rogoff behandelten Bankenkrisen massive Steigerungen der privaten Verschuldung vorangegangen. (Mit »privater Verschuldung« meinen wir die Verschuldung der privaten Haushalte und der Unternehmen außerhalb des Finanzsektors, im Gegensatz zur Verschuldung von Staaten oder Banken.) Diese Bankenkrisen waren in gewissem Sinne auch Krisen der privaten Verschuldung – ihnen allen gingen massive Steigerungen der privaten Verschuldung voran, ganz so, wie es sich auch vor der Großen Rezession und vor der Weltwirtschaftskrise in den Vereinigten Staaten abgespielt hatte. Das heißt, dass Bankenkrisen und massive Steigerungen der privaten Verschuldung in einem engen Zusammenhang stehen – gemeinsam katalysieren sie Finanzkrisen, und die bahnbrechende Forschungsarbeit von Reinhart und Rogoff zeigt, dass sie mit den gravierendsten wirtschaftlichen Abschwüngen in Verbindung stehen.[19] Bankenkrisen mögen zwar die akuten Ereignisse sein, die die öffentliche Aufmerksamkeit auf sich ziehen, aber wir müssen auch die Zunahme der privaten Verschuldung beachten, die ihnen vorangeht.

Welcher Aspekt einer Finanzkrise hat größeren Einfluss auf die Schwere einer Rezession: die Zunahme privater Verschuldung oder die Bankenkrise? Eine Studie von Oscar Jorda, Moritz Schularick und Alan Taylor kann helfen, diese Frage zu beantworten.[20] Sie untersuchten über 200 Rezessionen, die sich in der Zeit zwischen 1870 und 2008 in 14 entwickelten Ländern ereignet hatten. Sie begannen damit, das grundlegende, von Reinhart und Rogoff aufgezeigte Muster zu validieren: Von Bankenkrisen ausgelöste Rezessionen sind wesentlich schwerer als normale Rezessionen. Aber Jorda, Schularick und Taylor stellen auch fest, dass Bankenkrisen-Rezessionen eine wesentlich stärkere Zunahme der privaten Verschuldung vorangeht als anderen Rezessionen; tatsächlich ist die Expansion der privaten Verschuldung vor einer Bankenkrisen-Rezession *fünfmal* so groß. Außerdem ähneln Bankenkrisen-Rezessionen mit niedriger privater Verschuldung normalen Rezessionen. Das heißt, dass Bankenkrisen-Rezessionen ohne erhöhte private Verschuldung nichts Außergewöhnliches sind. Die Autoren zeigen auch, dass normale Rezessionen mit hoher privater Verschuldung gravierender sind als andere normale Rezessionen. Selbst wenn der Rezession keine Bankenkrise vorangeht, bewirkt eine erhöhte private Verschuldung, dass sie schwerer ausfällt. Die Autoren zeigen allerdings auch, dass den schwersten Rezessionen sowohl eine erhöhte private Verschuldung als auch eine Bankenkrise vorangehen.[21] Die Schlussfolgerung, die Jorda, Schularick und Taylor aufgrund ihrer umfassenden Stichproben-Analyse von Rezessionen ziehen, ist eindeutig:

> Wir dokumentieren – soweit wir wissen, zum ersten Mal –, dass im Laufe von mindestens einem Jahrhundert moderner Wirtschaftsgeschichte in entwickelten Ländern ein enger Zusammenhang zwischen der Zunahme der Verschuldung während einer Expansion und der Schwere der darauffolgenden Rezession bestanden hat ... Wir zeigen, dass die wirtschaftlichen Kosten von Finanzkrisen je nach Ausmaß der Verschuldung in der vorangegangenen Expansionsphase erheblich variieren können [unsere Hervorhebung].[22]

Insgesamt zeigen sowohl die internationalen als auch die US-Wirtschaftsdaten ein ausgeprägtes Muster: *Wirtschaftskatastrophen geht fast immer eine starke Zunahme der privaten Verschuldung voran.* Tatsächlich ist dieser Zusammenhang so zuverlässig, dass er einem empirischen Gesetz so nahekommt, wie es in der Makroökonomie überhaupt denkbar ist. Darüber hinaus scheint es so zu sein, dass starke Zunahmen der privaten Verschuldung und Wirtschaftskatastrophen durch Einbrechen der Ausgaben miteinander verknüpft sind.

Ein erster Blick auf die Daten lässt also einen Zusammenhang zwischen privater Verschuldung, Konsumausgaben und schweren Rezessionen vermuten. Aber die genaue Beziehung zwischen den dreien ist nicht völlig klar. Das lässt Raum für alternative Erklärungen, und viele intelligente und namhafte Ökonomen haben sich anderweitig umgesehen. Sie argumentieren, dass die Verschuldung der privaten Haushalte weitgehend ein Nebenschauplatz ist – also nicht die Hauptattraktion, wenn es darum geht, schwere Rezessionen zu erklären.

Die alternativen Theorien

Die Ökonomen, die der privaten Verschuldung weniger Bedeutung beimessen, bieten in der Regel eine alternative Erklärung an. Die vielleicht häufigste ist die Fundamentaldaten-Theorie, nach der schwere Rezessionen durch eine wie auch immer geartete, fundamentale Störung der Wirtschaft verursacht werden: durch eine Naturkatastrophe, einen politischen Coup oder veränderte Erwartungen in Bezug auf zukünftiges Wirtschaftswachstum.

Aber den meisten schweren Rezessionen, über die wir oben gesprochen haben, ging kein offensichtlicher Akt von höherer Gewalt und keine politische Katastrophe voran. Daher macht die Fundamentaldaten-Theorie gewöhnlich veränderte Wachstumserwartungen verantwortlich, aufgrund derer das Zunehmen der Verschuldung vor einer Rezession lediglich optimistische Erwartungen reflektiert, dass Einkommen oder Produktivität steigen werden. Angenommen, es gibt eine wie auch immer geartete Technologie, von der die Menschen glauben, dass sie die Lebensqualität enorm verbessern wird. Eine schwere Rezession folgt demnach, wenn diese hochgesteckten Erwartungen nicht erfüllt werden. Die Menschen verlieren den Glauben, dass die Technologie weiterentwickelt wird oder die Einkommen steigen werden, und deswegen geben sie weniger Geld aus. Auch nach der Fundamentaldaten-Theorie nimmt zwar die Verschuldung vor einer schweren Rezession zu, aber ein Zusammenhang besteht nur scheinbar – er zeigt keine kausale Beziehung an.

Eine zweite Erklärung liefert die Theorie der *animalischen Instinkte* (»animal spirits«), ein von Keynes geprägter Begriff[23], nach der Konjunkturschwankungen von irrationalen und wechselnden Überzeugungen der Menschen angetrieben werden. Sie ähnelt der Fundamentaldaten-

Theorie, allerdings mit dem Unterschied, dass diese Überzeugungen nicht das Ergebnis eines rationalen Prozesses sind. So mögen zum Beispiel die Menschen während des Immobilienbooms vor der Großen Rezession irrationalerweise geglaubt haben, dass die Immobilienpreise ewig weiter stiegen. Aber dann führte menschlicher Wankelmut zu einer dramatischen Revision dieser Überzeugung – die Menschen wurden pessimistisch und gaben weniger Geld aus. Die Immobilienpreise kollabierten und die Wirtschaft geriet ins Trudeln aufgrund einer Selffulfilling Prophecy (sich selbst erfüllenden Erwartung). Die Menschen bekamen Angst vor einem Abschwung – und diese Angst machte den Abschwung unvermeidlich. Auch nach dieser Theorie hat die private Verschuldung kaum etwas mit dem dann folgenden Abschwung zu tun. Sowohl die Fundamentaldaten- als auch die Animalische-Instinkte-Theorie sind von einem ausgeprägten Gefühl des Fatalismus gekennzeichnet: Ein starker Rückgang der wirtschaftlichen Aktivitäten kann weder vorhergesagt noch verhindert werden – wir müssen ihn einfach als natürlichen Bestandteil des Wirtschaftsprozesses hinnehmen.

Eine dritte Hypothese, die häufig vorgebracht wird, ist die Kreditklemmen-Theorie. Sie besagt, das zentrale Problem der Wirtschaft sei ein erheblich geschwächter Finanzsektor, der den Kreditfluss gestoppt habe. Nach dieser Theorie ist die zunehmende Verschuldung kein Problem; das Problem ist vielmehr, dass keine Kredite mehr vergeben werden. Wenn wir einfach nur die Banken dazu bewegen können, wieder Kredite an Haushalte und Unternehmen zu vergeben, wird alles wieder in Ordnung kommen. Wenn wir die Banken retten, werden wir auch die Wirtschaft retten, und alles wird sich wieder normalisieren.

Vor allem die Kreditklemmen-Theorie erfreute sich während der Großen Rezession unter den politischen Entscheidungsträgern großer Beliebtheit. Am 24. September 2008 brachte US-Präsident George W. Bush seine leidenschaftliche Begeisterung für diese Sicht der Dinge zum Ausdruck, und zwar in einer Grundsatzrede, in der er die Maßnahmen seiner Regierung zur Bekämpfung der Krise umriss.[24] Er sah es so: »Auf Immobilienhypotheken basierende Wertpapiere haben während der Immobilienbaisse an Wert verloren, und die Banken, die solche Papiere halten, haben ihre Kreditvergabe eingeschränkt. Infolgedessen ist unsere gesamte Wirtschaft in Gefahr. … Daher schlage ich vor, dass die Bundesregierung das durch diese notleidenden Wertpapiere verursachte Risiko eindämmt, indem sie dringend benötigtes Geld bereitstellt, damit die Banken und andere Finanzinstitutionen dem Zusammenbruch entgehen und wieder Kredite vergeben können. … Diese Rettungsmaßnahme … dient dem Ziel, die Volkswirtschaft von Amerika zu bewahren.« Wenn wir die Banken retten, so argumentierte er, werde das dazu beitragen, »Arbeitsplätze zu schaffen« und »unserer Wirtschaft zu Wachstum zu verhelfen«. So etwas wie exzessive Verschuldung gibt es demnach nicht – stattdessen sollten wir die Banken dazu ermutigen, noch mehr Kredite zu vergeben.

* * *

Wir können Wirtschaftskatastrophen nur bekämpfen – und vielleicht sogar verhindern –, wenn wir ihre Ursachen verstehen. Während der Großen Rezession vernebelten Meinungsverschiedenheiten über ihre Ursachen die Tatsache, dass die Regierung dringend gefordert war, das Chaos zu beseitigen. Wir müssen uns darüber klar werden, ob noch mehr für den Zusammenhang zwischen privater Verschuldung und schweren Rezessionen spricht oder ob eine der oben beschriebenen alternativen Theorien zutrifft. Der beste Weg, um das zu testen, ist die wissenschaftliche Methode: Wir müssen die Daten gründlich analysieren und dann entscheiden, welche Theorie zutrifft. Das ist das Ziel dieses Buches.

Um genau einkreisen zu können, auf welche Weise sich private Verschuldung auf die Wirtschaft auswirkt, konzentrieren wir uns auf die Vereinigten Staaten während der Großen Rezession. Im Vergleich zu Ökonomen, die zu Zeiten früherer Rezessionen lebten, haben wir dank der enorm verbesserten Verfügbarkeit von Daten und Rechenleistung einen großen Vorteil: Wir können auf mikroökonomische Daten über eine große Vielfalt von Entwicklungen zurückgreifen, zum Beispiel über Verschuldung, Konsumausgaben, Immobilienpreise und Insolvenzen. Für die Vereinigten Staaten stehen all diese Daten auf der Ebene einzelner Postleitzahlbezirke (»zip-code level«) zur Verfügung, manche sogar auf der Ebene einzelner Personen. Auf dieser Datenbasis können wir untersuchen, wer sich stärker verschuldete und wer seine Ausgaben zurückfuhr – und wer seinen Arbeitsplatz verlor.

Das Gesamtbild

Wir halten Schulden für gefährlich, und wenn das richtig ist und starke Zunahmen der privaten Verschuldung tatsächlich schwere Rezessionen auslösen, müssen wir das Finanzsystem fundamental überdenken. Eine der wichtigsten Funktionen von Finanzmärkten besteht darin, den in der Wirtschaft aktiven Menschen zu helfen, Risiken zu verteilen. Das Finanzsystem bietet zahlreiche Produkte an, die Risiken reduzieren: Lebensversicherungen, Aktien-Portfolios oder Verkaufsoptionen auf große Börsen-Indizes. Private Haushalte brauchen ein Gefühl der Sicherheit, gegen unvorhergesehene Ereignisse geschützt zu sein.

Ein Finanzsystem, das von der massiven Verschuldung der privaten Haushalte profitiert, tut genau das, was wir nicht wollen – es konzentriert die Risiken voll und ganz auf den Schuldner. Wir wollen, dass das Finanzsystem uns gegen wirtschaftliche Katastrophen wie einen Absturz der Immobilienpreise absichert. Stattdessen konzentriert es die Verluste auf den Hauseigentümer. Tatsächlich arbeitet das Finanzsystem *gegen* uns, nicht *für* uns. So werden wir zum Beispiel zeigen, dass Immobilien-Eigenkapital (»home equity«) für einen Hauseigentümer, der eine Hypothek aufgenommen hat, wesentlich riskanter ist als die Hypothek, die von der Bank gehalten wird – eine Tatsache, die vielen Hauseigentümern erst klar wird, wenn die Immobilienpreise kollabieren.

Aber es gibt nicht nur schlechte Nachrichten. Wenn wir recht haben mit der These, dass übermäßige Verschuldung in der Tat der Übeltäter ist, dann ist das ein Problem, das sich lösen lässt. Wir müssen schwere Rezessionen und Massenarbeitslosigkeit keineswegs als unvermeidlichen Bestandteil des Konjunkturzyklus hinnehmen. Wir können unser wirtschaftliches Schicksal selbst in die Hand nehmen. Wir hoffen, dass es uns mit diesem Buch gelingen wird, ein durch Tatsachen gestütztes intellektuelles Gerüst aufzuzeigen, das uns helfen kann, auf künftige Rezessionen zu reagieren – und sie sogar zu verhindern. Wir wissen, dass wir uns damit ein ehrgeiziges Ziel gesetzt haben – aber wir müssen versuchen, es zu erreichen. Wir sind fest davon überzeugt, dass Rezessionen nicht unvermeidbar sind – sie sind keine rätselhaften Akte höherer Gewalt, die wir schicksalsergeben hinnehmen müssen. Vielmehr sind Rezessionen das Produkt eines Finanzsystems, das eine zu starke Verschuldung der privaten Haushalte fördert. Wirtschaftskatastrophen werden *von Menschen gemacht*, und die richtige Perspektive kann uns helfen zu verstehen, wie wir sie verhindern können.

Teil I

Bankrott

2 Schulden und Zerstörung

Uns allen kann es passieren, dass wir uns mit einer unvorhergesehenen Bedrohung konfrontiert sehen, die unser Leben verändern kann: eine unerwartete Krankheit, ein verheerender Sturm, eine Feuersbrunst. Wir wissen, dass wir uns gegen solche Ereignisse schützen müssen, und wir schließen Versicherungen ab, um den Schaden ersetzt zu bekommen, wenn ein solches Ereignis eintritt. Dies ist eine der häufigsten Arten, wie wir mit den Finanzmärkten interagieren. Das Finanzsystem als Ganzes kann solche Risiken wesentlich besser tragen als eine Einzelperson.

Amir wuchs in Topeka, Kansas, auf, wo die Menschen sich von jeher der Bedrohung durch Tornados bewusst sind. Schon in jungen Jahren absolvieren die Einwohner von Kansas Tornado-Übungen – dann strömen die Kinder aus den Klassenzimmern in die Flure, wo ihnen gezeigt wird, wie sie sich möglichst dicht an der Wand zur Kugel zusammenrollen und Kopf und Hals mit den Händen bedecken können, um sich zu schützen. Diese Notfallübungen werden mindestens zweimal im Jahr durchgeführt, denn ein Tornado kann jederzeit und aus heiterem Himmel zuschlagen, darauf gilt es vorbereitet zu sein. Ebenso bereiten sich auch die Hauseigentümer in Kansas auf Tornados vor, indem sie sicherstellen, dass ihre Versicherung zahlen wird, falls ihr Haus durch einen Tornado zerstört wird. Geld kann den Verlust des eigenen Hauses nicht ersetzen, aber es kann dafür sorgen, dass eine Familie in solchen Zeiten der Verzweiflung beginnen kann, ihr Leben neu aufzubauen. Eine Versicherung *schützt* beziehungsweise *unterstützt* Menschen, die in Not geraten sind – dies ist eine der wichtigsten Funktionen des Finanzsystems.

Ein Zusammenbruch der Immobilienpreise führt zwar nicht zu Verletzungen oder gar Todesgefahr, aber für Hauseigentümer bringt er eine andere unvorhergesehene Bedrohung mit sich. Für viele Amerikaner ist Immobilien-Eigenkapital die einzige Quelle ihres Wohlstands. Vielleicht haben sie dieses Kapital für ihren Ruhestand eingeplant, oder sie wollen es nutzen, um dem Kind das College zu finanzieren. Ein dramatischer Absturz der Immobilienpreise kommt ebenso unerwartet wie ein Tornado, der eine Kleinstadt in Kansas verwüstet. Wenn es jedoch um die mit den Immobilienpreisen verbundenen Risiken geht, bewirkt die Abhängigkeit des Finanzsystems von Hypothekendarlehen das genaue Gegenteil einer Versicherung: Sie konzentriert das Risiko auf den Hauseigentümer. Während die Versicherung den Hauseigentümer schützt, wird er durch Schulden gefährdet. Wie das funktioniert, wird im Folgenden beschrieben.

Die Unerbittlichkeit von Schulden

Schulden spielen in der Wirtschaft eine so verbreitete Rolle, dass wir häufig vergessen, wie unerbittlich sie sind. Eine fundamentale Eigenschaft von Schulden ist, dass zuerst der Schuldner die Verluste tragen muss, die durch den Preisrückgang eines Assets entstehen. Wenn zum Beispiel ein Hauseigentümer eine Hypothek von 80 000 Dollar aufnimmt, um ein Haus im Wert von 100 000 Dollar zu kaufen, beträgt sein Immobilien-Eigenkapital 20 000 Dollar. Wenn die Immobilienpreise dann um 20 Prozent sinken, verliert der Eigentümer 20 000 Dollar – also seine gesamte Investition –, während der Kreditgeber ungeschoren davonkommt. Wenn der Eigentümer das Haus zu dem neuen Preis von 80 000 Dollar verkauft, muss er den gesamten Erlös verwenden, um die Hypothek zu tilgen – ihm bleibt nichts. Im Finanzjargon heißt das, der Kreditgeber hat einen *vorrangigen Anspruch* auf das Haus, wodurch er vor einem Fallen der Immobilienpreise geschützt ist. Der Eigentümer hat dagegen einen *nachrangigen Anspruch* auf das Haus und erleidet erhebliche Verluste, wenn die Immobilienpreise sinken.

Aber wir sollten uns den Kreditgeber in diesem Beispiel nicht als eine eigenständige Partei vorstellen. Der Kreditgeber verwendet das Geld der *Sparer*, die ihr Geld der Bank geben oder Anleihen beziehungsweise Aktien der Bank erwerben. Wenn wir sagen, der Kreditgeber habe den vorrangigen Anspruch auf das Haus, meinen wir damit eigentlich, dass die Sparer den vorrangigen Anspruch auf das Haus haben. Die Sparer, die ein großes Nettovermögen haben, sind viel besser gegen einen Rückgang der Immobilienpreise geschützt als die Schuldner.

Lassen Sie uns jetzt einen Schritt zurücktreten und die Gesamtsituation von Schuldnern und Sparern betrachten. Wenn die Immobilienpreise um 20 Prozent fallen, sind diese Verluste auf die Schuldner konzentriert. Vor dem Hintergrund, dass die Schuldner schon vor dem Crash wenig Eigenkapital hatten (was ja der Grund dafür ist, dass sie sich etwas leihen mussten), werden ihre finanziellen Verhältnisse dadurch, dass die Verluste auf sie konzentriert werden, völlig ruiniert. Sie hatten von vornherein ein sehr geringes Nettovermögen und jetzt haben sie sogar noch weniger. Die Sparer, die typischerweise einen ansehnlichen Bestand an Finanzassets und kaum Hypothekenschulden haben, erleiden dagegen einen weit geringeren Wertverlust ihres Vermögens, wenn die Immobilienpreise sinken. Das liegt daran, dass sie letztlich – durch ihre Einlagen, Anleihen und Aktien – die vorrangigen Ansprüche auf die Immobilien halten. Die Immobilienpreise mögen so weit fallen, dass sogar die Halter der vorrangigen Ansprüche Verluste erleiden – aber diese Verluste sind weit geringer als der völlige Ruin, in den die Schuldner getrieben werden.

Daher ist die Konzentration von Verlusten auf die Schuldner untrennbar mit Vermögensungleichheit verknüpft. Wenn die Immobilienpreise in einer Wirtschaft mit hoher Verschuldung kollabieren, vergrößert der Zusammenbruch die Vermögensungleichheit, da die Haushalte mit geringem Nettovermögen den Löwenanteil der Verluste tragen. Zwar erleiden die Sparer ebenfalls Verluste, aber tatsächlich verbessert sich ihre relative Position sogar. In dem vorstehenden Beispiel gehörte den Sparern vor dem Crash 80 Prozent des Hauses, während der Hauseigentümer 20 Prozent davon besaß. Nach dem Crash ist der Eigentümer dagegen völlig ruiniert, und den Sparern gehört das Haus zu 100 Prozent.

Schulden und Vermögensungleichheit in der Großen Rezession

Im Laufe der Großen Rezession fielen die Immobilienpreise um 5,5 Billionen Dollar – ein enormer Betrag, vor allem angesichts der jährlichen Wirtschaftsleistung der USA von etwa 14 Billionen Dollar. Durch einen so massiven Rückschlag hat natürlich das Nettovermögen von Hausbesitzern ganz offensichtlich gelitten. Aber wie sah die *Verteilung* dieser Verluste aus? Um wie viel schlechter waren die Schuldner tatsächlich gestellt?

Fangen wir damit an, die Verteilung des Nettovermögens in den Vereinigten Staaten im Jahr 2007 zu untersuchen.[25] Das Nettovermögen eines Haushalts besteht aus zwei Arten von Assets: Finanzwerten und Immobilienwerten. Finanzwerte sind zum Beispiel Aktien, Anleihen, Giro- und Spareinlagen sowie andere Unternehmensbeteiligungen, die ein Haushalt besitzt. Das Nettovermögen ist definiert als die Summe von Finanzwerten und Immobilienwerten abzüglich etwaiger Schulden. Hypotheken und immobilienbesicherte Kredite sind bei Weitem die wichtigsten Komponenten der Verschuldung der privaten Haushalte und machten im Jahr 2006 immerhin 80 Prozent der gesamten privaten Verschuldung aus.

Im Jahr 2007 bestanden dramatische Unterschiede zwischen den Haushalten in den USA, sowohl in der Zusammensetzung ihres Nettovermögens als auch in ihrem Verschuldungsgrad (»leverage«). Die Hauseigentümer in den untersten 20 Prozent der Vermögensverteilung – die ärmsten Hauseigentümer – waren stark verschuldet. Ihr Verschuldungsgrad – das Verhältnis zwischen Gesamtschulden und Gesamtvermögen – betrug im Durchschnitt fast 80 Prozent (wie im vorstehenden Beispiel mit dem Haus im Wert von 100 000 Dollar). Und das Nettovermögen der ärmsten Hauseigentümer bestand fast ausschließlich aus Immobilien-

Eigenkapital. Etwa vier von fünf Dollar ihres Nettovermögens waren in ihrer Immobilie gebunden, was bedeutet, dass die armen Hausbesitzer kaum Finanzwerte besaßen, als sie in die Rezession hineingingen – sie hatten nur ihr Haus, und das war zum großen Teil über Schulden finanziert.

Die Reichen unterschieden sich davon in zwei wichtigen Aspekten. Erstens gingen sie mit wesentlich weniger Schulden in die Rezession hinein; die reichsten 20 Prozent der Hauseigentümer hatten einen Verschuldungsgrad von nur sieben Prozent. Und zweitens war ihr Nettovermögen ganz überwiegend in anderen Anlageklassen – also nicht Immobilien – konzentriert. Während die Armen vier Dollar Immobilienvermögen für jeden weiteren Dollar in anderen Anlageklassen besaßen, war es bei den Reichen genau umgekehrt – sie besaßen einen Dollar Immobilienvermögen pro vier Dollar, die in anderen Anlageklassen investiert waren, etwa in Geldmarktfonds, Aktien oder Anleihen. Abbildung 2.1 stellt diese Verteilung grafisch dar. Sie teilt die Hauseigentümer in den Vereinigten Staaten im Jahr 2007 anhand ihres Nettovermögens in fünf Fünftel ein, mit den ärmsten Haushalten auf der linken Seite der Grafik und den reichsten auf der rechten. Die Grafik zeigt den Anteil des Gesamtvermögens, das jedes dieser Fünftel in Schulden, Immobilienvermögen und Finanzwerten gebunden hatte. Je weiter wir auf der Grafik nach rechts kommen, desto mehr nimmt die Verschuldung ab und das Finanzvermögen zu.

Das ist nicht überraschend. Die Schulden des armen Mannes sind das Asset des reichen Mannes. Da es letztlich die Reichen sind, die den Armen über das Finanzsystem Geld leihen, nehmen die Schulden ab und die Finanzwerte zu, wenn wir uns von armen Hauseigentümern (links) zu reichen Immobilienbesitzern (rechts) bewegen. Wie schon erwähnt besteht zwischen Verschuldung und Vermögensungleichheit ein enger Zusammenhang. Es ist nichts Böses daran, wenn die Reichen die Armen finanzieren. Aber man muss daran denken, dass diese Ausleihungen in Form von *Finanzierung durch Schulden* stattfinden. Wenn die

Reichen die Aktien und Anleihen einer Bank besitzen, gehören ihnen dadurch die Hypothekenkredite, die die Bank ausgereicht hat, und die Zinszahlungen der Immobilienbesitzer fließen ihnen über das Finanzsystem zu.

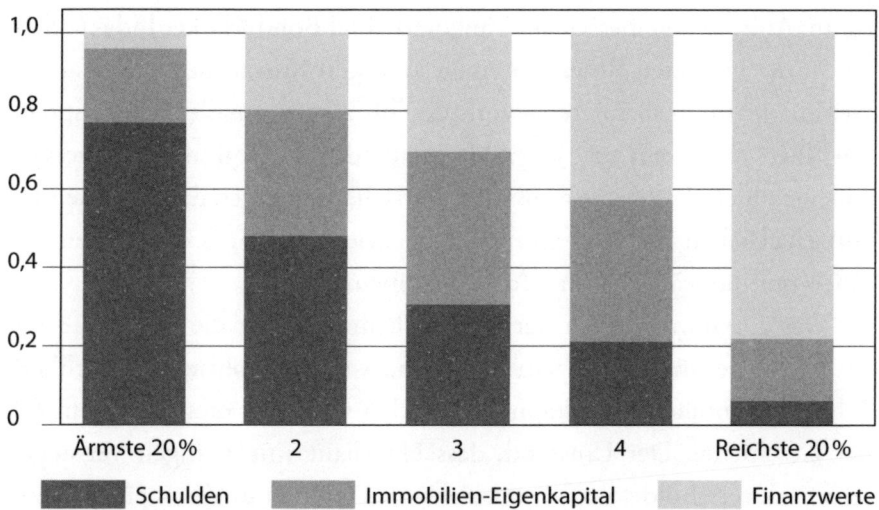

Abb. 2.1: Verschuldungsgrad von Immobilienbesitzern im Jahr 2007, nach Nettovermögen in Fünftel unterteilt

Abbildung 2.1 gibt uns einen Überblick über die wichtigsten Eckdaten, die wir berücksichtigen müssen, wenn wir uns näher mit der Großen Rezession beschäftigen wollen. Die ärmsten Hauseigentümer waren die am höchsten verschuldeten und diejenigen, die vor den Risiken des Immobilienmarktes am wenigsten geschützt waren, sie besaßen kaum Finanzwerte. Die Verbindung aus hoher Verschuldung, dem Immobilienmarkt schutzlos Ausgeliefertsein und niedrigem Finanzvermögen erwies sich später für die schwächsten Haushalte als katastrophal.

Wie die Armen noch ärmer wurden

Von 2006 bis 2009 fielen die Immobilienpreise im Land um insgesamt 30 Prozent. Und sie blieben niedrig, konnten sich erst gegen Ende 2012 wieder einigermaßen erholen. Der S&P 500, eine Kennzahl für Aktienpreise, fiel 2008 und Anfang 2009 dramatisch, zog dann aber wieder kräftig an. Anleihen (gemessen am Vanguard Total Bond Market Index) erlebten in der gesamten Rezession einen kräftigen Kursanstieg, während die Geldmarktzinsen abstürzten – von 2007 bis 2012 zogen die Anleihenpreise um über 30 Prozent an. Jeder Haushalt, der zu Beginn der Rezession Anleihen hielt, hatte eine großartige Versicherung gegen den kommenden wirtschaftlichen Zusammenbruch. Aber wie wir oben gezeigt haben, besaßen nur die reichsten Haushalte Anleihen.

Der Zusammenbruch der Immobilienpreise traf die Haushalte mit geringem Nettovermögen am härtesten, weil ihr Wohlstand ausschließlich in Immobilien-Eigenkapital gebunden war. Aber dies ist nur ein Teil der Geschichte. Der Umstand, dass Haushalte mit geringen Vermögen sehr stark verschuldet waren, verstärkte den Ruin ihres Vermögens. Dieser Effekt wird als der *Verschuldungs-Multiplikator* (»leverage multiplier«) bezeichnet. Der Verschuldungs-Multiplikator beschreibt mathematisch, wie ein Rückgang der Immobilienpreise bei verschuldeten Haushalten zu einem stärkeren Wertverlust des Nettovermögens führt.

Um diesen Effekt in Aktion zu sehen, wollen wir zu dem oben gegebenen Beispiel zurückkehren. Dabei hat ein Hauseigentümer 20 Prozent Eigenkapital in einer Immobilie, die 100 000 Dollar wert ist, und daher eine Beleihungsquote von 80 Prozent (und somit eine Hypothek von 80 000 Dollar). Wenn die Immobilienpreise um 20 Prozent fallen, ist das Haus nur noch 80 000 Dollar wert. Da die Hypothek nach wie vor 80 000 Dollar beträgt, bedeutet das, dass das Eigenkapital des Eigentümers völlig vernichtet wurde – ein Wertverlust von 100 Prozent. In diesem Beispiel hat der Verschuldungs-Multiplikator den Wert 5: Ein Rückgang der Immobilienpreise um 20 Prozent führte zu einem Verlust des Immobilien-

Eigenkapitals des Eigentümers von 100 Prozent – der Wertverlust ist also fünfmal so hoch.[26]

Von 2006 bis 2009 fielen die Immobilienpreise im ganzen Land um durchschnittlich 30 Prozent. Da jedoch die armen Hauseigentümer verschuldet waren, erlitt ihr Nettovermögen einen weit größeren Verlust. Da die Hauseigentümer mit niedrigem Nettovermögen eine Beleihungsquote von 80 Prozent eingegangen waren, vernichtete der Absturz der Immobilienpreise de facto ihr gesamtes Nettovermögen. Dies ist eine Tatsache, die häufig übersehen wird: Wenn wir sagen, die Immobilienpreise fielen um 30 Prozent, war der Verlust des Nettovermögens von verschuldeten Hauseigentümern durch den Verschuldungs-Multiplikator viel höher.

Insgesamt sagen uns diese Fakten ganz genau, welche Hauseigentümer durch die Große Rezession am schwersten getroffen wurden. Arme Hauseigentümer hatten so gut wie keine Finanzwerte; ihr Vermögen bestand fast gänzlich aus Immobilien-Eigenkapital. Und darüber hinaus war ihr Immobilien-Eigenkapital der nachrangige Anspruch. Also wurde der Einbruch der Immobilienpreise durch einen signifikanten Verschuldungs-Multiplikator vervielfacht. Als die Finanzwerte sich erholten, sahen die armen Haushalte nichts von diesen Zugewinnen.

Abbildung 2.2 stellt diese Fakten zusammen und zeigt eines der wichtigsten Muster der Großen Rezession, nämlich die Entwicklung des Nettovermögens für das untere, das mittlere und das obere Fünftel der Hauseigentümer. Das Nettovermögen von armen Hauseigentümern erlitt während der Großen Rezession einen massiven Wertverlust. Von 2007 bis 2010 brach ihr Nettovermögen von durchschnittlich 30 000 Dollar auf beinahe null ein – dies ist der Verschuldungs-Multiplikator in Aktion. Durch den Wertverlust ihres Nettovermögens im Verlauf der Großen Rezession wurden ihre gesamten Zugewinne aus den Jahren 1992 bis 2007 vollständig vernichtet. Und dies ist genau das, was angesichts ihrer Abhängigkeit von Immobilien-Eigenkapital und ihrer hohen Verschuldung zu erwarten gewesen war. Dagegen ging das durchschnittliche Nettovermögen von reichen Immobilienbesitzern lediglich von 3,2 Millionen auf 2,9 Millionen zurück. Zwar ist der absolute Betrag dieser Verluste ganz erheblich, aber der prozentuale Wertverlust ist vernachlässigbar – sie haben ihn kaum gespürt. Der Verlust war nicht einmal so groß, dass er die Zugewinne aus den Jahren 1992 bis 2004 zunichte gemacht hätte. Die Reichen kamen gut durch die Krise, weil sie Finanzwerte hielten, die sich während der Rezession wesentlich besser entwickelten als Immobilien. Und viele dieser Finanzwerte waren vorrangige Ansprüche auf Häuser.

Durch hohe Verschuldung in Verbindung mit dem dramatischen Einbrechen der Immobilienpreise wurde die schon vorher breite Kluft zwischen Arm und Reich in den Vereinigten Staaten noch vergrößert. Ja, die Armen waren von Anfang an arm, aber sie verloren alles, weil durch ihre Verschuldung der gesamte Rückgang der Immobilienpreise sich direkt auf ihr Nettovermögen niederschlug. Dies ist eine fundamentale Eigenschaft von Schulden: Sie bürdet genau den Haushalten, die am wenigsten haben, enorme Verluste auf. Diejenigen, die am meisten haben, verbleiben dagegen in einer viel besseren Position, weil sie die vorrangigen Ansprüche auf die Assets in der Wirtschaft halten. Die Ungleichheit der Vermögensverteilung in den Vereinigten Staaten war schon vor der Rezession erheblich. Im Jahr 2007 besaß das reichste Zehntel der Bevölkerung 71 Prozent der Vermögenswerte in der Wirtschaft; 1992 waren es noch 66 Prozent gewesen. Im Jahr 2010 schnellte das anteilige Vermögen des oberen Zehntels der Bevölkerung auf 74 Prozent hoch, übereinstimmend mit den oben gezeigten Mustern. Die Reichen blieben reich, während die Armen noch ärmer wurden.

Über die Trends in der Ungleichheit von Einkommen und Wohlstand ist viel diskutiert worden, aber dabei wird zumeist die Rolle von Verschuldung übersehen. Ein Finanzsystem, das exzessiv auf Schulden aufbaut, verstärkt die Ungleichheit der Vermögensverteilung. Zwar kann man viel über die Ursachen dieser Ungleichheit lernen, wenn man sich die Rolle

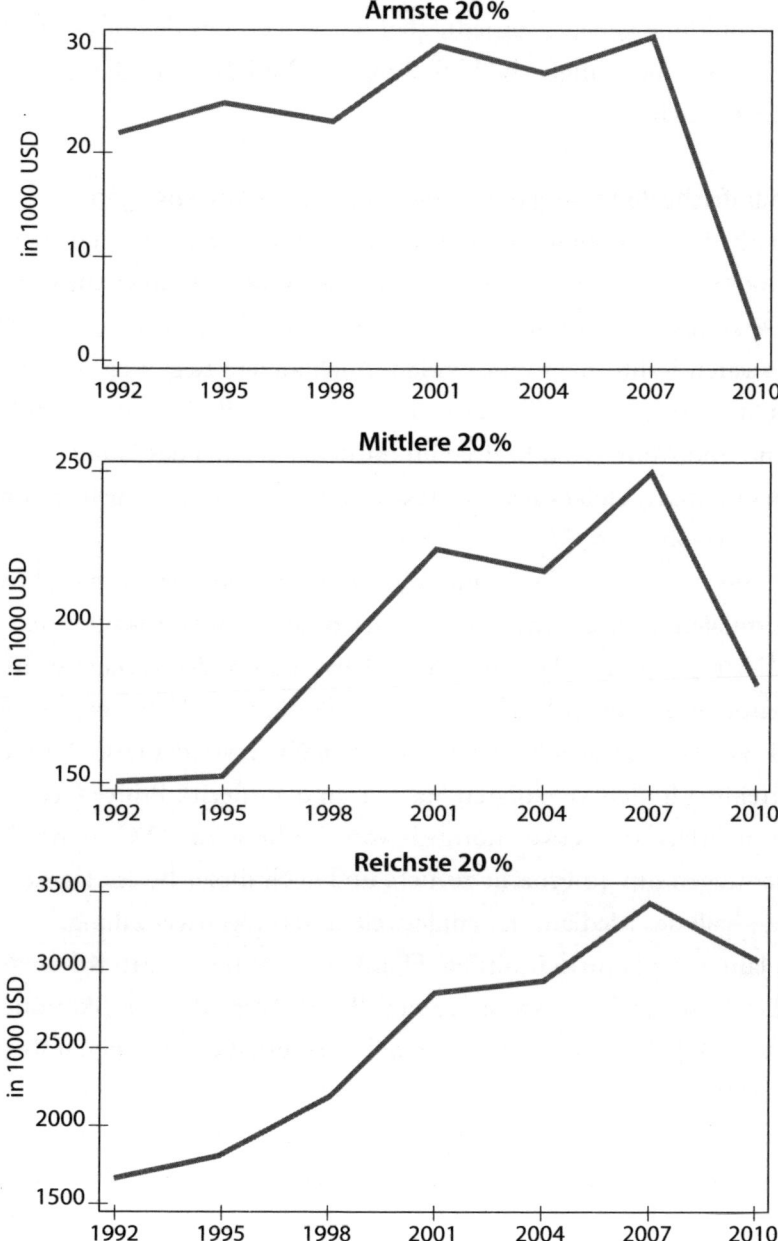

Abb. 2.2: Entwicklung des Nettovermögens von Hauseigentümern: ärmstes, mittleres und reichstes Fünftel

von Verschuldung genauer ansieht, aber wir wollen uns darauf konzentrieren, wie sich diese ungleiche Verteilung von Verlusten auf die gesamte Wirtschaft auswirkt.

Die geografische Verteilung der Vernichtung von Nettovermögen

Der Crash der Immobilienpreise während der Großen Rezession hatte eine starke geografische Komponente, auf der unsere Analyse aufbaut.[27] Die Bezirke mit den größten Vermögensverlusten befanden sich in den Bundesstaaten Kalifornien und Florida. Auch andere Regionen des Landes hatten enorme Verluste zu verzeichnen, darunter Bezirke in Colorado, Maryland und Minnesota. Bezirke im mittleren Westen des Landes, zum Beispiel in Kansas, Oklahoma und Texas, kamen dagegen weitgehend ungeschoren davon.

In einigen Regionen des Landes war der Wertverlust des Immobilien-Nettovermögens ganz erschreckend. In vier Bezirken in Nordkalifornien – Merced, San Joaquin, Solano und Stanislaus – führte der Verfall der Immobilienpreise zu einem Rückgang von 50 Prozent des Nettovermögens. Und alle vier Bezirke lagen schon 2006 unterhalb des Medians der Vermögensverteilung in den Vereinigten Staaten. In dem Bezirk Prince Georges County in Maryland, etwas nördlich von Washington, D.C., ging das Nettovermögen um 40 Prozent zurück, und auch dieser Bezirk lag deutlich unterhalb des Medians der landesweiten Vermögensverteilung.

Im Jahr 2000 hatte der mittlere Haushalt in dem etwa 210 Kilometer südöstlich von San Francisco gelegenen Bezirk Merced ein Einkommen von 35 000 Dollar und war somit gegenüber Haushalten in anderen Regionen Kaliforniens vergleichsweise arm. Von 2002 bis 2006 stiegen die Immobilienpreise in diesem Bezirk um 60 Prozent, getrieben durch die Kreditvergabe an Haushalte mit niedrigen Bonitäts-Scores. Angehende Hauseigentümer reagierten darauf, indem sie sich aggressiv verschuldeten, und die Verschuldung der privaten Haushalte nahm um 80 Prozent zu. Als dann der Immobilienmarkt einbrach, waren die Folgen katastrophal –

im Bezirk Merced war von 2006 bis 2009 ein Wertverlust des Immobilien-Eigenkapitals um 50 Prozent zu beobachten.

Während der Großen Rezession sank für viele Haushalte der Wert ihres Hauses unter die Hypothekenrestschuld. In solchen Fällen waren die Eigentümer mit ihrer Hypothek »unter Wasser« (»underwater«) oder »standen auf dem Kopf« (»upside down«) – sie waren überschuldet und hatten tatsächlich ein negatives Eigenkapital in ihrer Immobilie. Falls sie sich entschieden, das Haus zu verkaufen, mussten sie die Differenz zwischen der Hypothekenrestschuld und dem Verkaufserlös an die Bank zahlen. Angesichts dieser misslichen Lage konnte der Eigentümer entweder in seinem Haus bleiben und der Bank mehr als den Wert seines Hauses schulden, oder er konnte ausziehen und der Bank das Haus zur Zwangsvollstreckung überlassen.

Viele von ihnen entschlossen sich zu bleiben. Im Jahr 2011 hatten elf Millionen Immobilien – 23 Prozent aller hypothekenfinanzierten Immobilien – ein negatives Eigenkapital.[28] Obwohl wir diese Zahlen nur allzu gut kennen, sind wir immer noch entsetzt, wenn wir sie niederschreiben. Sie sind wirklich erschreckend und sind es wert, noch einmal wiederholt zu werden: Die Eigentümer jeder vierten hypothekenfinanzierten Wohnimmobilie in den Vereinigten Staaten waren überschuldet. In den oben erwähnten Bezirken des kalifornischen Central Valley gab es vier Postleitzahlbezirke, in denen über 70 Prozent aller Hauseigentümer überschuldet waren. Sein Haus aufzugeben war natürlich nicht ohne Nachteile; wenn man eine Hypothekenrate nicht zahlt, geht der Bonitäts-Score in den Keller. Außerdem führten solche Zwangsvollstreckungen zu einem Teufelskreis, der das Nettovermögen der Haushalte noch weiter dezimierte.

Zwangsvollstreckungen und Notverkäufe

Die negativen Auswirkungen dieser Verschuldung reichten weit über die Schuldner hinaus. Als die Immobilienpreise zusammenbrachen, wurde die gesamte Wirtschaft von Problemen in Mitleidenschaft gezogen, die mit exzessiver Verschuldung zusammenhingen. Zu diesen Nebenwirkungen zählten höhere Arbeitslosigkeit und eine notleidende Bauwirtschaft. Aber die direkteste Folge war das erstaunliche Zunehmen von Zwangsvollstreckungen. In der Ökonomie ist seit Langem bekannt, dass eine hohe Verschuldung sich auf alle auswirkt, wenn Assetpreise kollabieren. Notverkäufe von Assets zu drastisch reduzierten Preisen sind die häufigste Ursache dafür. Ein Notverkauf ist eine Situation, in der ein Schuldner oder Kreditgeber bereit ist, ein Asset zu einem Preis zu verkaufen, der weit unter dem Marktwert liegt. Im Kontext des Immobilienmarktes geschieht das typischerweise nach einer Zwangsvollstreckung: Wenn die Bank einem Eigentümer, der mit seinen Tilgungen in Verzug geraten ist, sein Haus wegnimmt, verkauft sie es anschließend zu einem drastisch reduzierten Preis.

Nach einem solchen Notverkauf ziehen andere Hauskäufer und Sachverständige den Notverkaufspreis als Bemessungsgrundlage heran, um die Preise aller anderen Immobilien in der betreffenden Gegend einzuschätzen, wodurch die Preise *aller* Häuser in dieser Gegend leiden. Selbst schuldenfreie Hauseigentümer müssen mit ansehen, wie der Wert ihrer Immobilie verfällt. Infolgedessen kann es auch für finanziell gesunde Hauseigentümer unmöglich werden, ihre Hypothek zu refinanzieren oder ihr Haus zu einem fairen Preis zu verkaufen.

Einige der heimtückischsten Effekte von Schuldenfinanzierung werden als die *Externalitäten von Zwangsvollstreckungen* (»externalities of foreclosure«) bezeichnet. Im Jargon der Ökonomen tritt eine negative Externalität ein, wann immer eine private Transaktion zwischen zwei Parteien negative Folgen für Dritte nach sich zieht. Nach einer Zwangsvollstreckung muss die Bank, die die Immobilie verkauft, nicht die negativen Folgen tragen, die alle anderen Immobilienbesitzer in der betreffenden Gegend dadurch erleiden. Deswegen ist die Bank gern bereit, zu einem niedrigeren Preis zu verkaufen, obwohl die Gesellschaft als Ganzes das nicht wollen würde.

Durch Zwangsvollstreckungen wurde der Abschwung des Immobilienmarktes während der Großen Rezession deutlich verschärft. In den Jahren 2009 und 2010 erreichte die Zahl der Zwangsvollstreckungen ein historisch noch nie dagewesenes Ausmaß. Die letzte Spitze vor der Großen Rezession hatte 2001 stattgefunden, als etwa 1,5 Prozent aller Hypotheken einer Zwangsvollstreckung anheimfielen. Während der Großen Rezession war dieser Anteil dreimal so hoch: etwa fünf Prozent aller Hypotheken befanden sich 2009 in der Zwangsvollstreckung. Laut einer Schätzung von Daniel Hartley erfolgten 30 bis 40 Prozent aller Immobilienverkäufe in den Jahren 2009 und 2010 aufgrund von Zwangsvollstreckungen oder waren Notverkäufe wegen Überschuldung.[29]

Im Rahmen einer gemeinsam mit Francesco Trebbi durchgeführten Studie haben wir versucht, einige der negativen Auswirkungen von Zwangsvollstreckungen einzuschätzen.[30] Dafür nutzten wir den Umstand, dass manche Bundesstaaten weniger strenge Vorschriften für Zwangsvollstreckungen haben als andere. So muss zum Beispiel in einigen Staaten der Kreditgeber einen gerichtlichen Räumungsbefehl erwirken, um einen säumigen Schuldner aus dem Haus zu vertreiben. In anderen Staaten ist keine gerichtliche Verfügung notwendig. Daher kam es im Laufe der Großen Rezession allein aufgrund dieses Umstandes in einigen Bundesstaaten zu sehr viel mehr Zwangsvollstreckungen als in anderen, und diesen Unterschied kann man sich zunutze machen, um die Auswirkungen von Zwangsvollstreckungen auf die Wirtschaft in der betreffenden Region einzuschätzen.

Nachdem sie sich von 2004 bis 2006 ganz ähnlich entwickelt hatten, fielen die Immobilienpreise in den Bundesstaaten, in denen Zwangsvollstreckungen einfacher waren, weit stärker. In Staaten, die eine gerichtliche Zwangsvollstreckung vorschrieben, fielen die Hauspreise um 25 Prozent, während sie in Staaten, die keine gerichtliche Zwangsvollstreckung forderten, um über 40 Prozent fielen (vgl. Abbildung 2.3).[31] Aufgrund dieses Unterschiedes zwischen verschiedenen Staaten kamen wir in unserer Studie zu dem Ergebnis, dass die Hauspreise pro ein Prozent der Hauseigentümer, die sich zwischen 2007 und 2009 einer Zwangsvollstreckung unterwerfen mussten, um 1,9 Prozent fielen. Darüber hinaus dämpften Zwangsvollstreckungen den Konsum und die Bautätigkeit, indem sie die Immobilienpreise nach unten zogen.

Durch Überschuldung erzwungene Notverkäufe gibt es nicht nur auf dem Immobilienmarkt. Andrei Shleifer und Robert Vishny weisen darauf hin, dass Notverkäufe auch nach der Leveraged-Buyout-Welle in den später 1980er-Jahren eine wichtige Rolle spielten.[32] Im Laufe jener Episode waren Firmen mit extrem hoher Fremdkapitalquote gezwungen, Vermögenswerte zu drastisch reduzierten Preisen zu verkaufen, wodurch dann für alle Unternehmen der Wert von Kreditsicherheiten zurückging. John Geanakoplos' Arbeit über die Auswirkungen von Notverkäufen[33] zeigt, dass Insolvenz bedeutet, dass ein Asset von jemandem, für den es einen großen Wert hat (dem Kreditnehmer), auf jemanden übertragen wird, für den es wesentlich weniger Wert hat (den Kreditgeber). Der Kreditgeber will den Sachwert nicht, und der Kreditnehmer kann ihn sich nicht mehr leisten. Daher ist der Kreditgeber gezwungen, das Asset zu einem reduzierten Preis zu verkaufen. Das führt zu einem Teufelskreis. Es kommt zu mehr Insolvenzen, wenn die Assetpreise einbrechen. Aber mehr Insolvenzen führen zu gedrückten Notverkaufspreisen, weil Kreditgeber die Assets abstoßen. Das führt zu noch mehr Insolvenzen, da noch niedrigere Preise immer mehr Kreditnehmer in den Bankrott treiben.

Als die Immobilienblase platzte, wurde es zweifellos notwendig, die wirtschaftlichen Ressourcen umzuverteilen. Zu viele Mieter waren zu Hauseigentümern geworden. Zu viele Hauseigentümer waren in Häuser eingezogen, die sie sich nicht leisten konnten. Es waren zu viele Häuser gebaut worden. Als jedoch der Crash passierte, schaffte es die von Schulden geplagte Wirtschaft nicht, Ressourcen auf eine effiziente Weise umzuverteilen. Stattdessen führte Verschuldung zu Notverkäufen von Immobilien, wodurch die Vernichtung von Nettovermögen noch verschlimmert wurde.

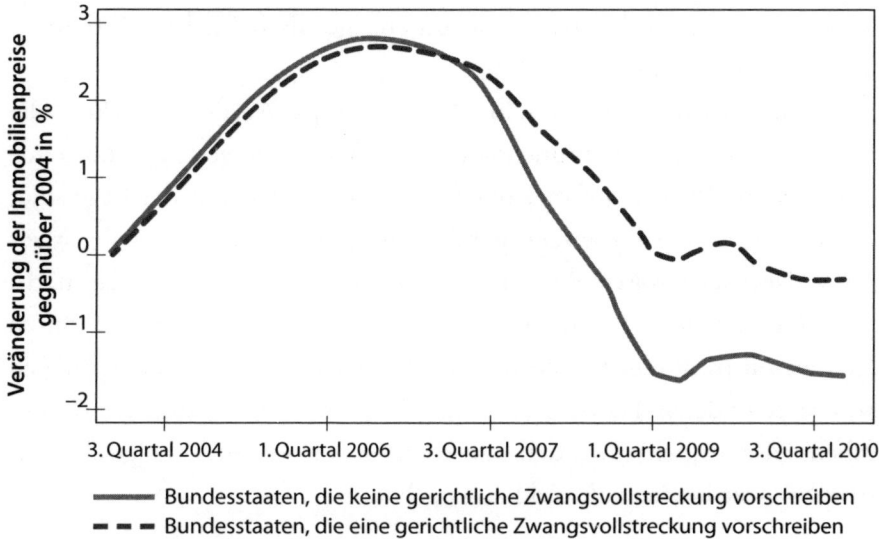

Bundesstaaten, die keine gerichtliche Zwangsvollstreckung vorschreiben
Bundesstaaten, die eine gerichtliche Zwangsvollstreckung vorschreiben

Abb. 2.3: Zwangsvollstreckungen und Immobilienpreise

Schulden: Die Anti-Versicherung

Jedes Jahr gibt es in den Vereinigten Staaten ungefähr 350 000 Wohnungs-
brände.[34] Wenn eine Familie ihr Haus durch ein Feuer verliert, kann der
Verlust furchtbar sein. Die Opfer müssen ihr Leben neu aufbauen, Kinder
müssen womöglich ihr Studium unterbrechen oder ganz aufgeben, und
vielleicht müssen notwendige Medikamente abgesetzt werden, weil die
Familie sich solche Ausgaben nicht mehr leisten kann. Tornados und
Brände sind Beispiele für eine Reihe solcher Risiken, denen wir Tag für
Tag ausgesetzt sind. Für Einzelpersonen ist es nicht sinnvoll, solche Risiken zu tragen. Stattdessen sollte ein gesundes Finanzsystem uns in die
Lage versetzen, uns kollektiv untereinander gegen solche Risiken, die
außerhalb der Macht des Einzelnen stehen, zu versichern. Es kostet uns
relativ wenig, uns regelmäßig gegenseitig zu schützen, und der Nutzen
daraus kommt auf lange Sicht uns allen zugute. Wenn eine Familie nach
einer Katastrophe in die Lage versetzt wird, wieder Fuß zu fassen, kann sie
für ihren Nachwuchs sorgen und weiterhin arbeiten. Das kommt der

wirtschaftlichen Produktivität und unserer gesellschaftlichen Zufriedenheit insgesamt zugute.

Schulden sind eine Art »Anti-Versicherung«. Anstatt zu helfen, die mit Wohneigentum zusammenhängenden Risiken zu verteilen, konzentrieren sie die Risiken auf diejenigen, die am wenigsten in der Lage sind, sie zu tragen. Wie wir gezeigt haben, wurde die Vermögensungleichheit im Verlauf der Großen Rezession durch Verschuldung noch verschärft. Und übermäßige Verschuldung drückte die Immobilienpreise durch Zwangsvollstreckungen nach unten. Und nachdem das Nettovermögen von verschuldeten Hauseigentümern durch den Rückgang der Immobilienpreise vernichtet worden war, erwies sich eine weitere Folge als katastrophal – sie hörten auf, Geld auszugeben.

3   Der Gürtel wird enger geschnallt

Eine beeindruckende Geschichte aus der Großen Rezession erzählt den Zusammenbruch von Lehman Brothers im September 2008. Die Investmentbank pleitegehen zu lassen, so ist häufig zu hören, sei ein »kolossaler Fehler« gewesen und habe den weltweiten wirtschaftlichen Abschwung ausgelöst.[35] In einem Artikel über die Ursachen der Großen Rezession bezeichnete Jacob Weisberg vom *Daily Beast*, einem US-Nachrichtenportal, es als »Beinahe-Konsens«, dass »eine globale Rezession unvermeidlich wurde, sobald die Regierung entschieden hatte, Lehman Brothers nicht zu retten«.[36] Diese Auffassung ist eng mit der in Kapitel 1 beschriebenen Kreditklemmen-Theorie verknüpft. Dieser Erklärung zufolge ließ der Zusammenbruch von Lehman Brothers den Kreditfluss einfrieren, wodurch die Unternehmen nicht mehr die Kredite bekamen, die sie brauchten, um ihre Geschäfte fortzuführen. Daher waren sie gezwungen, ihre Investitionen zurückzufahren und Mitarbeiter zu entlassen. Laut dieser Argumentation wäre unsere Wirtschaft intakt geblieben, wenn wir den Zusammenbruch von Lehman Brothers hätten verhindern können.

Die durch Konsumzurückhaltung angetriebene Rezession

Steht und fällt jede Theorie der Großen Rezession mit dem Zusammenbruch von Lehman Brothers? Sehen wir uns noch einmal die Daten an. Eine der Tatsachen, die in Kapitel 1 ins Auge fiel, war, dass die Große Rezession durch Konsumzurückhaltung angetrieben war. Wir wollen uns den zeitlichen Verlauf und das Ausmaß des Konsumrückgangs etwas genauer ansehen.

Der Rückgang der Konsumausgaben war schon *vor* dem Herbst 2008 in vollem Gange. Das Bureau of Economic Analysis (BEA; Institut für Wirtschaftsforschung) datiert den Anfang der Rezession auf das vierte Quartal 2007, also auf drei Quartale vor dem Zusammenbruch von Lehman Brothers. Der Einbruch bei Investitionen in Wohnimmobilien und beim Konsum langlebiger Güter war schon geraume Zeit vor Herbst 2008 dramatisch. Was im Herbst 2008 geschah, verschärfte zweifellos die Schwächung der Wirtschaft, aber es sollte nicht als primäre Ursache der Krise gesehen werden.

Sehen wir uns den Konsum langlebiger Güter und die Investitionen in Wohnimmobilien etwas genauer an. Langlebige Güter sind zum Beispiel Autos, Möbel, Haushaltsgeräte und Unterhaltungselektronik. Die Investitionen in Wohnimmobilien reflektieren sowohl den Bau neuer Wohnimmobilien als auch die Renovierung bereits existierender Objekte. Sowohl Neubauten als auch Renovierungen hängen von der Nachfrage der Haushalte nach Bauleistungen ab. Insofern lassen sich Investitionen in Wohnimmobilien am besten als eine andere Form des Konsums von langlebigen Gütern betrachten.

Der Kollaps der Investitionen in Wohnimmobilien war schon 2006 in vollem Gange, ganze zwei Jahre vor dem Zusammenbruch von Lehman Brothers. Im zweiten Quartal 2006 fielen die Investitionen in Wohnimmobilien hochgerechnet aufs ganze Jahr um 17 Prozent. In jedem Quartal vom zweiten Quartal 2006 bis zum zweiten Quartal 2009 gingen die Investitionen in Wohnimmobilien um mindestens 12 Prozent zurück, im vierten Quartal 2007 und im ersten Quartal 2008 sogar um 30 Prozent. Allein der Rückgang der Investitionen in Wohnimmobilien drückte in den letzten drei Quartalen 2006 das BIP-Wachstum um 1,1 Prozent auf 1,4 Prozent.

Auch wenn die Ausgaben für andere langlebige Güter nicht ganz so früh zurückgingen wie die Investitionen in Wohnimmobilien, fielen sie trotzdem noch *vor* der Hauptphase der Bankenkrise. Möbelkäufe waren 2007 im Vergleich zum Vorjahr um 1,4 Prozent zurückgegangen, und die

Konsumausgaben in Baumärkten um vier Prozent. Die Ausgaben für Haushaltsgeräte lagen 2007 noch zwei Prozent höher als im Vorjahr, aber das Wachstum lag deutlich niedriger als die sieben Prozent, die 2005 und 2006 verzeichnet wurden.

Wenn man allerdings das Jahr 2008 etwas differenzierter betrachtet, kommt man zu einigen wichtigen Erkenntnissen. Die Hauptphase der Bankenkrise begann im September 2008, als sowohl Lehman Brothers als auch AIG zusammenbrachen. Wenn wir uns also auf die Zeit von Januar bis August 2008 konzentrieren, können wir einschätzen, wie stark die Konsumausgaben im Jahr 2008 bereits vor der Bankenkrise zurückgegangen waren. Als Referenzwert wollen wir die Zahlen von Januar bis August 2007 heranziehen, da die Umsätze im Einzelhandel jahreszeitlichen Schwankungen unterliegen. Es zeichnet sich ein deutliches Muster ab: Im Jahr 2008 gingen die Ausgaben für Autos um neun Prozent zurück, für Möbel um acht Prozent und die Umsätze von Baumärkten fielen um fünf Prozent. All diese Rückgänge waren *vor* dem Zusammenbruch von Lehman Brothers zu verzeichnen. Das bedeutet, dass der scharfe Einbruch der Ausgaben für langlebige Güter der Haushalte durch etwas anderes als die Bankenkrise ausgelöst worden sein musste. Das Beispiel der Monaco Coach Corporation in Kapitel 1 steht im Einklang mit diesen Daten – die Massenentlassungen in den Fabriken im nördlichen Indiana fanden, wie erwähnt, im Sommer 2008 statt, also vor dem Höhepunkt der Bankenkrise. Tatsächlich brach die Nachfrage nach Wohnmobilen im Jahr 2007 und Anfang 2008 ein, also bevor Lehman Brothers pleiteging.

Der Rückgang der gesamten Ausgaben der privaten Haushalte im dritten und vierten Quartal 2008 *war* natürlich beispiellos. In diesen zwei Quartalen ging der gesamte Konsum laut National Income and Product Accounts (NIPA; Nationale Einkommens- und Produktrechnungslegung, Bestandteil der staatlichen volkswirtschaftlichen Gesamtrechnung der USA) um 5,2 Prozent zurück. Dies war der größte Einbruch über zwei Quartale, der in den NIPA-Daten zu finden ist (die bis 1947 zurückreichen). Die einzige andere Periode, die dieser Entwicklung auch nur nahekommt, sind das erste und zweite Quartal 1980, als der Konsum um 4,6 Prozent zurückging. Die Konsumzurückhaltung begann also schon, bevor das Jahr 2008 zu Ende ging, aber zweifellos beschleunigte sie sich während der Bankenkrise.

Wenn man sich allerdings die Zeit der Bankenkrise genauer ansieht, liegt die Vermutung nahe, dass selbst in dieser Phase die wichtigste Ursache der Rezession Konsumzurückhaltung war. NIPA schlüsselt die gesamtwirtschaftliche Leistung der US-Wirtschaft (das BIP) in Unterkategorien auf – Investitionen, Staatsausgaben und Nettoexporte – und liefert Daten, wie viel jede dieser Kategorien zum Gesamtwachstum des BIP beitrug. Uns interessieren vor allem die Beiträge von Konsum und Investitionen zum BIP-Wachstum während der Großen Rezession. Wir schlüsselten die Anlagetätigkeit in die Kategorien »Investitionen in Wohnimmobilien« sowie »andere Investitionen« auf. Die erstere umfasst Investitionen in Bauleistungen (sowohl Neubauten als auch Renovierungen), während die letztere geschäftliche Investitionen in Fabriken, Anlagegüter, Computer sowie Betriebs- und Geschäftsausstattung reflektiert.

Die Unternehmen und Banken spielten – im Gegensatz zu den Haushalten – die dominante Rolle in der Argumentation, Schwierigkeiten im Bankensektor hätten die Rezession verursacht. Nach dieser These schränkten die Banken, nachdem Lehman Brothers kollabiert war, die Kreditvergabe ein, was die Unternehmen zwang, ihre »anderen Investitionen« massiv zurückzufahren und Mitarbeiter zu entlassen. Aber die NIPA-Daten stehen im Widerspruch zu dieser Interpretation. Die Investitionen in Wohnimmobilien brachen sogar schon vor der Bankenkrise ein und schwächten das BIP-Wachstum ganz erheblich. Und auch der Beitrag des Konsums war sowohl im ersten als auch im zweiten Quartal 2008 negativ, was mit den oben angeführten Daten im Einklang steht, die zeigen, dass die Konsumzurückhaltung der privaten Haushalte schon vor der Bankenkrise einsetzte. In Abbildung. 3.1 präsentieren wir diese Daten für die

Große Rezession, die formal im vierten Quartal 2007 begann. Die Grafik schlüsselt die Beiträge zum gesamten BIP-Wachstum nach den Kategorien »Konsum«, »Investitionen in Wohnimmobilien« und »andere Investitionen« auf. Wie die Grafik zeigt, waren der Rückgang der Investitionen in Wohnimmobilien und die Konsumzurückhaltung die wichtigsten Ursachen des schwachen Wachstums in den ersten drei Quartalen der Rezession.

Aber noch wichtiger ist zu beachten, was in der schlimmsten Phase der Rezession geschah. Im ditten Quartal 2008 wurde der Absturz des BIP durch den Einbruch des *Konsums* getrieben. Die »anderen Investitionen« leisteten auch einen negativen Beitrag zum BIP-Wachstum, aber deren Effekt betrug weniger als die *Hälfte* des Effekts der Konsumzurückhaltung. Außerdem machte der Konsum im vierten Quartal 2008 abermals den größten negativen Beitrag zum BIP-Wachstum aus; erst im ersten und zweiten Quartal 2009 machte der Rückgang der geschäftlichen Investitionen den größten negativen Beitrag zum BIP-Wachstum aus.

Dieser zeitliche Ablauf impliziert, dass die Konsumzurückhaltung der privaten Haushalte die wichtigste Ursache der Rezession war, nicht die Auswirkungen der Bankenkrise auf die Unternehmen. Arbeitsplätze wurden vernichtet, weil die Haushalte aufhörten zu konsumieren, und nicht etwa, weil die Unternehmen aufhörten zu investieren. Tatsächlich zeigen die Daten, dass der Rückgang der geschäftlichen Investitionstätigkeit eine *Reaktion* auf den massiven Einbruch des Konsums der Haushalte war. Als die Unternehmen sahen, dass die Nachfrage für ihre Produkte wegbrach, fuhren sie natürlich ihre Investitionen zurück. Es ist nicht notwendig, auf die Bankenkrise zurückzugreifen, um den Rückgang der geschäftlichen Investitionen Ende 2008 und Anfang 2009 zu erklären.

Zwar zeigen die US-Gesamtdaten ein klares Muster – Konsumzurückhaltung als wichtigste Ursache der Rezession –, aber sie allein können die Gründe für diese Konsumzurückhaltung nicht genau differenzieren. Vielleicht entwickelte sich diese Zurückhaltung in Erwartung einer Ban-

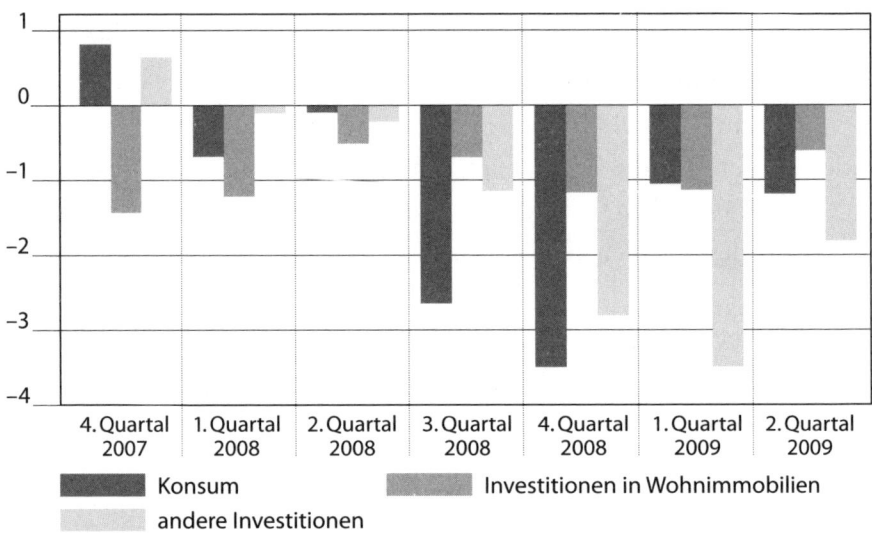

Abb. 3.1: Welche Ursachen hatte die Rezession? Anteilige Beiträge zum BIP-Wachstum

kenkrise? Vielleicht wussten manche Menschen aus irgendwelchen Quellen, dass sie in naher Zukunft entlassen würden, und fuhren deswegen ihre Ausgaben für langlebige Güter zurück, bevor die Rezession überhaupt begann? Oder wurde der Rückgang des Konsums anfänglich durch irrationale Ängste bewirkt? Zum Schluss dieses Kapitels nutzen wir geografische Daten, um den Rückgang des Konsums der privaten Haushalte während der Rezession genauer zu analysieren. Diese Daten ermöglichen uns festzustellen, wo der Konsum zurückging. Wie wir zeigen werden, zeichnen sich dabei Muster ab, die uns helfen können zu verstehen, warum der Konsum so dramatisch einbrach.

Wo der Konsum zurückging[37]

Wir wissen aus dem vorigen Kapitel, dass manche Regionen des Landes weit stärker vom Kollaps des Immobilienmarktes getroffen wurden als andere. So erlitten zum Beispiel die Haushalte in Florida im Durchschnitt einen Rückgang ihres Nettovermögens um 16 Prozent, während es bei den Haushalten in Texas nur zwei Prozent waren. Im Central Valley im nördlichen Kalifornien wurden die Nettovermögen um 50 Prozent dezimiert. Wenn wir die Daten auf einer spezifischeren Ebene untersuchen, können wir erkennen, ob der Einbruch des Immobilienvermögens die wichtigste Ursache der Konsumzurückhaltung war, im Unterschied zu anderen Faktoren, etwa dem Zusammenbruch von Lehman Brothers. Wenn der Rückgang des Nettovermögens verschuldeter Haushalte die wichtigste Ursache der Rezession war, dann wäre zu erwarten, dass der Konsum in Gegenden, die den größten Verlust ihres Immobilien-Nettovermögens erlitten, wesentlich stärker einbrach als anderswo. Und dieser Rückgang sollte schon früh in der Rezession einsetzen.

Wir teilten die Verwaltungsbezirke in den Vereinigten Staaten in Fünftel auf, basierend auf dem Rückgang des Nettovermögens durch den Absturz der Immobilienpreise von 2006 bis 2009. Jedes Fünftel umfasst 20 Prozent der gesamten Bevölkerung der USA. Wir nennen das Fünftel mit dem größten Rückgang des Nettovermögens »Bezirke mit hohem Nettovermögen-Rückgang« und das Fünftel mit dem geringsten Rückgang des Nettovermögens »Bezirke mit niedrigem Nettovermögen-Rückgang«. Bezirke mit hohem Rückgang gab es in vielen US-Bundesstaaten, zum Beispiel Kalifornien, Florida, Georgia, Maryland, Michigan und Virginia. Auch die Bezirke mit niedrigem Rückgang waren über das ganze Land verteilt.

Die Bezirke mit hohem Nettovermögen-Rückgang verloren im Durchschnitt 26 Prozent ihres Nettovermögens, während die Bezirke mit niedrigem Nettovermögen-Rückgang fast genau null Prozent verloren. Bitte rufen Sie sich in Erinnerung, dass der Rückgang des Nettovermögens aufgrund des Immobiliencrashs auf zwei ursächliche Faktoren heruntergebrochen werden kann: den Rückgang der Immobilienpreise und den Verschuldungs-Multiplikator. Darum erlitten die Regionen des Landes mit höherer Verschuldung bei gleicher prozentualer Abnahme der Immobilienpreise einen wesentlich höheren prozentualen Rückgang des Nettovermögens. Bezirke mit hohem Nettovermögen-Rückgang waren nicht die Bezirke, in denen nur die Hauspreise zusammenbrachen; vielmehr waren es die Bezirke, in denen ein Zusammenbruch der Immobilienpreise *in Verbindung* mit einer hohen Verschuldung zu verzeichnen war.

Von 2006 bis 2009 fuhren die Bezirke mit hohem Nettovermögen-Rückgang ihren Konsum um fast 20 Prozent zurück – ein massiver Einbruch. Um diese Zahl in Relation zu setzen: In der gesamten US-Wirtschaft ging der Konsum in diesen Jahren um etwa fünf Prozent zurück. Der Konsumrückgang in diesen Bezirken war also viermal so hoch wie in der Gesamtwirtschaft. Dagegen konsumierten die Bezirke mit niedrigem Nettovermögen-Rückgang im Jahr 2006 fast genauso viel wie im Jahr 2009. Abbildung 3.2 zeigt die Konsumausgaben in Bezirken mit hohem beziehungsweise niedrigem Nettovermögen-Rückgang (beide Reihen sind auf das Jahr 2006 indexiert). Schon 2007 entwickelte sich eine zunehmende Divergenz der Konsumausgaben zwischen Bezirken mit hohem und solchen mit niedrigen Nettovermögen-Rückgang. Klare Zeichen einer Rezession zeigten sich in den Bezirken, die von einem massiven Einbruch des Nettovermögens betroffen waren, schon sehr früh. Aber 2008 war das Jahr, in dem diese divergente Entwicklung sich erheblich beschleunigte. Tatsächlich war zu beobachten, dass in Bezirken, die nur von einem niedrigem Nettovermögen-Rückgang betroffen waren, der Konsum der Haushalte von 2007 bis 2008 sogar *zunahm*. In jenen US-Bezirken, die bis 2008 keinen Zusammenbruch des Nettovermögens erlitten, sind kaum Anzeichen einer Rezession erkennbar. Dagegen brach der Konsum in Regionen mit hohem Nettovermögen-Rückgang im Jahr 2008 massiv ein.

Natürlich waren die Auswirkungen der Wirtschaftskatastrophe letzten Endes auch in Regionen zu spüren, die dem Zusammenbruch des Nettovermögens entgingen. Nachdem der Konsum von 2006 bis 2008 gestiegen war, nahm er 2009 in den Bezirken mit dem niedrigsten Nettovermögen-Rückgang um fast zehn Prozent ab. Aber der Rückgang in diesen Bezirken im Jahr 2009 konterkariert keineswegs die Bedeutung des Net-

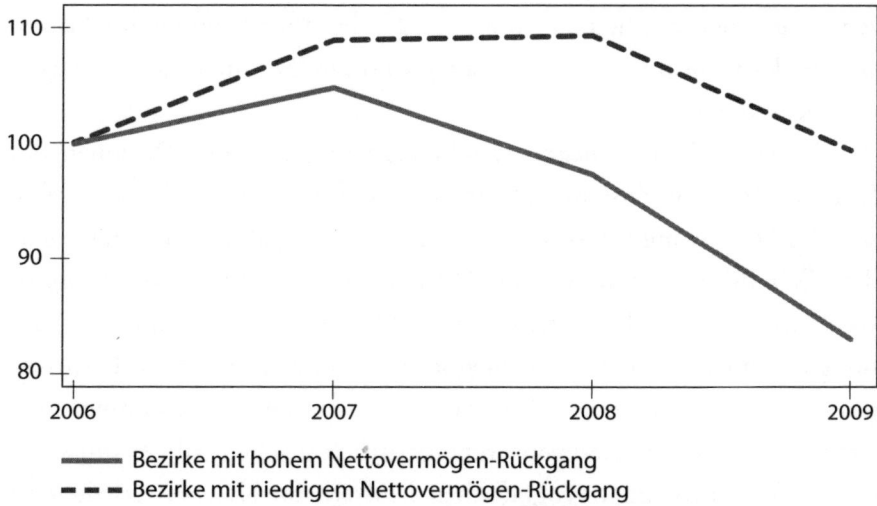

Abb. 3.2: Konsumausgaben in Bezirken mit hohem beziehungsweise niedrigem Nettovermögen-Rückgang

tovermögen-Rückgangs. Als der Konsum in Bezirken mit hohem Nettovermögen-Rückgang fiel, war der Schaden nicht begrenzt – er breitete sich über das ganze Land aus. (Wir greifen diesen Punkt in Kapitel 5 wieder auf, wenn wir über die Arbeitslosigkeit während der Großen Rezession sprechen.)

Die enormen Auswirkungen von Nettovermögen-Rückgängen auf die Konsumausgaben zeigen sich sehr deutlich, wenn man sich auf den kolossalen Zusammenbruch des Immobilienmarkts im kalifornischen Central Valley konzentriert. Wie oben erwähnt, erlitten vier Bezirke, in denen die Immobilienpreise massiv eingebrochen waren – nämlich Merced, San Joaquin, Solano und Stanislaus –, einen Nettovermögen-Rückgang um etwa 50 Prozent. Die Reaktion beim Konsumverhalten war dramatisch – der Konsum in diesen Bezirken fiel von 2006 bis 2009 um 30 Prozent, und zwar zum großen Teil schon sehr früh im Verlauf der Rezession. Im Vergleich zum Sommer 2006 waren die Autoverkäufe schon im Sommer 2008 – also vor dem Zusammenbruch von Lehman Brothers – um 35 Prozent eingebrochen. Die Bankenkrise im Herbst 2008 kann nicht erklären, warum der Konsum im Central Valley schon im Sommer 2008 so massiv zurückgegangen war.

Das geografische Muster ist sehr ausgeprägt. In den Regionen des Landes, die einen Zusammenbruch des Nettovermögens erlitten, stellte sich der Abschwung viel früher und viel stärker ein als in anderen Gegenden. Wir führen diesen Umstand auf das verminderte Nettovermögen von verschuldeten Haushalten zurück. Aber auch, wenn man der Meinung ist, andere Wirkmechanismen seien wichtiger gewesen, widerspricht das Muster in Abbildung 3.2 alternativen Hypothesen. Was immer man auch für die schwere Rezession verantwortlich machen will, es muss mit den stark ausgeprägten geografischen Mustern im Konsumverhalten zu vereinbaren sein.

Was hat Verschuldung damit zu tun?

Im November 2011 schrieb James Surowiecki in seiner einflussreichen Kolumne in *The New Yorker* einen Artikel unter dem Titel »The Deleveraging Myth« (»Der Entschuldungs-Mythos«), in dem er die Auffassung vertrat, Verschuldung sei keineswegs der wichtigste Grund gewesen, warum der Konsum der privaten Haushalte während der Großen Rezession eingebrochen war. Vielmehr argumentierte er, dass schon der Rückgang der Immobilienpreise allein, auch ganz ohne Verschuldung, den schwachen Konsum leicht erklären könne. Er drückte es so aus: »Es ist unumstritten, dass die Menschen sich reicher fühlen und mehr Geld ausgeben, wenn die Immobilienpreise steigen … Aber wenn die Immobilienpreise fallen, reagieren die Menschen darauf, indem sie ihre Konsumausgaben um den gleichen Betrag zurückfahren. Das bedeutet, dass ein Rückgang des Konsums zu erwarten wäre – und zwar auch dann, wenn die Verbraucher überhaupt keine Schulden hätten.«[38]

Dies ist eine weit verbreitete Argumentation, die wir häufig zu hören bekommen, wenn wir unsere Forschungsergebnisse präsentieren: Ein Immobilien-Vermögenseffekt (oder Realkasseneffekt) könne – selbst in einer Welt ohne Schulden – allein erklären, warum die Konsumausgaben der privaten Haushalte so stark zurückgingen, als die Immobilienpreise einbrachen. Aus unserer Sicht gibt es jedoch zwei Probleme mit dieser Argumentation. Erstens müssen wir uns an die Externalitäten von Zwangsvollstreckungen erinnern, die wir im vorigen Kapitel beschrieben haben. Zwangsvollstreckungen haben einen dramatischen Effekt auf die Immobilienpreise. Ohne Verschuldung wäre es nicht zu Zwangsvollstreckungen gekommen und die Immobilienpreise wären nicht so stark gefallen, wie es der Fall war. Wir werden die Auswirkungen von Zwangsvollstreckungen auf die Konsumausgaben weiter unten quantifizieren, aber der entscheidende Punkt ist, dass wir den Rückgang der Immobilienpreise nicht als unabhängig von Verschuldung behandeln können.

Und zweitens ist die Verteilung des Nettovermögens in der reinen Theorie vom Immobilien-Vermögenseffekt unwichtig. Der Zusammenbruch der Immobilienpreise wäre unabhängig davon, welche Haushalte die Verluste tragen, katastrophal für die Konsumausgaben. Wie wir es im vorigen Kapitel beschrieben haben, werden die Verluste durch Verschuldung auf die Menschen mit dem geringsten Nettovermögen konzentriert. Das wirft folgende Frage auf: Verstärkt der Umstand, dass Verschuldung die Verluste den Schuldnern mit dem geringsten Nettovermögen aufzwingt, die Auswirkungen von Immobilienpreis-Rückgängen auf die Konsumausgaben? In der reinen Theorie vom Immobilien-Vermögenseffekt tut er das nicht. In der auf Verschuldung basierenden Sicht tut er das durchaus.

Werfen wir einen Blick auf die Daten. Die geografischen Muster des Konsumverhaltens zeigen, dass der Einbruch ihres Nettovermögens die Menschen dazu brachte, weniger auszugeben. Im Jargon der Wirtschaftswissenschaftler wird diese Reaktion im Konsumverhalten als die marginale Konsumneigung (oder marginale Konsumquote) bezeichnet (»marginal propensity to consume«, MPC). Die MPC aus Immobilienvermögen sagt uns, wie viele Dollar eine Person als Reaktion auf einen Wertverlust ihres Immobilienvermögens weniger ausgibt. Wenn zum Beispiel eine Person auf einen Rückgang des Wertes ihrer Immobilie um 10 000 Dollar reagiert, indem sie 500 Dollar weniger ausgibt, beträgt die MPC (500 Dollar/10 000 Dollar =) 0,05 Dollar pro 1 Dollar. Je höher die MPC ist, desto stärker reagiert der Haushalt auf die gleiche Veränderung seines Vermögens. In der reinen Theorie vom Immobilien-Vermögenseffekt hat jeder Hauseigentümer die gleiche MPC, und deswegen spielt Verschuldung keine Rolle.

Aufgrund unserer Forschungsarbeit schätzen wir, dass die MPC aus Immobilienvermögen während der Rezession etwa 5 bis 7 Cent pro Dollar betrug. Mit anderen Worten: Wenn der Preis des Hauses einer Person während der Großen Rezession um 10 000 Dollar fiel, reduzierte sie ihre Ausgaben im Durchschnitt um etwa 500 bis 700 Dollar. Angesichts des gesamten Rückgangs des Immobilienvermögens um etwa 5,5 Billionen Dollar ergibt unsere Schätzung, dass dieser Verfall der Immobilienpreise zu einem Rückgang der Konsumausgaben von 275 bis 385 Milliarden Dollar führte. Das ist ein sehr hoher Betrag.

Aber diese Schätzung bezieht sich nur auf den *durchschnittlichen* MPC in der Gesamtbevölkerung. Sie sagt uns nicht, wer seine Konsumausgaben am stärksten reduzierte. Wenn Verschuldung über den reinen Immobilien-Vermögenseffekt hinaus eine Rolle spielt, wäre für verschuldete Haushalte eine *höhere* MPC aus Immobilienvermögen zu erwarten. Oder mit anderen Worten: Ein Haushalt mit mehr Schulden würde auf den gleichen Rückgang der Immobilienpreise reagieren, indem er seine Konsumausgaben offensiver zurückfährt.

Da dies ein entscheidender Punkt ist, hier noch ein erklärendes Beispiel: Zwei benachbarte Haushalte besaßen im Jahr 2006 gleichartige Häuser, die jeweils 100 000 Dollar wert waren. Haushalt S (für »Schulden«) hatte eine Hypothek über 80 000 Dollar aufgenommen, die er sich von Haushalt K (für »keine Schulden«) geliehen hatte. Haushalt K hatte keine Hypothek. Also hatte Haushalt S im Jahr 2006 ein Immobilien-Eigenkapital von 20 000 Dollar und eine Beleihungsquote von 80 Prozent. Haushalt K hatte ein Immobilien-Eigenkapital von 100 000 Dollar, eine Beleihungsquote von null Prozent und einen Finanzwert (die Hypothek) in Höhe von 80 000 Dollar.

Von 2006 bis 2009 fielen die Immobilienpreise in dieser Nachbarschaft um zehn Prozent, also um 10 000 Dollar. Daher besaßen beide Haushalte S und K im Jahr 2009 ein Haus, das jeweils 90 000 Dollar wert war statt 100 000 Dollar. Beide verloren zwischen 2006 und 2009 ihr Immobilien-Eigenkapital in Höhe von 10 000 Dollar. Die Hypothek von Haushalt S behielt ihren Wert von 80 000 Dollar. Haushalt K gehörte die Hypothek, die aber ihren Wert behielt. Das heißt, dass beide Haushalte einen Verlust von insgesamt 10 000 Dollar erlitten, der ausschließlich von der Veränderung des Immobilien-Eigenkapitals verursacht wurde. Haushalt S verbleibt ein Nettovermögen von 10 000 Dollar, während Haushalt K ein Nettovermögen von 170 000 Dollar behält, bestehend aus 90 000 Dollar Immobilien-Eigenkapital und dem Finanzwert der Hypothek in Höhe von 80 000 Dollar.

Die entscheidende Frage ist: Welcher Haushalt reduzierte seine Konsumausgaben stärker? Beide verloren 10 000 Dollar. Wäre die Konsumzurückhaltung lediglich ein Immobilien-Vermögenseffekt, dann wäre die Verschuldung irrelevant, wenn man verstehen will, in welchem Ausmaß Immobilienbesitzer ihre Ausgaben als Reaktion auf einen Vermögensrückgang reduzierten. In unserem Beispiel heißt das konkret, dass sowohl Haushalt S als auch Haushalt K dieselbe MPC aus Immobilienvermögen hätten. Daraus folgt, dass beide Haushalte die gleiche MPC von 0,05 hätten und ihre Ausgaben um 500 Dollar zurückfahren würden. Wenn diese beiden Haushalte die gleiche MPC hätten, dann würden die Schulden in der Tat keine Rolle spielen – nur der Wertverlust der Immobilien wäre relevant.

Aber was wäre zu erwarten, wenn Verschuldung doch eine Rolle spielt? Wenn Schulden den Effekt eines Rückgangs der Immobilienpreise auf die Konsumausgaben verstärken, würden wir erwarten, bei Haushalt S eine höhere MPC zu sehen als bei Haushalt K. Mit anderen Worten: Der verschuldete Haushalt würde seine Konsumausgaben bei genau dem gleichen Wertverlust seines Hauses stärker zurückfahren. Wenn Haushalt S eine höhere MPC als Haushalt K hat, dann macht die Verteilung der Verschuldung sehr wohl etwas aus, wenn die Immobilienpreise einbrechen. Wenn der Rückgang der Immobilienpreise die Verluste auf die am stärksten verschuldeten Menschen konzentriert, werden die Auswirkungen auf ihr Konsumverhalten besonders stark sein.

Die MPC der privaten Haushalte muss auch berücksichtigt werden, wenn man über die Effektivität staatlicher Programme zur Ankurbelung der Nachfrage nachdenkt. Wenn der Staat den Bürgern Schecks schickt, um die Verbrauchernachfrage anzukurbeln – wie er es sowohl 2001 als auch 2008 getan hat –, wollen die politischen Entscheidungsträger wissen, wie viel von dem Förderbetrag die Empfänger tatsächlich ausgeben. Man wird die Maßnahme für erfolgreicher halten, wenn die Empfänger einen größeren Teil des erhaltenen Betrags ausgeben – was geschehen würde, wenn die Empfänger der Schecks eine höhere MPC haben.

Mehr als ein Vermögenseffekt

Bei unseren Untersuchungen haben wir direkt getestet, ob die MPC je nach Haushaltseinkommen und Verschuldung variiert, indem wir uns auf Daten über Autokäufe konzentrierten, die auf der Ebene einzelner Postleitzahlbezirke vorliegen. Mithilfe solcher Daten können wir in diejenigen Bezirke hineingehen, in denen große Verluste an Nettovermögen erlitten wurden, und herausfinden, ob dort während der Großen Rezession die Konsumausgaben am stärksten zurückgefahren wurden. Konkret bedeutet das, dass wir in unserer Studie prüfen, wie stark ein Haushalt mit hoher Verschuldung im Vergleich zu einem Haushalt mit niedriger Verschuldung seine Ausgaben für Autos reduzierte, als Reaktion auf den gleichen Rückgang der Immobilienpreise. Mit anderen Worten: Wir schauen, wie die MPC aus Immobilienvermögen je nach Verschuldung des Haushalts während der Großen Rezession variiert.

Die Ergebnisse sind dramatisch und zeigen sehr deutlich, dass Haushalt S im vorstehenden Beispiel seine Ausgaben wesentlich stärker einschränken würde als Haushalt K. In der realen Welt hatte ein Haushalt mit einer Beleihungsquote seiner Immobilie von 90 Prozent oder höher im Jahr 2006 eine MPC aus Immobilienvermögen, die mehr als dreimal so hoch war wie diejenige eines Haushalts mit einer Beleihungsquote von 30 Prozent oder niedriger. Als Reaktion auf einen Wertverlust ihrer Immobilie von 10 000 Dollar reduzierten zum Beispiel Haushalte mit einer Beleihungsquote von über 90 Prozent ihre Ausgaben für Autos um 300 Dollar. Haushalte mit einer Beleihungsquote von unter 30 Prozent reduzierten dagegen ihre Ausgaben für Autos um weniger als 100 Dollar. Bei genau dem gleichen Wertverlust ihres Hauses reduzierten also die höher verschuldeten Haushalte ihre Ausgaben erheblich stärker. Es besteht also ein starker Zusammenhang: Je höher die Immobilie beliehen ist, desto stärker reduziert der Haushalt seine Ausgaben, wenn das Haus an Wert verliert (vgl. Abbildung 3.3).

Die höhere MPC aus Immobilienvermögen für hoch verschuldete Haushalte ist eines der wichtigsten Ergebnisse unserer Forschungsarbeit. Sie impliziert ganz unmittelbar, dass die Verteilung von Vermögen und Schulden durchaus eine Rolle spielt. Während der Großen Rezession erlitten Haushalte mit hoher Verschuldung nicht die gleichen Immobilien-Wertverluste wie Haushalte mit niedriger Verschuldung – für die Haushalte mit der höchsten Verschuldung waren auch die Verluste am größten. Wie es im vorigen Kapitel beschrieben wurde, handelte es sich dabei um diejenigen Haushalte mit geringem Nettovermögen, deren gesamtes Vermögen in ihrem Immobilien-Eigenkapital gebunden war. Daher war der Zusammenbruch des Immobilienmarktes für sie besonders verheerend. Die Immobilienpreise fielen nicht nur, sondern sie fielen am stärksten für die Haushalte mit der höchsten MPC aus Immobilienvermögen. Anders ausgedrückt: Der Rückgang der Konsumausgaben von 2006 bis 2009 wäre wesentlich schwächer gewesen, wenn die Immobilienpreise für die Haushalte mit geringer Verschuldung und einem hohen Bestand an Finanzwerten stärker gefallen wären.[39]

Die MPC-Unterschiede in der Bevölkerung können uns auch helfen, andere spektakuläre Einbrüche von Vermögenspreisen zu verstehen, etwa das Platzen der Dotcomblase in den frühen 2000er-Jahren. Wir dürfen nicht vergessen, dass dabei enorme Werte verloren gingen. Von 2000 bis 2002 verloren die Haushalte in den Vereinigten Staaten fünf Billionen Dollar an Vermögen in Form von Finanzwerten, hauptsächlich durch den Absturz der Aktienkurse – eine bemerkenswerte Parallele zu dem Verlust an Immobilienvermögen während der Großen Rezession. Aber trotz dieses dramatischen Verlustes an Finanzvermögen während des Tech-Crashs veränderte sich das Konsumverhalten der Haushalte kaum. Tatsächlich *stiegen* die Konsumausgaben der Haushalte von 2000 bis 2002 um fünf Prozent. Das war zwar weniger als der Zuwachs um 15 Prozent von 1998 bis 2000, aber es war auch weit entfernt von dem *Rückgang* der Konsumausgaben um acht Prozent, der in der Zeit von 2007 bis 2009 zu verzeichnen war.

Also führte das Platzen der Technologieblase zu einem enormen Vermögensverlust für die Haushalte, wirkte sich aber kaum auf die Konsumausgaben aus, wohingegen das Platzen der Immobilienblase während der Großen Rezession große Auswirkungen hatte. Warum ist das so? Die oben gezeigten Unterschiede in der MPC liefern die Antwort: Technologieaktien waren im Besitz von sehr reichen Haushalten, die kaum verschuldet waren. Im Jahr 2001 wurden fast 90 Prozent aller Aktien in den Vereinigten Staaten von Haushalten in den obersten 20 Prozent der Vermögensverteilung gehalten. Und diese Haushalte hatten eine Verschuldungsquote von nur sechs Prozent (das heißt, dass diese Haushalte nur sechs Dollar Schulden pro 100 Dollar an Vermögenswerten hatten). Reiche Haushalte mit geringer Verschuldung tendieren zu einer sehr nied-

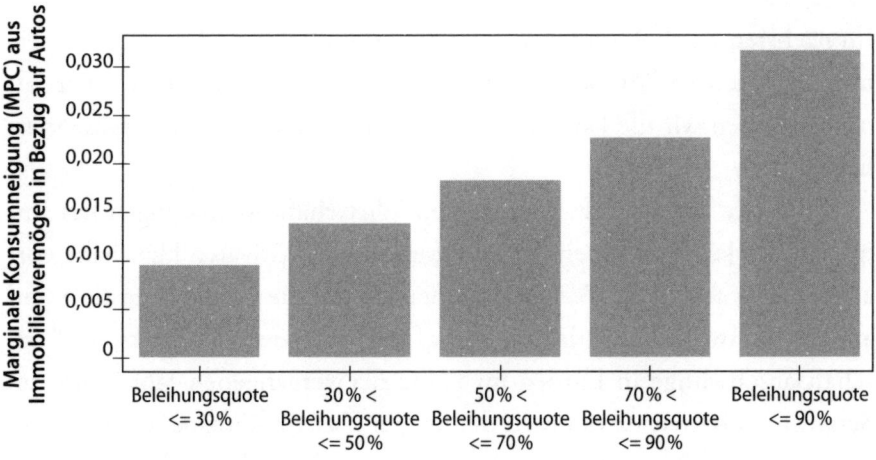

Abb. 3.3: Marginale Konsumneigung in Abhängigkeit von der Immobilien-Beleihungsquote

rigen MPC aus Vermögen. Daher sollten wir nicht überrascht sein, dass sich das Platzen der Technologieblase kaum auf das Konsumverhalten auswirkte.

Ein Vergleich der Zusammenbrüche nach der Technologieblase und der Immobilienblase liefert uns eine Erkenntnis, die weiter unten nützlich sein wird: Preisrückgänge von Vermögenswerten sind nie eine gute Sache, aber sie sind extrem gefährlich, wenn der Vermögenswert hochgradig beliehen ist. Das Zusammentreffen von hoher Verschuldung mit scharfen Preisrückgängen bei Vermögenswerten führt zu einem massiven Absturz der Konsumausgaben.

Eine Zusammenfassung der Fakten

Wir haben mit einem schwierigen Rätsel begonnen: Wirtschaftsabschwünge führen zu schmerzlichen Verlusten von Arbeitsplätzen, aber wir wissen nicht genau, warum das so ist. Wann immer man ein Rätsel lösen will, muss man zunächst Fakten sammeln. Wir haben inzwischen eine Reihe von Fakten zusammengetragen, die uns helfen können, den Mechanismus aufzudecken, der zu solchen Wirtschaftskatastrophen führt.

Im nächsten Kapitel werden wir die Theorie skizzieren, die unserer Überzeugung nach erklärt, warum schwere Rezessionen entstehen. Aber zunächst wollen wir die Fakten zusammenfassen, die wir bisher präsentiert haben.

Die erste Tatsache ist, dass starken Wirtschaftsabschwüngen fast immer ein starkes Zunehmen der Verschuldung der privaten Haushalte vorangeht. Das traf in den Vereinigten Staaten auf die Große Rezession und auf die Weltwirtschaftskrise zu. Es traf auch auf viele der stärksten Wirtschaftsabschwünge in Europa im Laufe der vergangenen Jahrzehnte zu. Schon 1994 hatten Ökonomen den engen Zusammenhang zwischen der Schwere einer Rezession und der Zunahme der privaten Verschuldung erkannt, die der Rezession voranging. Außerdem haben wir festgestellt, dass Rezessionen ausgelöst werden, wenn die Konsumausgaben der Haushalte einbrechen.

Eine weitere wichtige Erkenntnis ist, auf welche Weise Verschuldung die Verluste verteilt, wenn die Preise von Vermögenswerten wie Immobilien einbrechen. Während der Großen Rezession in den Vereinigten Staaten wurden Hauseigentümer mit geringem Nettovermögen und hoher Verschuldung überdurchschnittlich vom Einbrechen der Immobilienpreise in Mitleidenschaft gezogen. Verschuldete Hauseigentümer trugen die ersten Verluste, die mit dem Zusammenbruch der Immobilienpreise zusammenhingen; daher erlitten sie einen massiven Wertverlust ihres Nettovermögens. Die Abhängigkeit des Finanzsystems von Verschuldung bedeutet, dass die reichsten Menschen geschützt waren, als die Immobilienpreise kollabierten, während die ärmsten die größten Verluste erlitten. Die Vermögensungleichheit, die schon vor der Großen Rezession ganz erheblich war, nahm von 2006 bis 2009 deutlich zu.

Wenn man die geografische Verteilung des Konsumverhaltens betrachtet, ist der rätselhafte Einbruch des Konsums während der Großen Rezession gar nicht mehr so rätselhaft. Bezirke mit hoher Verschuldung der Haushalte und einem starken Einbrechen der Immobilienpreise reduzierten ihre Konsumausgaben deutlich, als das Nettovermögen von Hauseigentümern dezimiert wurde. In Bezirken, die nicht vom Wertverlust des Nettovermögens betroffen waren, war selbst bis ins Jahr 2008 hinein kaum ein Rückgang der Konsumausgaben festzustellen. Letzten Endes brach der Konsum jedoch auch in solchen Bezirken ein, in denen der Immobilienmarkt nicht kollabiert war.

Und schließlich spielt Verschuldung eine entscheidende Rolle, wenn man den Kollaps des Konsums verstehen will. Sie verstärkt die Wertverluste von Immobilien durch die Externalitäten von Zwangsvollstreckungen, und sie konzentriert diese Verluste auf die verschuldeten Haushalte, welche die höchste marginale Konsumneigung haben.

Wie am Anfang dieses Buches erwähnt, verdienen Menschen wie diejenigen, die im nördlichen Indiana entlassen wurden, eine auf Fakten beruhende Erklärung, warum sie während der Großen Rezession ihre Jobs verloren haben. Wir haben jetzt einen Faktenbestand, der uns einer solchen Erklärung näherbringt. In den folgenden Kapiteln schlagen wir eine Theorie bezüglich Wirtschaftsabschwüngen vor, die erklären kann, warum Verschuldung zu starken wirtschaftlichen Kontraktionen führt und warum dadurch Millionen von Arbeitsplätzen verloren gehen.

4   Gehebelte Verluste: die Theorie

Hal Varian, Chefökonom von Google und emeritierter Professor der Wirtschaftswissenschaften an der University of California in Berkeley, glaubt an die Macht von Daten. »Von den Ursprüngen der Zivilisation bis 2003«, sagte er vor Kurzem in einem Interview, »haben wir nur fünf Exabytes an Informationen erzeugt, heute erzeugen wir diese Datenmenge alle zwei Tage.« Er verkündete, dass »der reizvollste Job in den nächsten zehn Jahren der des Statistikers sein wird«. Varian weiß auch, dass es immer höhere Qualifikationen erfordert, die Datenflut zu interpretieren. Nach seinen Worten wird »die Fähigkeit, Daten zu erheben – sie verstehen, verarbeiten, auswerten, visualisieren und kommunizieren zu können – in den kommenden Jahrzehnten eine enorm wichtige Qualifikation sein«.[40] Wie Sie wahrscheinlich schon vermutet haben, teilen wir Varians Leidenschaft für Daten. Das ist der Grund, warum wir die vorigen drei Kapitel damit verbracht haben, Fakten zu sammeln, die uns helfen können, die Ursache starker Wirtschaftsabschwünge zu verstehen. Aber wir sind auch mit Varians Aussage über die Qualifikationen, die notwendig sind, um die Daten richtig zu *interpretieren*, mehr als einverstanden.

Die Fähigkeit, Daten zu interpretieren, ist in der Makroökonomie besonders wichtig. Die Gesamtwirtschaft der Vereinigten Staaten ist ein ziemlich unhandliches Gebilde – es besteht aus vielen Millionen Firmen und Haushalten. Ihre Interaktionen untereinander sind wie ein Ökosystem, in dem das Verhalten eines einzelnen Lebewesens Auswirkungen auf alle anderen hat. Angesichts der von Varian erwähnten Informationsflut könnte man unendlich viele Einzeldaten zusammentragen, um herauszufinden, was denn nun eigentlich vor sich geht. Welche Aktionen treiben die Wirtschaft an? Wessen Verhalten ist am wichtigsten? Welche Maßnahmen könnten helfen, die wirtschaftlichen Aktivitäten wieder anzukurbeln? Wenn es allerdings einem Ökonomen nicht gelingt, die Daten in eine gewisse Struktur zu bringen, wird er bei dem Versuch, Antworten auf solche Fragen zu finden, in einem abgrundtiefen Meer von Zahlen ertrinken.

Was uns zu der Wichtigkeit eines ökonomischen Modells bringt. Ein Makroökonom ist zum großen Teil durch das theoretische Modell definiert, das er anwendet, um an solche Daten heranzugehen. Ein Modell liefert die Struktur, die gebraucht wird, um zu erkennen, welche Daten am wichtigsten sind, und um aufgrund der verfügbaren Daten zu entscheiden, welche Vorgehensweise am erfolgversprechendsten ist. In diesem Kapitel präsentieren wir das diesem Buch zugrunde liegende ökonomische Modell, das wir als die Theorie der *gehebelten Verluste* bezeichnen. Sie beruht auf den Fakten, die wir bis jetzt aufgedeckt haben. Wir brauchen ein Modell, das erklärt, warum Rezessionen ein starkes Zunehmen der privaten Verschuldung vorangeht und warum sie mit einem dramatischen Rückgang der Konsumausgaben beginnen. Die von uns vorgelegte Theorie verknüpft diese Punkte, um zu erklären, warum ein Absturz der Assetpreise bei hoher Verschuldung in der betreffenden Wirtschaft zu einer Wirtschaftskatastrophe mit massiven Arbeitsplatzverlusten führt.

Um unsere Theorie der gehebelten Verluste zu erklären, fangen wir mit der Standard-Referenztheorie an, dem friktionsfreien Modell der Makroökonomie, das wir weiter oben als Fundamentaldaten-Theorie bezeichnet haben.[41] Wir halten dieses Modell für unrealistisch und ungeeignet, starke wirtschaftliche Kontraktionen zu erklären. Aber dennoch ist es wichtig, dieses Modell zu verstehen, bevor wir uns in die Theorie der gehebelten Verluste vertiefen, denn nur wenn wir die Fundamentaldaten-Theorie verstehen, können wir die Abweichungen von ihr würdigen.

Die Fundamentaldaten-Theorie und Robinson Crusoe

Die grundlegende Idee, auf der die Fundamentaldaten-Theorie aufbaut, ist, dass die gesamte Wirtschaftsleistung – das BIP – sich aus der Produktionskapazität ergibt (Arbeitnehmer, Kapital und Technologie der Unternehmen). Die Wirtschaft ist definiert über das, was sie produzieren kann, nicht über das, was nachgefragt wird. Die Gesamtproduktion wird nur durch natürliche Grenzen eingeschränkt, zum Beispiel durch die Kapazität, mit der unsere Maschinen diverse Rohstoffe in Güter umwandeln können, die Anzahl der Arbeitsstunden pro Tag und Person und die Bereitschaft der Menschen, zu arbeiten statt sich zu erholen. Diese Betrachtungsweise wird manchmal als *angebotsorientiert* bezeichnet.

Nach diesem Modell werden Konjunkturschwankungen durch Veränderungen der Produktionskapazität der Wirtschaft angetrieben. So ist zum Beispiel einer der zentralen Stützpfeiler der Fundamentaldaten-Theorie die »Robinson Crusoe«-Wirtschaft – eine Wirtschaft, in der es nur einen Menschen gibt, nämlich Robinson Crusoe, und nur ein Gut, nämlich Kokosnüsse.[42] Die Produktion von Kokosnüssen wird bestimmt von der Anzahl Kokospalmen (dem »Kapital«) und der Menge an Arbeit, die Robinson Crusoe zu leisten bereit ist, um die Nüsse von den Bäumen zu holen (das »Arbeitsangebot«). Das BIP dieser Wirtschaft ist die Gesamtanzahl Kokosnüsse, die mit dem vorhandenen Kapital und Arbeitsangebot produziert wird.

Wodurch wird eine starke Kontraktion der Produktion in dieser stark vereinfachten Wirtschaft verursacht? Von einer beliebigen Störung, die einen Teil der Produktionskapazität zerstört. Ein Wirbelsturm ist ein gutes Beispiel. Wenn ein Hurrikan die Insel trifft und zahlreiche Kokospalmen entwurzelt, dann wird die Produktion von Kokosnüssen erheblich sinken. Die Wirtschaft macht eine »Rezession« durch, die sich in Form eines niedrigeren Kokosnusskonsums manifestiert, dessen Ursache die Zerstörung der Produktionskapazität durch den Hurrikan ist. Die Wirtschaftsleistung wird durch die für die Produktion zur Verfügung stehenden Rohstoffe bestimmt, nicht durch eine Veränderung der Nachfrage.

Außerdem ist es sehr schwierig, sich vorzustellen, warum Robinson Crusoe sich ganz plötzlich entscheiden sollte, seinen Kokosnusskonsum massiv zu reduzieren – es sei denn, die Produktionskapazität ist vermindert. Ohne ein katastrophales Ereignis wäre der einzig vorstellbare Grund, warum Robinson seinen Kokosnusskonsum zurückfahren würde, eine Änderung seiner Vorlieben oder Überzeugungen. Vielleicht wacht er zum Beispiel eines Morgens auf und beschließt, den Verzehr von Kokosnüssen auf einen späteren Abschnitt seines Lebens zu verschieben. Oder vielleicht ist er davon überzeugt, dass ein Wirbelsturm im Anzug ist, und will deswegen vorsorglich einen Vorrat an Kokosnüssen anlegen. Solche Störungen sind schwierig zu messen und aus unserer Sicht in der Praxis nur schwer nachzuweisen.

Es ist schwierig, starke Kontraktionen von entwickelten Volkswirtschaften mithilfe der Fundamentaldaten-Theorie zu erklären. Solche Kontraktionen haben fast nie etwas mit einer offensichtlichen Störung der Produktionskapazität dieser Wirtschaft zu tun. So wurde zum Beispiel weder die Weltwirtschaftskrise noch die Große Rezession oder die wirtschaftliche Misere, die Europa zurzeit plagt, durch eine gravierende Kalamität wie einen Krieg oder eine Naturkatastrophe ausgelöst. Es gab keinen Verlust technologischer Kapazität. Wir haben nicht vergessen, wie man Autos, Flugzeuge oder Häuser baut. Und wenn auch die Immobilienpreise in jeder dieser Episoden einbrachen, haben wir keine Zerstörung von Wohnimmobilien oder anderen Gebäuden erlebt. *Schwere Rezessionen können auch dann ausgelöst werden, wenn keine offensichtliche Zerstörung von Produktionskapazitäten stattfindet.*

Das Versagen der Fundamentaldaten-Theorie läuft letztlich auf zwei zentrale Probleme hinaus. Erstens werden schwere Rezessionen nicht durch eine wie auch immer geartete Kalamität ausgelöst, die die Produktionskapazität der Wirtschaft schädigt. Sie entstehen vielmehr, wenn

Assetpreise kollabieren und die privaten Haushalte ihren Konsum stark reduzieren. Und zweitens: Selbst wenn eine Störung auftritt, die zu einem Rückgang des Konsums führt, gibt es nach der Fundamentaldaten-Theorie keinen offensichtlichen Grund, warum die Wirtschaft darunter leiden sollte. Das heißt, dass niedrigere Konsumausgaben nach der Fundamentaldaten-Theorie nicht zu einer Kontraktion oder zum Verlust von Arbeitsplätzen führen. Dabei muss bedacht werden, dass die Wirtschaftsleistung sich nach der Fundamentaldaten-Theorie aus der *Produktionskapazität* der Wirtschaft ergibt, nicht aus der *Nachfrage*. Nach der Fundamentaldaten-Theorie wird die Reaktion der Wirtschaft auf einen scharfen Rückgang des Konsums von natürlichen korrigierenden Kräften bestimmt, die bewirken, dass die Wirtschaft mit voller Kapazität weiterläuft. Solche Kräfte sind zum Beispiel niedrigere Zinsen und Verbraucherpreise; darauf werden wir weiter unten noch ausführlicher eingehen. Offensichtlich sind diese korrigierenden Kräfte allerdings nicht in der Lage, die Wirtschaft am Laufen zu halten.

Erhebliche Abweichungen von der Fundamentaldaten-Theorie sind notwendig, um starke Kontraktionen zu erklären, und jede Theorie, die von der Fundamentaldaten-Theorie abweicht, muss diese Schlüsselfragen berücksichtigen. Eine alternative Theorie muss erklären, warum die privaten Haushalte ihren Konsum stark einschränken und warum sich diese Konsumzurückhaltung so destruktiv auf die Wirtschaftsleistung insgesamt auswirkt. Warum passt sich die Wirtschaft nicht an niedrigere Konsumausgaben an? Warum geht die Wirtschaftsleistung zurück? Warum verlieren so viele Menschen ihre Arbeitsplätze? Die Theorie der gehebelten Verluste beantwortet diese Fragen und wird durch die Daten solide untermauert. Spielen wir es einmal durch.

Die Theorie der gehebelten Verluste[43]
Die erste Zutat der Theorie der gehebelten Verluste sind die Unterschiede in der Bevölkerung, die sich aus Verschuldung ergeben. In jeder Wirt-

schaft gibt es Schuldner und Sparer. Erstere verschulden sich in Form von Kreditvereinbarungen mit Sparern, und diese Kreditvereinbarungen enthalten die Verpflichtung, zu bestimmten Fälligkeiten Zinsen zu zahlen. Der Kreditvertrag räumt dem Sparer den *vorrangigen Anspruch* auf die Vermögenswerte des Schuldners ein. Mit anderen Worten: Wenn der Schuldner die fälligen Zinsen nicht zahlt, hat der Sparer das Recht, eine Zwangsvollstreckung auf das Vermögen des Schuldners zu erwirken. Wenn die Immobilienpreise fallen und der Schuldner seine Immobilie verkauft, muss er dennoch den gesamten noch offenen Betrag der Hypothek zurückzahlen. Der Schuldner hat den *nachrangigen Anspruch* auf die Immobilie und erleidet deshalb die ersten Verluste, die durch fallende Immobilienpreise entstehen.

Die Schuldner sind häufig Haushalte mit niedrigem Nettovermögen, was natürlich genau der Grund ist, warum sie sich verschulden müssen, um ein Haus zu kaufen. Die Sparer sind dagegen in den meisten Fällen Haushalte mit einem hohen Nettovermögen. In diesem Modell verleihen die Sparer ihr Geld direkt an die Schuldner, was gleichbedeutend ist mit der Aussage »die Reichen leihen den Armen«. In Wirklichkeit zahlen die Sparer ihr Geld natürlich auf ein Bankkonto ein, sie investieren es in einen Geldmarktfonds oder direkt in Finanzwerte wie Aktien. Dieses Geld findet seinen Weg über Hypotheken zu den Schuldnern. Aber die Kernaussage bleibt: Die Sparer halten über ihre Geldanlagen den vorrangigen Anspruch auf die zugrunde liegende Immobilie. Die Reichen sind gegen fallende Immobilienpreise geschützt – nicht nur, weil sie reich sind, sondern auch, weil sie den vorrangigen Anspruch auf die Immobilien halten.

Die zweite Zutat der Theorie der gehebelten Verluste ist eine Störung der Wirtschaft, die dazu führt, dass verschuldete Familien ihre Konsumausgaben deutlich zurückfahren. Diese Störung kann im Allgemeinen ein beliebiges Ereignis sein, das zu einer Verringerung des Nettovermögens von verschuldeten Haushalten führt oder es ihnen erschwert, Geld aufzunehmen. In der Praxis ist diese Störung fast immer ein Kollaps der

Immobilienpreise. Wie wir in Kapitel 2 gezeigt haben, wurde während der Großen Rezession das Nettovermögen von verschuldeten Haushalten durch den Zusammenbruch der Immobilienpreise vernichtet.

Die Auswirkungen der fallenden Immobilienpreise werden nach der Theorie der gehebelten Verluste durch zwei Effekte *verstärkt*. Der erste ist, dass die Verluste auf diejenigen konzentriert werden, die auf einen Rückgang ihres Immobilienvermögens am empfindlichsten reagieren: die Schuldner. Der zweite ist die Verstärkung des ursprünglichen Immobilienpreisschocks durch Zwangsvollstreckungen.

Wenn Verluste auf verschuldete Haushalte konzentriert werden, gibt es mehrere Gründe, warum sie ihre Ausgaben zurückfahren. Einer davon ist, dass sie ihr Vermögen neu aufbauen müssen, um dafür zu sorgen, dass sie auch in Zukunft ihren Lebensunterhalt bestreiten können. Man nehme zum Beispiel ein Ehepaar, das Ende fünfzig ist und seinem Ruhestand entgegensieht. Die beiden hatten 20 Prozent Eigenkapital in ihrem Haus, das sie zur Finanzierung ihres Ruhestands eingeplant hatten, zum Beispiel durch Umziehen in ein kleineres Haus oder durch Verkaufen oder Beleihen ihrer Immobilie. Wenn die Immobilienpreise um 20 Prozent fallen und ihr Immobilien-Eigenkapital dadurch verschwindet, sind sie in großen Schwierigkeiten. Sie haben nicht mehr genug Vermögen, um ihren Lebensunterhalt im Ruhestand zu bestreiten. Daher fahren sie ihre Ausgaben zurück, um vorsorglich etwas anzusparen.[44]

Über den unmittelbaren Effekt hinaus, wegen verlorenem Wohlstand mehr sparen zu wollen, reduzieren verschuldete Haushalte auch deshalb ihre Ausgaben, weil es ihnen erschwert wird, neue Kredite aufzunehmen. So haben zum Beispiel verschuldete Haushalte nicht mehr genug Immobilien-Eigenkapital, das sie als Sicherheit für einen Kredit einsetzen könnten. Außerdem wird es ihnen in vielen Fällen schwerfallen, eine Hypothek zu einem niedrigeren Zinssatz umzuschulden. Solche strengeren Kreditvergabekonditionen drücken die Ausgaben von verschuldeten Haushalten auf ein niedrigeres Niveau. Nach der Theorie der gehebelten Verluste ist die

Konsumzurückhaltung stärker, als sie es wäre, wenn die Verluste aus fallenden Immobilienpreisen in der Bevölkerung *gleichmäßiger verteilt* wären. Wie wir in Kapitel 3 gezeigt haben, reagieren verschuldete Haushalte in ihrem Ausgabeverhalten empfindlicher auf Verluste ihres Immobilienvermögens als Sparer. Anders ausgedrückt: Sparer können solche Verluste viel leichter verschmerzen, sie müssen ihre Ausgaben nicht zurückzufahren.

Der zweite Kanal (Wirkmechanismus), über den Verschuldung die Auswirkungen eines Immobilienpreisschocks verstärkt, sind die Externalitäten von Zwangsvollstreckungen, über die wir in Kapitel 2 gesprochen haben. Wenn der anfängliche Rückgang der Immobilienpreise stark genug ist, sind manche Hauseigentümer überschuldet – die Restschuld auf ihrem Haus übersteigt dessen Wert. Überschuldete Haushalte stellen wesentlich häufiger ihre Ratenzahlungen ein, und zwar entweder, weil die Raten unerschwinglich geworden sind, oder aus strategischen Motiven. Dessen ungeachtet führen solche Insolvenzen zu Zwangsvollstreckungen, die wiederum einen weiteren Verfall der Immobilienpreise bewirken. Die von dem anfänglichen Rückgang der Hauspreise motivierte Konsumzurückhaltung wird nochmals verstärkt, wenn die Immobilienpreise durch Zwangsvollstreckungen noch weiter gedrückt werden.

Auch wenn wir uns in unserer Theorie der gehebelten Verluste zunächst auf das Beispiel von Sparern und Schuldnern konzentriert haben, greift sie in unserer Vorstellung viel weiter. So könnte zum Beispiel der Schuldner ein Land sein, vielleicht Spanien, das beträchtliche Schulden bei einem anderen Land aufgenommen hat, womöglich Deutschland. Wenn in diesem Beispiel die Immobilienpreise in Spanien fallen, sind die spanischen Haushalte gezwungen, ihre Ausgaben aus den oben genannten Gründen erheblich zurückzufahren. Deutschland ist vor solchen Rückgängen der Immobilienpreise geschützt, weil die Deutschen den vorrangigen Anspruch auf den spanischen Immobilienbestand halten.

Wir haben beschrieben, warum nach unserer Theorie ein starker Rückgang des Konsums eintritt, ein Rückgang, den die Fundamentaldaten-Theorie nicht ohne Weiteres erklären kann. Aber wir haben bereits darauf hingewiesen, dass es ein weiteres Problem mit der Fundamentaldaten-Theorie gibt, das wir lösen müssen. Nach ihr gibt es in der Wirtschaft korrigierende Kräfte, die sie bei voller Kapazität am Laufen halten, selbst wenn die Konsumausgaben stark einbrechen.

Wie versucht die Wirtschaft zu reagieren?

Der erste Weg, auf dem die Wirtschaft versucht, eine Katastrophe zu verhindern, wenn die verschuldeten Haushalte ihre Ausgaben zurückfahren, besteht darin, dass die Zinsen deutlich sinken. Wenn Schuldner ihre Bilanzen sanieren, indem sie weniger Schulden machen, steigt das Angebot an Erspartem in der Wirtschaft. Das drückt die Zinsen nach unten, da Geld in das Finanzsystem fließt, das niemand ausleihen will. Über kurz oder lang sollten die Zinsen dann ein so niedriges Niveau erreicht haben, dass Unternehmen dazu bewegt werden, sich wieder Geld zu leihen und zu investieren, wodurch die Konsumzurückhaltung zumindest teilweise ausgeglichen würde. Außerdem sollten die Sparer in der Wirtschaft, da sie weniger stark vom Rückgang der Immobilienpreise betroffen sind, dazu motiviert werden, wieder mehr Geld auszugeben – extrem niedrige Zinsen sollten die Sparer dazu bewegen, sich ein neues Auto zu kaufen oder ihre Küche zu renovieren. Diese Entwicklung wird von der Zentralbank gefördert, die in der Regel auf eine Krise reagiert, indem sie die kurzfristigen Zinsen senkt. Höhere Ausgaben durch Sparer und vermehrte Investitionen durch Unternehmen sollten die Lücke füllen, die durch die Ausgabenzurückhaltung der Schuldner entsteht, und die Wirtschaft insgesamt sollte schadlos davonkommen.

Außerdem versucht die Wirtschaft über den Gütermarkt, eine Katastrophe zu verhindern: Wenn der Konsum einbricht, senken die Unternehmen ihre Preise. Durch das niedrigere Preisniveau sollte die Verbrauchernachfrage über kurz oder lang wieder zunehmen. Entsprechend sollte in einem kleinen Land, dessen Wirtschaft stark von Exporten abhängig ist, ein Rückgang des Konsums auf dem Binnenmarkt dazu führen, dass der Wechselkurs der Landeswährung nachgibt. Dadurch werden die Exportprodukte dieses Landes auf ausländischen Märkten billiger und die Produktion im Inland wird angekurbelt. Insgesamt versucht eine Volkswirtschaft, durch diese Kombination aus niedrigeren Zinsen, niedrigeren Preisen im Inland und einer abgewerteten Währung mit einem massiven Einbruch der Nachfrage durch verschuldete Haushalte fertigzuwerden.

Aber wir wissen ja bereits, dass diese Anpassungen nicht funktionieren. Während der Großen Rezession war die Wirtschaft nicht in der Lage, auf den massiven Nachfrageeinbruch der verschuldeten Haushalte zu reagieren. Es muss also *Friktionen* (»Reibungen«) geben, die diese Anpassungen verhindern – Friktionen, die die Ausgabenzurückhaltung von verschuldeten Haushalten zu einer landesweiten Rezession mit hoher Arbeitslosigkeit ausufern lassen.

Die Friktionen

Die bekannteste Friktion wird als die Null-Prozent-Untergrenze für nominale Zinssätze bezeichnet.[45] Mit dieser Untergrenze ist gemeint, dass die Zinssätze nicht weit genug sinken können, um die Sparer in der Wirtschaft tatsächlich zum Konsum zu bewegen. Wenn die Zinssätze nicht weit genug sinken können, wird die Konsumlücke, die durch die Ausgabenzurückhaltung der verschuldeten Haushalte entsteht, nicht geschlossen. Dieses Phänomen wird auch als »Liquiditätsfalle« bezeichnet: Wenn ein Zinssatz bei null gehalten wird, obwohl er eigentlich negativ sein müsste, legen die Menschen ihr Geld in liquiden Finanzinstrumenten wie Cash oder Staatsanleihen an. Anstatt ihr Geld auszugeben, bunkern es die Sparer in risikolosen Anlagen.

Die Null-Prozent-Untergrenze für nominale Zinssätze existiert, weil die Regierung Bargeld – Cash – in Umlauf bringt, das keine negative Rendite haben kann. Normalerweise wissen wir Cash als Zahlungsmittel zu schätzen, wenn wir den Babysitter oder den Parkplatzwächter bezahlen wollen. Aber Cash ist auch ein Asset. Theoretisch könnten Sie Ihr gesamtes Vermögen in Form von Cash halten. Wenn Sie Ihr gesamtes Geld in Cash anlegen, wie hoch ist dann der niedrigste Zinssatz, den Sie schlechtestenfalls erzielen könnten? Die Antwort: null Prozent. Wenn es keine Inflation gibt, wird Cash dem Anleger stets Zinsen von null Prozent einbringen, und zwar ohne Risiko. Da also jeder Anleger jederzeit ein risikoloses Asset (nämlich Cash) mit einer garantierten Rendite von null Prozent halten könnte, kann keine Anlage jemals eine zu erwartende nominale Rendite haben, die negativ ist. Das bedeutet, dass es eine *Null-Prozent-Untergrenze* für nominale Zinssätze gibt: Kein nominaler Zinssatz in der Wirtschaft kann niedriger als null Prozent sein.

Nehmen wir stattdessen an, dass Sparer eine *Gebühr* zahlen müssten, wenn sie Geld auf ein Bankkonto einzahlen. Wenn Sie heute 100 Dollar einzahlen, würden Sie beispielsweise in einem Jahr 90 Dollar ausgezahlt bekommen. Unter diesen Umständen wären die Sparer motiviert, Güter zu kaufen, anstatt ihr Geld zu sparen – warum sollte man sein Geld auf der Bank verdampfen lassen, wenn man damit stattdessen ein neues Haus oder Auto kaufen könnte? Die Sparer würden auf negative Zinssätze mit Konsum reagieren, wodurch sie einen Beitrag dazu leisten würden, die Ausgabenzurückhaltung der Schuldner auszugleichen.

Aber die Null-Prozent-Untergrenze für Zinssätze verhindert, dass Zinssätze negativ werden. Würde eine Bank in dem oben gegebenen Beispiel versuchen, Ihnen 10 Dollar an Gebühren zu berechnen, wenn Sie Geld auf ein Konto einzahlen, würden Sie das Geld behalten und es einfach zu Hause in Ihren Safe legen, mit einer garantierten Rendite von null Prozent – deswegen die Null-Prozent-Untergrenze. Das führt dazu, dass die Wirtschaft in einer Liquiditätsfalle steckt. Die Schuldner können nicht konsumieren, weil sie ihre Bilanzen sanieren wollen und stringenten Kreditvergabekonditionen ausgesetzt sind. Die Sparer weigern sich, Geld auszugeben, weil die Zinssätze nicht ausreichend *negativ* sind, um sie zum Konsumieren zu bewegen.[46] Daraufhin wird die Wirtschaft *nachfrage-*

orientiert. Alles, was die Haushalte dazu bringen kann, Geld auszugeben, wird die Wirtschaftsleistung insgesamt steigern. Es sollte daher nicht überraschen, dass in der Geschichte jede stärkere Kontraktion mit sehr niedrigen nominalen Zinssätzen einherging. Während wir dies schreiben, betragen die Zinsen für kurzlaufende US-Schatzwechsel schon seit fünf Jahren null Prozent.

Inflation ist eine offensichtliche Methode, um die realen Zinssätze in den negativen Bereich zu bringen. Inflation wirkt ähnlich wie eine Bank, die einem Sparer Gebühren dafür berechnen will, Cash für ihn zu halten. Fürs Erste wollen wir Inflation ignorieren (wir werden aber in Kapitel 11, wo es um politisches Handeln geht, darauf zurückkommen).

Was bewirken niedrigere Verbraucherpreise? Sollten sie nicht die Menschen dazu bringen, mehr Geld auszugeben? Die Antwort ist abermals Nein, und ein Rückgang der Verbraucherpreise kann das Problem sogar verschlimmern. Niedrigere Preise sind nur möglich, wenn die Unternehmen ihre Kosten senken – indem sie Löhne kürzen. Sinkende Löhne treffen jedoch verschuldete Haushalte am schwersten, weil ihre Schulden zu nominalen Konditionen festgelegt sind. Wenn ein verschuldeter Haushalt von einer Lohnkürzung betroffen ist, während seine Hypothekenraten gleich hoch bleiben, wird er seine Ausgaben wahrscheinlich noch stärker zurückfahren. Das führt zu einem Teufelskreis, in dem verschuldete Haushalte ihre Ausgaben reduzieren, was die Unternehmen dazu bringt, die Löhne noch weiter zu kürzen, was wiederum zu höheren Schuldenlasten für die Haushalte führt, die daraufhin ihre Ausgaben noch stärker reduzieren, und so weiter. Eine solche Entwicklung wurde von Irving Fisher während der Nachwehen der Weltwirtschaftskrise als »Schulden-Deflationsspirale« bezeichnet.[47]

Es gibt mehrere andere wichtige Friktionen, die die Wirtschaft daran hindern, sich an einen schweren Konsumeinbruch anzupassen. Zum Beispiel neigen Schuldner dazu, andersartige Produkte zu kaufen als Sparer. Wenn Schuldner anfangen, weniger zu kaufen, müsste die Wirtschaft die

Produktion von Gütern zurückfahren, die Schuldner bevorzugen, und die Produktion von Gütern ankurbeln, für die Sparer eine Vorliebe haben. Dabei entstehen jedoch Friktionen im Reallokationsprozess. So kann es zum Beispiel sein, dass die Wirtschaft Arbeitskräfte aus dem Bausektor in andere Sektoren transferieren muss. Vielleicht muss sie Arbeitnehmer aus dem örtlichen Einzelhandel in exportorientierte Sektoren versetzen, und zwar in dem Bemühen, die Wirtschaftsleistung durch Abwerten der eigenen Währung anzukurbeln.[48] Vielleicht muss sie Konsumausgaben von Schuldnern auf Sparer umschichten. Generell lässt sich sagen, dass jede Friktion, die solche Reallokationen verhindert, dazu führt, dass sich die Konsumzurückhaltung verschuldeter Haushalte zu einer schweren wirtschaftlichen Rezession mit hoher Arbeitslosigkeit auswachsen wird.

Wir sitzen alle im selben Boot

Wenn Schuldner ihre Konsumausgaben drastisch einschränken, verhindern Friktionen wie die Null-Prozent-Untergrenze, dass Sparer den Einbruch wettmachen. Aber die katastrophalen wirtschaftlichen Auswirkungen einer niedrigeren Nachfrage werden nicht allein von den Schuldnern getragen – sie durchdringen die gesamte Wirtschaft. Gehebelte Verluste ziehen sogar Menschen in Mitleidenschaft, die während des Booms nie Schulden hatten.

Die verheerendste Anstoßwirkung eines durch gehebelte Verluste angetriebenen Nachfrageeinbruchs ist ein massives Ansteigen der Arbeitslosigkeit. Sogar Arbeitnehmer in Gegenden, die überhaupt nicht von dem Immobiliencrash betroffen sind, verlieren durch die Konsumzurückhaltung der privaten Haushalte ihre Arbeitsplätze. Die Monaco Coach Corporation ist ein nützliches Beispiel. Im nördlichen Indiana gab es keine hohe Verschuldung und auch kein massives Einbrechen der Immobilienpreise. Warum haben diese Arbeitnehmer also ihre Jobs verloren?

Es ist schwierig, die Ursachen hoher Arbeitslosigkeit zu ergründen. Auch heute noch setzt sich die lange und erhitzte Debatte unter Makroökonomen über die Ursachen – und sogar das Vorhandensein – von unfreiwilliger Arbeitslosigkeit fort. Die eingeführten makroökonomischen Modelle tun sich schwer mit unfreiwilliger Arbeitslosigkeit, da die Löhne sich an wirtschaftliche Störungen so anpassen sollten, dass die Menge an Arbeit, die die Haushalte zu leisten bereit sind (das »Arbeitsangebot«), sich an die Menge, welche die Unternehmen abnehmen wollen (die »Arbeitsnachfrage«), angleicht. Unfreiwillige Arbeitslosigkeit kann in einem makroökonomischen Modell nur dann existieren, wenn es gewisse »Rigiditäten« gibt, die verhindern, dass Löhne sich anpassen und Arbeitnehmer Jobs finden.

Wir wollen mit einem einfachen Beispiel anfangen, um die Dynamik am Arbeitsmarkt im Kontext gehebelter Verluste zu illustrieren.[49] Nehmen wir an, eine Wirtschaft würde aus zwei Inseln bestehen, der Debitoren-Insel (Insel der Schuldner) und der Kreditoren-Insel (Insel der Gläubiger). Jeder Bewohner der Debitoren-Insel ist tief verschuldet, während sämtliche Bewohner der Kreditoren-Insel schuldenfrei sind. Die Haushalte auf beiden Inseln konsumieren zwei Güter: Sie kaufen Autos und lassen sich die Haare schneiden. Autos können zwischen den beiden Inseln gehandelt werden, Haarschnitte dagegen nicht. Anders ausgedrückt: Die Anzahl der Arbeitsplätze in der Autoindustrie auf jeder der Inseln ist eine Funktion der Gesamtnachfrage auf beiden Inseln, während die Zahl der Arbeitsplätze in Friseursalons nur von der Nachfrage nach Haarschnitten auf der betreffenden Insel abhängt. Wir nehmen an, dass die Menschen nicht von einer Insel auf die andere ziehen können; sie müssen dort bleiben, wo sie sind.

Nehmen wir weiterhin an, die Immobilienpreise auf der Debitoren-Insel würden kollabieren. Gehebelte Verluste führen dann dazu, dass auf dieser Insel wesentlich weniger Autos gekauft und Haarschnitte nachgefragt werden. Welche Entwicklung sollten wir unter diesen Umständen erwarten, wenn Löhne und Preise sich flexibel anpassen können? Haarschnitte werden nur von den Menschen nachgefragt, die auf der Debitoren-

Insel leben; daher wird der Preis für einen Haarschnitt durch die geringere Nachfrage nach unten gedrückt, wodurch wiederum die Löhne für Friseure auf der Debitoren-Insel gedrückt werden. Friseure mögen es nicht, wenn sie weniger verdienen, und daher werden viele Friseure ihren Job kündigen, um stattdessen in der Automobilindustrie zu arbeiten.

Wenn es jedoch in der Automobilindustrie mehr Arbeitskräfte gibt, werden auch die Löhne in der Autofabrik sinken, bis sie sich an das Niveau der Friseurlöhne angeglichen haben. Die Automobilhersteller werden mehr Arbeitskräfte zur Verfügung haben, also werden sie ihnen weniger zahlen. Auf der Debitoren-Insel wird das Endergebnis höhere Arbeitslosigkeit in der Automobilindustrie, weniger Friseure und niedrigere Löhne sein. Aber die Anzahl der Arbeitsplätze wird sich insgesamt nicht verändern. Arbeitnehmer werden aus den Friseursalons in die Automobilindustrie wechseln, und sie werden gezwungen sein, niedrigere Löhne zu akzeptieren.

Die Kreditoren-Insel ist über die Automobilindustrie mit der Debitoren-Insel verbunden. Obwohl es auf der Kreditoren-Insel keine gehebelten Verluste gegeben hat, wird sie trotzdem in Mitleidenschaft gezogen. Auf der Debitoren-Insel sind die Löhne in der Automobilindustrie gefallen, wodurch die Autohersteller auf der Debitoren-Insel ihre Autos billiger verkaufen können. Da Autos, die auf der Debitoren-Insel produziert wurden, auch auf der Kreditoren-Insel verkauft werden können, müssen die Autohersteller auf der Kreditoren-Insel reagieren, indem sie ebenfalls die Preise für ihre Autos senken – und die Löhne, die sie ihren Arbeitskräften zahlen. Auf der Kreditoren-Insel reagieren die Arbeitnehmer in der Automobilindustrie auf niedrigere Löhne, indem sie ihren Job in der Autofabrik kündigen und sich als Friseur verdingen. Aber dadurch sinken natürlich die Friseurlöhne, bis sie wieder im Gleichgewicht mit den niedrigeren Löhnen in der Autofabrik sind. Selbst in diesem Beispiel, in dem sich Löhne und Preise flexibel anpassen können, sind die Haushalte auf der Kreditoren-Insel direkt von den gehebelten Verlusten auf der Debitoren-Insel betroffen – auch sie müssen jetzt niedrigere Löhne akzeptieren.

Aber wesentlich gravierendere Probleme treten auf, wenn die Löhne und Preise sich nicht frei anpassen können. Nehmen wir an, die Preise und Löhne seien rigide festgelegt, sodass weder Preise noch Löhne sich an eine geringere Nachfrage der Haushalte auf der Debitoren-Insel anpassen können. Wenn die Immobilienpreise auf der Debitoren-Insel kollabieren, werden abermals die dortigen Haushalte reagieren, indem sie ihre Ausgaben für Autos und Haarschnitte zurückfahren. Autofabriken und Friseursalons werden geringere Umsätze erzielen, und sie werden ihre Kosten senken müssen. Wenn sie aber nicht durch Lohnsenkungen auf diesen Nachfrageeinbruch reagieren können, werden sowohl Autofabriken als auch Friseursalons gezwungen sein, Arbeitnehmer zu entlassen. Auf der Debitoren-Insel wird es zu einem steilen Anstieg der Arbeitslosigkeit kommen.

Aber jetzt kommt die entscheidende Erkenntnis: *Auch die Kreditoren-Insel wird unter hoher Arbeitslosigkeit leiden.* Wenn die Haushalte auf der Debitoren-Insel ihre Ausgaben für Autos zurückfahren, werden die Autofabriken auf der Kreditoren-Insel für ihre Autos eine geringere Nachfrage von der Debitoren-Insel und daher niedrigere Umsätze verzeichnen. Wenn sie ihre Kosten nicht durch Lohnsenkungen reduzieren können, werden sie Arbeitskräfte entlassen. Die entlassenen Arbeitnehmer werden dann versuchen, Arbeit in Friseursalons zu finden, aber da die Löhne nicht gesenkt werden dürfen, werden sie auch dort keinen neuen Job finden. Das führt dazu, dass die Arbeitnehmer auf der Kreditoren-Insel arbeitslos werden, obwohl sie nie irgendwelche Schulden hatten.

In diesem einfachen Beispiel wird angenommen, dass starre Löhne die Reallokation von Ressourcen verhindern, die notwendig wäre, um Vollbeschäftigung aufrechtzuerhalten. Die Arbeitnehmer auf der Debitoren-Insel müssen aus den Friseursalons in die Automobilindustrie wechseln, und die Arbeitnehmer auf der Kreditoren-Insel müssen aus den Autofabriken in die Friseursalons wechseln. Wenn eine regionale Wirtschaft einen Nachfrageeinbruch erleidet, müssen Arbeitnehmer aus den Branchen, die die lokale Nachfrage bedienen, in die Branchen wechseln, welche die externe Nachfrage bedienen. Flexible Löhne würden eine solche Reallokation ermöglichen, während starre Löhne sie verhindern. Aber natürlich gibt es außerdem viele andere Friktionen, die die gleiche Rolle spielen würden. Wenn etwa in diesem Beispiel die Friseure aufwendig umgeschult werden müssten, um in der Automobilindustrie arbeiten zu können, würden sie ebenfalls einen Anstieg der Arbeitslosigkeit erleiden, wenn die Nachfrage einbricht.

Wir wollen nicht den Eindruck erwecken, dass flexible Löhne die Lösung wären. Wir haben bereits gesehen, dass sinkende Löhne die Konsumzurückhaltung verschuldeter Haushalte verstärken, aufgrund des Phänomens, das Irving Fisher als »Schulden-Deflationsspirale« bezeichnet hat. Das bedeutet letztendlich, dass einschneidende Anpassungen der Wirtschaft notwendig sind, wenn verschuldete Haushalte ihre Ausgaben zurückfahren. Die Löhne müssen sinken und viele Arbeitnehmer müssen in andere Branchen wechseln. Friktionen in diesem Reallokationsprozess bewirken, dass durch den Konsumrückgang massive Arbeitsplatzverluste entstehen.

Reallokation?

Ein Argument, das häufig während einer Kontraktion vorgebracht wird, lautet, dass wir uns auf den Reallokationsprozess verlassen sollten, der uns schon vor einer Katastrophe bewahren werde. Man müsse nur zulassen, dass die Löhne fielen und die Arbeitnehmer in andere Branchen wechselten, so heißt es. Aber diesem Ansatz stellen sich enorme Hindernisse in den Weg. Die Wirtschaft braucht angesichts eines so massiven Einbrechens der Konsumausgaben schnelle Anpassungen. Jede Friktion, die solche schnellen Anpassungen verhindert, schadet der gesamten Wirtschaft. Ein wirkungsvollerer Ansatz würde den starken Ausgabenrückgang verhindern, indem er das durch gehebelte Verluste entstehende Problem an der Wurzel packt. Dies wird ein zentrales Thema unserer Empfehlungen für politisches Handeln sein, zu denen wir noch kommen werden.

Die wichtige Lehre aus diesem Beispiel ist, dass wir alle in einem Boot sitzen. Selbst Haushalte, die sich während des Wirtschaftsbooms von toxischen Schulden fernhielten, hatten in dem darauffolgenden Crash unter den Folgen des Einbrechens der Konsumausgaben der Haushalte zu leiden. So sind zum Beispiel zahlreiche Fabriken der Automobilproduktion in den Vereinigten Staaten in Regionen angesiedelt, die von dem Immobilienboom und -crash überhaupt nicht betroffen waren: in Indiana, Ohio und Kentucky. Dennoch litten die dort in der Automobilindustrie Beschäftigten während der Großen Rezession, weil stark verschuldete Haushalte in anderen Landesteilen aufhörten, Autos zu kaufen. Beschäftigung ist der wichtigste Kanal, über den gehebelte Verluste die gesamte Wirtschaft durchdringen. Aber es gibt auch andere Kanäle. Wenn hoch verschuldete Haushalte ihren Zahlungsverpflichtungen nicht mehr nachkommen, werden die Immobilienpreise in der gesamten Nachbarschaft durch die von den Banken betriebenen Zwangsvollstreckungen gedrückt. Die Insolvenzen führen außerdem dazu, dass die Banken weniger Kredite an andere Haushalte ausreichen. Das ganze Land leidet.

In einer Wirtschaftskrise, die durch gehebelte Verluste herbeigeführt wird, sind die natürlichen Reaktionen der Menschen moralische Verurteilungen und Empörung. Häufig bekommen wir zu hören, verantwortungslose Hauseigentümer hätten sich zu stark verschuldet und man solle sie dafür büßen lassen. Aber auch solches Moralisieren während der Krise ist kontraproduktiv. Das Problem der gehebelten Verluste durchdringt schnell die gesamte Wirtschaft; das Einbrechen der Konsumausgaben der verschuldeten Haushalte wirkt sich auf uns alle aus.

5 Die Erklärung für Arbeitslosigkeit

Im Januar 2012 attackierte Senator Bob Corker, ein Republikaner aus Tennessee, eine Gesetzesinitiative der Obama-Regierung, das Kapital der Hypotheken überschuldeter Hauseigentümer auf Kosten des Steuerzahlers abzuschreiben. Corker nannte ein solches Vorgehen eine »Politik gegen das Gemeinwohl«. Sein Büro ließ barsch verlauten: »[Der Gesetzentwurf] bedeutet, dass die Bürger von Tennessee und andere Amerikaner, die sich verantwortungsvoll verhielten, für die Folgen fahrlässiger Kreditvergabepraktiken in anderen Staaten wie Kalifornien, Florida, Nevada und New York werden einstehen müssen, wo exotische Hypotheken und Kredite ohne Eigenkapital vor der Finanzkrise 2008 am häufigsten vorkamen.« Um solche Bailouts für leichtsinnige Hauseigentümer zu verhindern, so Senator Corker, »habe ich vor, diese Woche eine Gesetzesvorlage einzubringen, die besagt, dass Staaten wie Kalifornien oder Florida, wenn sie das Kapital von Hypotheken in ihrem Bundesstaat teilweise oder ganz erlassen wollen, diese Maßnahmen aus ihrem eigenen Haushalt bestreiten müssen – und nicht aus den Steuereinnahmen der Bundesregierung«.[50]

Wäre es, wie Senator Corker sagt, aus der Sicht seiner Wähler in Tennessee tatsächlich eine »Politik gegen das Gemeinwohl«, Hauseigentümern in den von der Immobilienkrise schwer getroffenen Staaten zu helfen? Wir wollen uns die Wirtschaft von Tennessee etwas genauer ansehen, um diese Frage zu beantworten. Senator Corker hat recht mit seiner Aussage, dass Tennessee dem Immobilienboom und -crash weitgehend entging. Von 2002 bis 2006 stiegen die Immobilienpreise in Tennessee nur um 25 Prozent, also weit weniger als die 60 Prozent, die es in Kalifornien und Florida waren. Als die Rezession begann, waren die Haushalte in Tennessee weit weniger verschuldet als im landesweiten Durchschnitt, und ihr Nettovermögen fiel im Verlauf des Immobiliencrashs um nur zwei Prozent.

Also vermieden die Menschen in Tennessee zwar den Immobilienboom und -crash – aber bedeutet das auch, dass sie vor der Katastrophe, die sich in anderen Bundesstaaten abspielte, geschützt waren? Wäre es den Tennesseanern besser ergangen, wenn sie die schwer getroffenen Haushalte in Kalifornien und Florida sich selbst überlassen hätten? Das Problematische an Senator Corkers Logik ist, dass Tennessee keine einsame Insel ist. Die Arbeitsplätze dort hängen stark von der Wirtschaft in anderen Regionen der Vereinigten Staaten ab. So hatte Tennessee zum Beispiel noch 2007 eine blühende Automobilindustrie; es hatte sogar unter allen US-Bundesstaaten den sechsthöchsten Anteil an Arbeitnehmern in der Automobilindustrie zu verzeichnen. Im Jahr 2007 waren über 114 000 Tennesseaner in Automobilfabriken oder deren Zulieferbetrieben beschäftigt. Wenn eine Fabrik in Tennessee ein Auto produzierte, wurde dieses Fahrzeug fast immer in einen anderen Bundesstaat geliefert, um dort verkauft zu werden. Und viele dieser Autos wurden in Staaten geliefert, die von dem Immobiliencrash besonders stark betroffen waren. Als die Floridianer ihre Ausgaben für Autos massiv einschränkten, hatten auch die Beschäftigten der Autofabriken in Tennessee unter den Folgen zu leiden. Im Verlauf der Großen Rezession verlor jeder vierte Automobilarbeiter in Tennessee seinen Arbeitsplatz. Das sind 30 000 Tennesseaner.

Und es waren nicht nur die Automobilfabriken. Auch bei anderen Gütern, die produziert wurden, um in andere Teile des Landes geliefert zu werden, zeigte sich ein ähnliches Muster. Im Jahr 2007 rangierte Tennessee unter den Bundesstaaten in Bezug auf den Anteil der Arbeitnehmer, die Güter für Märkte außerhalb des Staates produzierten, in dem sie arbeiteten an elfter Stelle. Von 2007 bis 2009 verlor jeder sechste Beschäftigte in Tennessee, der solche Güter produzierte, seinen Arbeitsplatz.

Der scharfe Einbruch der Konsumausgaben der Haushalte in Kalifornien, Florida, Nevada und New York wirkte sich direkt auf die Beschäftigten in Tennessee aus. Wir können nicht genau wissen, wie viele Arbeitsplätze in Tennessee gerettet worden wären, wenn man auf politischer Ebene Anstrengungen unternommen hätte, die Immobilienkrise in anderen Bundesstaaten abzufedern. Aber die Meinung, es sei aus Sicht der Menschen in Tennessee eine »Politik gegen das Gemeinwohl«, in Bedrängnis geratenen Hauseigentümern in Kalifornien und Florida zu helfen, ist suspekt. Wenn es um Probleme geht, die mit gehebelten Verlusten zusammenhängen, spielt es keine Rolle, wo man lebt. Die Ansteckungseffekte auf dem Arbeitsmarkt bewirken, wie schon erwähnt, dass wir alle im selben Boot sitzen.

Im vorigen Kapitel wurde die Theorie der gehebelten Verluste präsentiert, die zeigt, warum Senator Corkers Logik fehlerhaft ist. Wir haben gezeigt, wie ein Rückgang der Konsumausgaben auf der Debitoren-Insel letzten Endes über die Autobranche zu Arbeitslosigkeit auf der Kreditoren-Insel führen würde. In diesem Kapitel analysieren wir Daten, um herauszufinden, wie viele Jobs durch die Vernichtung von Nettovermögen in der Wirtschaft verloren gingen. Außerdem zeigen wir auf, welche Friktionen einen Nachfrageschock in die verheerendste Massenarbeitslosigkeit seit der Weltwirtschaftskrise transformierten.

Wie viele Arbeitsplätze gingen verloren?

Zwischen März 2007 und März 2009 verlor der private Sektor der US-Wirtschaft sechs Millionen Arbeitsplätze, und die Arbeitslosenquote schnellte auf neun Prozent hoch – beispiellos in der Geschichte der Vereinigten Staaten. Wie viele dieser Arbeitsplätze gingen durch die in den vorigen Kapiteln beschriebene Vernichtung von Vermögenswerten der privaten Haushalte verloren? Unser Ziel an dieser Stelle ist, diese Frage auf der Grundlage der zur Verfügung stehenden Daten zu beantworten. Wie in Kapitel 3 besprochen, brachen die Konsumausgaben der privaten Haushalte von 2006 bis 2009 in den stark verschuldeten Bezirken, die einen deutlichen Wertverlust ihres Nettovermögens erlitten, wesentlich stärker ein als andernorts. Wir wollen versuchen einzuschätzen, wie viele Arbeitsplätze aufgrund dieses Konsumrückgangs in den am schwersten betroffenen Regionen der Vereinigten Staaten *in der gesamten Wirtschaft* verloren gingen.

Ein natürlicher Ausgangspunkt für diese Analyse wäre herauszufinden, wie viel mehr Arbeitsplätze in den Gegenden, die am stärksten von der Immobilienkrise getroffen wurden, verloren gingen im Vergleich zu solchen Regionen, die dem Abschwung auf dem Immobilienmarkt entgingen. So könnten wir zum Beispiel zeigen, dass in Kalifornien mehr Jobs verloren gingen als in Tennessee. Aber diese Analyse wäre unvollständig, und zwar aus demselben Grund wie Senator Corkers Ansatz: Die in den Immobilien-Katastrophengebieten gekauften Güter wurden überall im Land produziert. Daraus ergibt sich eine schwierige Frage: Wie können wir einschätzen, wie viele Arbeitsplätze in Gegenden, die dem Kollaps des Immobilienmarktes entgingen, durch den Konsumeinbruch in anderen Teilen des Landes vernichtet wurden?

Wir fangen damit an, dass wir die Arbeitsplätze in den Vereinigten Staaten in zwei große Gruppen einteilen: einerseits solche, die der lokalen Wirtschaft dienen, und andererseits solche, die der nationalen (überregionalen) Wirtschaft dienen. Wir bezeichnen Jobs, die der regionalen Wirtschaft dienen, als *ortsgebundene Arbeitsplätze*. Sie finden sich im Einzelhandel und in lokalen Dienstleistungsbetrieben, zum Beispiel in Restaurants und Supermärkten. Wir bezeichnen Jobs, die der nationalen Wirtschaft dienen, als *ortsungebundene Arbeitsplätze*. Sie finden sich in der Produktion von Gütern, die in andere Teile des Landes geliefert werden, zum Beispiel von Autos oder anderen langlebigen Gütern wie Möbel oder Haushaltsgeräte, aber auch im Maschinenbau. Sie hängen vom Konsumverhalten auf der nationalen Ebene ab.[51]

Wie es in dem Beispiel mit der Kreditoren-Insel und der Debitoren-Insel aus dem vorigen Kapitel beschrieben wurde, ermöglicht die Theorie der gehebelten Verluste spezifische Voraussagen über die geografische Verteilung von Arbeitsplatzverlusten während der Großen Rezession. Wir würden erwarten, dass in Regionen mit hohen Nettovermögensverlusten wesentlich mehr Arbeitsplätze in jenen Branchen verloren gingen, die der *lokalen* Wirtschaft dienten. Dagegen würden wir nicht erwarten, dass die Verluste von Arbeitsplätzen, die der *nationalen* Wirtschaft dienen, nur in Regionen zu beobachten wären, die hohe Nettovermögensverluste erlitten. Vielmehr würden wir erwarten, dass sich die Verluste von Arbeitsplätzen, die der nationalen Wirtschaft dienen, gleichmäßig über das ganze Land verteilen. Würden sich diese zwei miteinander verknüpften Muster – Konzentration von Verlusten ortsgebundener Arbeitsplätze in stark betroffenen Regionen und Verteilung von Verlusten ortsungebundener Arbeitsplätze über das gesamte Land – in den Daten abzeichnen, würde das die Theorie der gehebelten Verluste stützen.

Die Automobilindustrie bietet ein hervorragendes Beispiel, um diese Zusammenhänge zu illustrieren. Bei der Herstellung und dem Vertrieb von Autos gibt es ortsungebundene *und* ortsgebundene Arbeitsplätze. Die Arbeiter in einer Autofabrik produzieren Autos, die dafür gedacht sind, im ganzen Land verkauft zu werden. Diese ortsgebundenen Arbeitsplätze hängen folglich von der Nachfrage nach Autos auf der *nationalen* Ebene ab. Um die Autos dann tatsächlich zu verkaufen, werden Arbeitskräfte bei einem lokalen Autohändler gebraucht. Zu irgendeiner Zeit im Laufe des Verkaufsprozesses muss der Verkäufer mit dem Käufer persönlich interagieren, zumindest kurz. Ortsgebundene Arbeitsplätze bei einem lokalen Autohändler hängen daher stark von der *lokalen* Nachfrage nach Autos ab.

Die Theorie der gehebelten Verluste macht eindeutige Vorhersagen über die geografischen Muster von Beschäftigung in der Automobilindustrie während der Großen Rezession: Die Daten sollten zahlreiche Entlassungen bei Autohändlern in den Regionen des Landes aufzeigen, die den größten Rückgang des Nettovermögens erlitten. Bei Händlern in Regionen, die dem Abschwung auf dem Immobilienmarkt entgingen, sollten wir weniger Entlassungen sehen. Und in Anbetracht des massiven Einbruchs der Nachfrage nach Autos in den schwer getroffenen Gegenden sollten die Daten auch zeigen, dass im ganzen Land Arbeitsplätze in der Produktion von Autos und Autoteilen verloren gingen. Die Theorie der gehebelten Verluste sagt voraus, dass die Anzahl der Entlassungen in Autofabriken unabhängig von der Schwere des Vermögensschocks am jeweiligen Standort ist.

Und genau das ist es, was wir in den Daten finden. Es bestand ein sehr enger Zusammenhang zwischen der Anzahl Entlassungen bei Autohändlern in einem bestimmten Bezirk und der Schwere des dortigen Vermögensschocks. In den Bezirken mit der stärksten Vernichtung von Nettovermögen gingen 14 Prozent der Arbeitsplätze bei Autohändlern verloren. In den Bezirken mit dem geringsten Vermögensschock wurden nur drei Prozent der Autoverkäufer entlassen. Wir wissen, dass verschuldete Haushalte in stark betroffenen Bezirken ihre Ausgaben für Autos deutlich reduzierten. Dieser scharfe Einbruch wirkte sich unmittelbar auf die Arbeitsplätze bei Autohändlern aus. Dagegen war die Konsumzurückhaltung in Bezirken, die dem Immobilienschock entgingen, weniger ausgeprägt, vor allem zu Beginn der Rezession. Daher gingen bei den Autohändlern in solchen Gegenden weniger Jobs verloren. Dagegen waren die Arbeitsplatzverluste in den Fabriken, in denen Autos hergestellt wurden, *im ganzen Land* beträchtlich. In allen Bezirken, in denen man Autos herstellte, wurden 20 bis 30 Prozent der in der Automobilindustrie beschäftigten Arbeitnehmer entlassen, und zwar völlig unabhängig von der Entwicklung auf dem lokalen Immobilienmarkt.

Wenn wir die Tatsachen insgesamt betrachten, erzählen sie eine überzeugende Geschichte. In Bezirken, die der Dezimierung von Nettovermögen entgingen, nahmen die Autoverkäufe kaum ab, und die Arbeitsplätze bei den Autohändlern waren sicher. Aber die Arbeiter, die in den Fabriken genau dieser Bezirke Autos produzierten, erlebten massive Entlassungen. Diese Fakten zeigen, dass Jobverluste in Automobilfabriken eine direkte

Folge des Konsumeinbruchs in den Teilen des Landes waren, die von der Immobilienkrise schwer getroffen wurden.

Natürlich kann genau dieser Test auch auf alle anderen Arbeitsplätze angewandt werden, nicht nur solche in der Automobilindustrie. Und die Fakten sprechen eine klare Sprache: Der Rückgang von ortsgebundenen Arbeitsplätzen, die der lokalen Nachfrage dienten, war in verschuldeten Bezirken, in denen das Nettovermögen der Haushalte die größten Verluste erlitt, wesentlich stärker als in anderen Bezirken. Dagegen war der Rückgang von ortsungebundenen Arbeitsplätzen, die der nationalen Nachfrage dienten, im ganzen Land zu beobachten. In Abbildung 5.1 ist dieses Muster grafisch dargestellt. Wie in Kapitel 3 sind die »Bezirke mit hohem Nettovermögen-Rückgang« diejenigen 20 Prozent der Bezirke, die während der Rezession den stärksten Rückgang ihres Immobilien-Nettovermögens erlitten, und die »Bezirke mit niedrigem Nettovermögen-Rückgang« sind die 20 Prozent mit dem geringsten Rückgang. Wie die linke Grafik zeigt, war der Rückgang in Bezirken, die am schlimmsten von der Immobilienkrise betroffen waren, wesentlich stärker. Die rechte Grafik zeigt dagegen, das ortsungebundene Arbeitsplätze im ganzen Land in gleichem Maße verloren gingen: Unabhängig davon, wo ein lokaler Absturz der Immobilienpreise zu verzeichnen war, brachen die Jobs, die Güter für die nationale Nachfrage produzierten, im gesamten Land um beinahe 15 Prozent ein.

Das in Abbildung 5.1 dargestellte Muster war nicht nur in Tennessee zu beobachten; ein weiteres gutes Beispiel ist Iowa. Während des Immobilienbooms stiegen die Immobilienpreise in Iowa kaum stärker als die Inflationsrate. Und die Bürger von Iowa gingen mit einer Verschuldung der privaten Haushalte in die Große Rezession hinein, die weit unter dem landesweiten Durchschnitt lag. Von 2006 bis 2009 blieben die Immobilienpreise in Iowa konstant; es gab keinen dramatischen Immobiliencrash. Darüber hinaus *stiegen* die Konsumausgaben der Iowaner während der Großen Rezession sogar um fünf Prozent. In Anbetracht der starken loka-

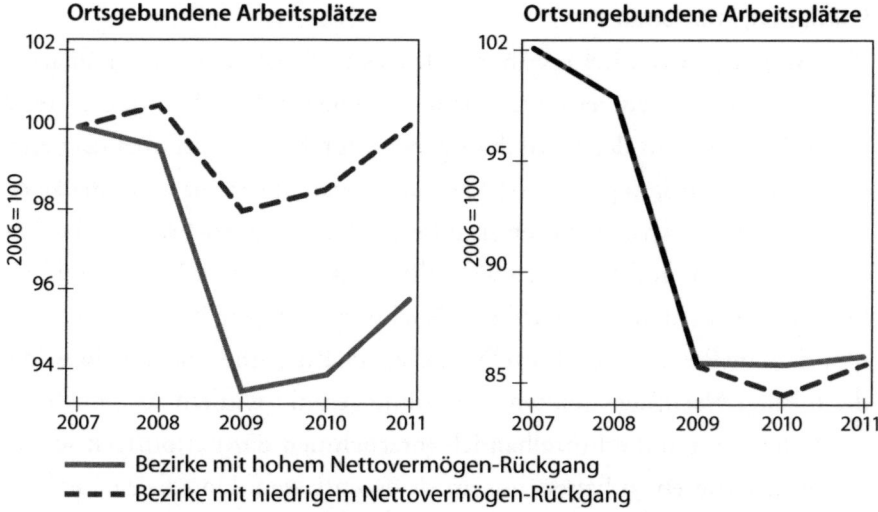

Ortsgebundene Arbeitsplätze   **Ortsungebundene Arbeitsplätze**

—— Bezirke mit hohem Nettovermögen-Rückgang
– – – Bezirke mit niedrigem Nettovermögen-Rückgang

Abb. 5.1: Rückgang der Beschäftigung während der Großen Rezession

len Wirtschaft in Iowa ist es nicht überraschend, dass kaum Arbeitsplätze, die der lokalen Nachfrage dienten, während der Großen Rezession verloren gingen. Die Anzahl der Arbeitsplätze in Einzelhandel und Gastronomie blieb unverändert. Dagegen gingen zehn Prozent der Jobs, die der nationalen Nachfrage dienten, verloren. Trotz der Stärke der lokalen Wirtschaft wurden Menschen, die in diesen Branchen arbeiteten, in Mitleidenschaft gezogen. Genau das ist es, was zu erwarten wäre, wenn gehebelte Verluste in anderen Teilen des Landes die Arbeitslosigkeit in Iowa antreiben würden.

Das Muster in Abbildung 5.1 liegt unserer Schätzung der Gesamtanzahl der Arbeitsplätze zugrunde, die in der US-Wirtschaft durch die Vernichtung von Vermögen verloren gingen, die der Zusammenbruch des Immobilienmarktes mit sich brachte. Wir schätzen, dass zwischen März 2007 und März 2009 aufgrund gehebelter Verluste 4 Millionen Arbeitsplätze vernichtet wurden – das wären 65 Prozent aller Arbeitsplätze, die in unserer Stichprobe verloren gingen.[52]

Friktionen, Friktionen

Wie im vorigen Kapitel erwähnt, sollte es nach der Fundamentaldaten-Theorie keine so weit verbreitete Arbeitslosigkeit geben. Stattdessen sollte es Mechanismen in der Wirtschaft geben, durch die sie flexibel reagieren und Vollbeschäftigung bewahren könnte, sogar angesichts eines massiven Nachfrageeinbruchs. So hätten zum Beispiel in den am schwersten betroffenen Branchen und Regionen die Löhne sinken müssen. Im Central Valley in Kalifornien hätte der abrupte Nachfragerückgang dazu führen müssen, dass in Restaurants, Einzelhandelsgeschäften und anderen Jobs, die der lokalen Nachfrage dienten, die Löhne gesenkt wurden. Die niedrigeren Löhne hätten die Einzelhandelsunternehmen dazu ermutigen sollen, ihre Beschäftigten zu halten, anstatt sie zu entlassen. Und als ein Teil der Arbeitnehmer auf der Suche nach besseren Löhnen diese Branchen verließ, sollten dadurch die Löhne im Exportsektor der Wirtschaft zurückgegangen sein.

Theoretisch würden die Löhne so weit gedrückt werden, bis exportierende Firmen es profitabel fänden, im Central Valley Fabriken zu bauen. Dieser Exporteffekt ist ein Standardmechanismus, der immer wieder von Ökonomen betont wird. Wenn in einer Stadt oder einem Land die Konsumausgaben einbrechen, sollte eine flexible Wirtschaft in der Lage sein, sich anzupassen, indem sie die Löhne senkt und so ihre exportierenden Branchen wettbewerbsfähiger macht. Ein weiterer Anpassungsmechanismus sollte Migration sein – vielleicht ist es an der Zeit für einige Arbeiter, ihre Sachen zusammenzupacken und in einen anderen Teil des Landes mit einem stärkeren Arbeitsmarkt zu ziehen. Zahlreiche Ökonomen seit Joseph Schumpeter haben argumentiert, dieser Prozess der »kreativen Zerstörung« sei natürlich und sogar gesund. Wenn die Wirtschaft ihre Produktion auf neue Aktivitäten ausrichten (neu allozieren) müsse, würden Arbeitnehmer umziehen, um neue Chancen zu nutzen.

Aber leider hat die US-Wirtschaft während der Großen Rezession nicht so funktioniert, und die Arbeitslosigkeit blieb. John Maynard

Keynes traf den Nagel auf den Kopf, als er schrieb: »Es ist gut möglich, dass die klassische Theorie die Art des Verhaltens unserer Wirtschaft repräsentiert, die wir gerne sähen. Aber anzunehmen, dass sie sich tatsächlich so verhält, heißt, unsere Schwierigkeiten einfach wegzudefinieren.«[53] Wir können nicht annehmen, dass diese Mechanismen das Problem der Arbeitslosigkeit lösen – vielmehr sollten wir gründlich untersuchen, warum sie es nicht tun. Man kann die Frage auch anders stellen: Was genau ist es eigentlich, das die Wirtschaft daran hindert, sich so anzupassen, wie wir es von ihr erwarten würden?

Wir haben bereits die Null-Prozent-Untergrenze für nominale Zinssätze erwähnt. Aber zwei andere Friktionen treten sehr deutlich aus den Daten hervor: Die Löhne sinken nicht, und die Menschen ziehen nicht um. Drei Ökonomen von der Federal Reserve Bank in San Francisco untersuchten die Lohnzuwächse von 2008 bis 2012 und kamen zu erstaunlichen Ergebnissen.[54] Tatsächlich *stiegen* die inflationsbereinigten Löhne von 2008 bis 2011 um 1,1 Prozent pro Jahr – und zwar trotz der höchsten Arbeitslosenquote in der jüngeren Geschichte.

Die Löhne sanken nicht, und zwar aufgrund der sogenannten nominalen Lohnrigidität, einer Situation, in der die Löhne in nominalen Beträgen konstant bleiben. Die Ökonomen der San Francisco Federal Reserve untersuchten, wie sich die Löhne von Jahr zu Jahr veränderten, und fanden eine dramatische Spitze des Anteils der Beschäftigten, die exakt den gleichen nominalen Lohn erhielten. Mit anderen Worten: Während der Großen Rezession senkten die Arbeitgeber die Löhne nicht, sondern hielten sie konstant oder erhöhten sie ein wenig. Der Anteil der Arbeitnehmer, die von Jahr zu Jahr genau den gleichen nominalen Lohn erhielten, war während der Großen Rezession höher als zu jeder anderen Zeit seit 1980.

Als wir uns die Unterschiede im Hinblick auf die Vernichtung von Nettovermögen in verschiedenen Teilen des Landes ansahen, fanden wir einige schwache Hinweise auf relative Lohnsenkungen in den am stärksten betroffenen Regionen. Dabei müssen wir daran denken, dass die am stärksten betroffenen Regionen einen starken Rückgang nicht nur von Arbeitsplätzen erlitten, die der nationalen Wirtschaft dienten, sondern auch von Jobs, die der lokalen Wirtschaft dienten. Aber der relative Rückgang der Löhne in diesen Regionen war ziemlich moderat und keineswegs ausreichend, um das Zunehmen der Arbeitslosigkeit aufzuhalten. In den 20 Prozent der Bezirke, die den stärksten Rückgang des Nettovermögens der Haushalte erlitten hatten, schnellte die Arbeitslosenquote während der Großen Rezession von unter fünf Prozent auf 13 Prozent hoch. Auch im Sommer 2012 – also drei Jahre nach dem offiziellen Ende der Rezession – verharrte sie noch auf über zehn Prozent.

Unter so miserablen wirtschaftlichen Bedingungen bestanden für die Arbeitnehmer in diesen Regionen starke Anreize, sich anderswo nach Arbeit umzusehen. Aber auch das geschah nicht. Tatsächlich wuchs vielmehr die Bevölkerung in stark betroffenen Bezirken zwischen 2007 und 2009 genauso schnell wie in Bezirken, die dem Abschwung des Immobilienmarktes entgangen waren. So verloren zum Beispiel in den am stärksten betroffenen drei Bezirken im Central Valley von Kalifornien in der Zeit von 2007 bis 2009 über 50 000 Arbeitnehmer ihre Jobs, und die Arbeitslosenquote näherte sich 20 Prozent. Und dennoch wuchs die Bevölkerung dort von 2007 bis 2009 sogar geringfügig. Trotz der katastrophalen wirtschaftlichen Umstände zogen die Menschen nicht fort.

Warum Arbeitslosigkeit?

Die Fakten führen zu einer überzeugenden Schlussfolgerung: Die Wirtschaft war schlichtweg nicht in der Lage, sich an den massiven Rückgang der Konsumausgaben durch gehebelte Verluste anzupassen. Wir haben gesehen, dass die Löhne nicht fielen und die Menschen sich nicht anderswo nach Arbeit umsahen. Aber warum war das so? Ein großer und weiter wachsender Bestand an Forschungsstudien schlägt sich nach wie vor mit dieser Frage herum. Tatsächlich war es genau dieses Problem, das Keynes dazu bewegte, 1935 seine neue Theorie zu formulieren – und aus unserer Sicht gibt es auch heute noch keine befriedigende Erklärung dafür.

Eine Erklärung, die angeboten wird, ist die Qualifikations-Inkompatibilität (»skills mismatch«). Sie basiert auf der These, dass Arbeitnehmer umgeschult werden müssen, bevor sie in einem anderen Beruf arbeiten können. Charles Plosser, der Präsident der Federal Reserve Bank of Philadelphia, hat es prägnant formuliert: »Man kann aus einem Tischler nicht mir nichts, dir nichts einen Krankenpfleger machen, und man kann aus einem Hypothekenmakler nicht ohne Weiteres den Computerexperten für einen produzierenden Betrieb machen.«[55] Aber diese These ist nur schwer mit dem flächendeckenden Rückgang der Beschäftigung in der gesamten Wirtschaft in Einklang zu bringen – unter Arbeitnehmern aus jeder Branche und auf jedem Bildungsniveau nahm die Arbeitslosigkeit stark zu.

Eine andere Erklärung ist, dass ausgesetzte Zwangsvollstreckungen sowie staatliche Hilfsprogramme während der Großen Rezession die Anreize für Arbeitnehmer reduzierten, sich Arbeit zu suchen. So argumentieren zum Beispiel Kyle Herkenhoff und Lee Ohanian, dass die Möglichkeit, Hypotheken-Tilgungszahlungen nicht zu zahlen, ohne sofort einer Zwangsvollstreckung unterworfen zu werden, wie eine Art Arbeitslosenversicherung wirkt.[56] Wenn ein Beschäftigter seinen Arbeitsplatz verliert, kann er sich entscheiden, seine Hypotheken-Ratenzahlungen auszusetzen, allerdings muss er in seinem Haus wohnen bleiben, um daraus einen Vorteil zu ziehen. Daher hat er keinen Anreiz, sich anderswo neue Arbeit zu suchen. Ähnliche Argumente sind in Bezug auf Arbeitslosenversicherung und andere staatliche Leistungen vorgebracht worden, die theoretisch die Anreize für entlassene Arbeitnehmer reduzieren, einen schlechter bezahlten Job anzunehmen. Wenn ein entlassener Arbeitnehmer Leistungen der Arbeitslosenversicherung erhält, so diese Argumentation, muss der Lohn, der ihn motivieren kann, einen neuen Job anzunehmen, hoch genug sein, um ihn für die Beschwerlichkeit des Arbeitens zu entschädigen.

Diese Argumente klingen auf der theoretischen Ebene plausibel, aber es gibt erstaunlich wenige empirische Belege, die sie stützen würden. So untersuchte zum Beispiel Jesse Rothstein die Auswirkungen von Arbeitslosenversicherung auf die Arbeitslosenquote.[57] Er fand tatsächlich eine Auswirkung: Durch Verlängern von Leistungen der Arbeitslosenversicherung nahm die Arbeitslosenquote während der Großen Rezession tatsächlich zu. Aber diese Effekte waren verschwindend gering: Wurden solche Leistungen verlängert, nahm die Arbeitslosenquote nur um 0,1 bis 0,5 Prozent zu, verglichen mit einem Gesamtanstieg von fast fünf Prozent. Johannes Schmieder, Till von Wachter und Stefan Bender untersuchten in Deutschland, welche Auswirkungen es hatte, wenn die Leistungen der Arbeitslosenversicherung in Zeiten wirtschaftlicher Booms und Rezessionen verlängert wurden.[58] Sie fanden Hinweise darauf, dass die Auswirkungen von Leistungen der Arbeitslosenversicherung, die die betroffenen Menschen demotivierten, sich neue Arbeit zu suchen, in Rezessionen sogar *schwächer* waren.

Auch wenn Ökonomen keine Erklärung für Arbeitslosigkeit finden, sollte das nicht ihren Blick für deren menschliche Folgen trüben. Sie sind gravierend. Steven Davis und Till von Wachter nutzten Daten über die Einkommen von Menschen aus dem Bestand der staatlichen Sozialversicherung, um die finanziellen Folgen von Arbeitslosigkeit in Rezessionen abzuschätzen.[59] Sie fanden heraus, dass ein Arbeitnehmer, der in einer Rezession entlassen wird, über seine restliche Lebenszeit gesehen im Durchschnitt das Dreifache des Jahreseinkommens, das er vor der Entlassung hatte, verliert. Die Autoren der Studie weisen darauf hin, dass dies ein erschreckend hoher Betrag ist – und dies ist nur der finanzielle Verlust. Die immateriellen Kosten – Depressionen, Verlust von Würde oder eine Scheidung – mögen schwieriger zu quantifizieren sein, aber sie sind mit ziemlicher Sicherheit sogar noch höher.

Anhaltende Massenarbeitslosigkeit lässt massive Kosten für die Gesellschaft entstehen. Und die Ökonomen haben keine guten Erklärungen dafür, warum sie anhält. Aus unserer Sicht ist das Problem ziemlich einfach: Wir müssen hart daran arbeiten, das Wirtschaftssystem so zu ändern, dass wir die Störungen vermeiden, die zu hoher Arbeitslosigkeit führen. Sobald sich die Störung aus gehebelten Verlusten manifestiert, sind das scharfe Einbrechen der Konsumausgaben und das schmerzliche Ansteigen der Arbeitslosigkeit beinahe unvermeidlich. Wir müssen das Problem an der Wurzel packen, anstatt zu erwarten, dass die Wirtschaft sich schon anpassen wird, wenn der Schock eintritt.

Gehebelte Verluste: eine Zusammenfassung

Wir haben dieses Buch mit einem stabilen statistischen Muster begonnen: Den meisten schweren Rezessionen der Geschichte ging ein steiler Anstieg der Verschuldung der privaten Haushalte und ein Kollaps der Immobilienpreise voran. In den Vereinigten Staaten folgten sowohl die Große Rezession als auch die Weltwirtschaftskrise ab 1929 diesem Drehbuch. Auch in anderen Ländern war zu beobachten, dass die Große Rezession überall dort wesentlich schwerer war, wo die Haushalte sich übermäßig verschuldet hatten. Der Zusammenhang zwischen zu hoher Verschuldung der privaten Haushalte, dem Kollaps von Assetpreisen und schweren wirtschaftlichen Kontraktionen ist nicht zu bestreiten.

Dann haben wir die Theorie der gehebelten Verluste präsentiert, um dieses Muster zu erklären: Das zentrale Problem sind Schulden. Verschuldung verstärkt den Rückgang von Assetpreisen durch Zwangsvollstreckungen und dadurch, dass sie die Verluste auf die Schuldner konzentriert, bei denen es sich fast immer um die Haushalte mit dem geringsten Nettovermögen in der Wirtschaft handelt. Dies ist eine fundamentale Eigenschaft von Schulden: Sie zwingen den Schuldner, die Hauptlast der Krise zu tragen. Dies ist besonders gefährlich, da verschuldete Haushalte in ihrem Ausgabenverhalten besonders empfindlich auf Wertverluste ihres Vermögens reagieren – wenn ihr Nettovermögen dezimiert wird, schränken sie ihre Ausgaben radikal ein. Die dadurch einbrechende Nachfrage überfordert die Wirtschaft, und das Ergebnis ist eine Wirtschaftskrise großen Ausmaßes.

Die Daten aus der Großen Rezession in den Vereinigten Staaten stützen diese Theorie. Der Zusammenbruch des Immobilienmarkts verstärkte die Vermögensungleichheit, indem er das Nettovermögen von armen, verschuldeten Hauseigentümern vernichtete. Mithilfe der Unterschiede zwischen verschiedenen geografischen Regionen der Vereinigten Staaten haben wir gezeigt, dass die Konsumzurückhaltung sich genau in jenen Bezirken konzentrierte, wo der Schock aus gehebelten Verlusten am größten war. Die Folgen dieses massiven Ausgabeneinbruchs durchdrangen die gesamte Wirtschaft – selbst Arbeitnehmer in den Teilen des Landes, die dem Immobiliencrash entgingen, verloren ihre Arbeitsplätze.

Aber bis jetzt haben wir eine zentrale Frage vermieden: Wie gerät eine Wirtschaft überhaupt erst in eine solche Falle aus gehebelten Verlusten? Oder mit anderen Worten: Wodurch entsteht eine so große und letztlich untragbare Ausweitung der Verschuldung? Wir beginnen unsere Ermittlungen zu diesen Fragen im nächsten Kapitel. Wie wir zeigen werden, verstärken Schulden nicht nur den Crash, sondern sie treiben auch die Blase an, die den Crash unvermeidbar macht. Wenn wir das aus gehebelten Verlusten entstehende Problem dauerhaft lösen wollen, müssen wir verstehen, warum Schulden nicht nur im Crash, sondern *auch im Boom* so toxisch sind.

Teil II

Es kocht und blubbert

6　Die Kreditexpansion

Lange Zeit war es ziemlich schwierig, in Detroits West Side ein Hypothekendarlehen zu bekommen. Gegenden wie Brightmoor, Five Points und Rosedale Park haben (neben anderen) eine reiche Geschichte, die eng mit der Geburt der Automobilindustrie in den Vereinigten Staaten verbunden ist.[60] Viele der dortigen Häuser wurden in den 1920er-Jahren gebaut, als sowohl Arbeiter als auch Angestellte der Automobilfabriken sich dort ansiedelten. Die Gegend florierte bis in die 1950er- und 1960er-Jahre hinein, aber dann setzte ein langsamer Niedergang ein. Viele Menschen zogen fort, und in den 1990er-Jahren sank der Wert der Immobilien durch die immer stärker zunehmende Kriminalität. Dennoch waren auch im Jahr 2000 diese Viertel der West Side nach wie vor durchaus lebenswert, sogar attraktiv genug, um dort eine Familie zu gründen. Das mittlere Haushaltseinkommen betrug 36 000 Dollar, nicht weit unter dem landesweiten Durchschnitt von 40 000 Dollar. In einigen Gegenden der West Side herrschte eine sehr hohe Armut, aber in anderen, etwa in Rosedale Park, lag die Armutsquote um den landesweiten Durchschnitt. Vor allem in Rosedale Park hatten über die Hälfte der Anwohner zumindest eine Zeit lang ein College besucht.

Aber es war schwierig, ein Hypothekendarlehen zu bekommen, um ein Haus zu kaufen. Die Rezession von 1990 und 1991 traf Detroit schwer, wo die Arbeitslosenquote auf bis zu zehn Prozent anstieg. Die Hypotheken-Ausfallrate stieg 1992 auf zwölf Prozent, was deutlich höher war als der landesweite Durchschnitt von fünf Prozent. Bis 2000 hatte Detroit sich wieder erholt, aber die Kreditgeber zögerten nach wie vor, Hypothe-

kendarlehen auszureichen: 45 Prozent aller Hypothekenanträge von An-
wohnern der West Side wurden abgelehnt. Ihre Bonitäts-Scores waren
miserabel; über 65 Prozent der Haushalte hatten einen Bonitäts-Score unter 660 – ein Wert, der in den meisten Kreditmärkten als »subprime«
(geringe Bonität) gilt. Landesweit lag diese Quote bei 35 Prozent.

Im Laufe der frühen 2000er-Jahre hatte sich jedoch irgendetwas verändert: Plötzlich wurde es viel einfacher, in West-Detroit eine Hypothek
zu bekommen. Von 2002 bis 2005 schnellte die Zahl der zur Finanzierung
einer Immobilie gewährten Hypotheken pro Jahr um 22 Prozent in die
Höhe. Dieser starke Anstieg stand im krassen Gegensatz zu der dürftigen
jährlichen Zuwachsrate von acht Prozent, die in den drei Jahren davor zu
verzeichnen gewesen war. In einem Zeitungsartikel wurde berichtet, die
Anwohner in diesen Gegenden »hatten vorher große Schwierigkeiten,
einen Bankkredit zu bekommen, aber nun rannten Kreditmakler ihnen
plötzlich die Tür ein«.[61]

Mark Whitehouse, ein Reporter des *Wall Street Journal*, untersuchte die
Expansion der Kreditvergabe in dem Straßenzug mit 5100er-Hausnummern
am West Outer Drive.[62] Vor 2000 waren die angehenden Hauseigentümer
in dieser Gegend auf Hypotheken-Hilfsprogramme der Bundesregierung
angewiesen, oder sie kauften ihr Haus ohne eine Kreditfinanzierung. Aber
zwischen 2002 und 2006 strömten aus dem privaten Sektor Hypothekendarlehen im Wert von über 500 Millionen Dollar in den Postleitzahlbezirk,
in dem der West Outer Drive liegt. Der Kreditvergabe-Rausch geriet völlig
außer Kontrolle. Derek Brown, der ehemalige Präsident der Detroit Real
Estate Brokers Association (Verband der Immobilienmakler in Detroit)
beschrieb es so: »Hinz und Kunz verkaufte Hypotheken. An jeder Straßen-
ecke gab es einen Kreditmakler – gestern packte er noch an der Supermarkt-
kasse Lebensmittel ein, und heute verkauft er meiner Mutter eine Hypothek? Was zur Hölle hat das zu bedeuten?«[63]

Die dramatische Expansion der Kreditvergabe war keineswegs auf die
West Side von Detroit beschränkt. Aus irgendeinem Grund vergaben die

Kreditgeber sehr viel bereitwilliger Hypotheken an Schuldner, die noch kurz zuvor wahrscheinlich kein Darlehen erhalten hätten. Solche Kreditnehmer werden als *marginale Schuldner* bezeichnet. Die Ausweitung der Kreditvergabe an marginale Schuldner trat zwischen 2000 und 2007 in den Vereinigten Staaten eine Verschuldungslawine der privaten Haushalte los. In diesen sieben Jahren *verdoppelten* sich diese Schulden auf 14 Billionen Dollar. So begann alles.

Vor dem Darlehensboom konnte man ziemlich genau vorhersagen, wie viel Prozent der Kreditanträge in einem bestimmten Postleitzahlbezirk abgelehnt werden würde, indem man sich ansah, wie viele Anwohner dort einen Bonitäts-Score unter 660 hatten. In den Postleitzahlbezirken mit den höchsten Bonitäts-Scores wurden 16 Prozent der Kreditanträge abgelehnt, während es in den Postleitzahlbezirken mit den niedrigsten Bonitäts-Scores – zum Beispiel in der West Side von Detroit – 43 Prozent waren.[64] Aber zwischen 2002 und 2005 strömte eine Flut von Krediten in Postleitzahlbezirke mit niedrigen Bonitäts-Scores. Hier nahm die Vergabe von Hypothekendarlehen zur Finanzierung von Immobilienkäufen um 30 Prozent *pro Jahr* zu; in Bezirken mit hohen Bonitäts-Scores waren es dagegen nur elf Prozent. Dies war der einzige Zeitraum zwischen 1991 und 2011, in der die Kreditgewährung in Postleitzahlbezirken mit niedrigen Bonitäts-Scores so dramatisch zunahm. Als ab 2007 die Ausfallquoten stiegen, brach die Kreditvergabe in diesen Bezirken ein, und ab 2011 wurden in Bezirken mit niedrigen Bonitäts-Scores weniger Hypothekendarlehen pro Jahr vergeben als 1999.

Die flächendeckende Ausbreitung der Kreditexpansion war beeindruckend. So nahm zum Beispiel in Chicago die Vergabe von Hypothekendarlehen zur Finanzierung von Immobilienkäufen in den Postleitzahlbezirken mit niedrigen Bonitäts-Scores von 2002 bis 2005 um 36 Prozent pro Jahr zu; in den dortigen Postleitzahlbezirken mit hohen Bonitäts-Scores waren es dagegen nur 15 Prozent Wachstum. Die entsprechenden jährlichen Wachstumsraten für Minneapolis waren 30 und sieben Prozent; in Baltimore waren es 29 und 12 Prozent, in New York City 37 und 15 Prozent. Die aggressiv expandierende Vergabe von Krediten an marginale Schuldner war nicht nur auf Arizona, Nevada oder die Viertel der West Side von Detroit beschränkt; das Phänomen war vielmehr im ganzen Land zu beobachten. Während des Booms fielen die Ablehnungsquoten für Hypothekenkreditanträge von 42 Prozent auf unter 30 Prozent – und zwar ungeachtet der Tatsache, dass die Anzahl solcher Anträge in die Höhe schoss. Das bedeutet, dass immer mehr marginale Schuldner einen Kredit beantragten und ein immer höherer Anteil dieser Anträge genehmigt wurde. Bei Schuldnern mit hohen Bonitäts-Scores war dagegen nur ein sehr geringer Rückgang der Ablehnungsquote zu beobachten.

Wie wirkte sich diese Kreditflut auf den Immobilienmarkt insgesamt aus? Nun, vor dem Kreditboom wohnten marginale Schuldner in der Regel zur Miete, da sie kein Hypothekendarlehen bekommen konnten. Ab den späten 1990er-Jahren und dann vermehrt in der Hochphase des Kreditbooms stieg die Wohneigentumsquote um volle vier Prozent, bis sie 2006 auf 69 Prozent geklettert war. Das klingt vielleicht nicht besonders hoch, aber man muss diese Zahl im historischen Kontext sehen. Zwischen Mitte der 1960er-Jahre und Mitte der 1990er-Jahre war die Wohneigentumsquote sehr konstant geblieben, zwischen 63 und 65 Prozent. Im Vergleich dazu hatte diese Zunahme der Wohneigentumsquote in nur sieben Jahren eine historische Dimension. Sie bedeutete, dass 2006 beinahe fünf Millionen Haushalte eine Immobilie besaßen, die ihnen nicht gehört hätte, wenn die Wohneigentumsquote bei ihrem langjährigen Durchschnittswert geblieben wäre. Der Anstieg war jedoch ebenso kurzlebig wie der Hypothekendarlehenboom selbst: Bis 2012 fiel die Wohneigentumsquote wieder auf 65 Prozent.

Starke wirtschaftliche Fundamentaldaten?

Im Oktober 2005, als der Darlehensboom seinen fiebrigen Höhepunkt erreichte, lobte der damalige Vorsitzende des Sachverständigenrats zur

wirtschaftlichen Entwicklung (Council of Economic Advisers) Ben Bernanke die jüngsten Fortschritte der US-Wirtschaft. Als Sachverständiger
sagte er in einer Anhörung vor dem Kongress: »Bei jedem der drei Indika-
toren der Realwirtschaft – BIP-Wachstum, Schaffung von Arbeitsplätzen
und Produktivitätszuwachs – lagen die Vereinigten Staaten in den vergangenen Jahren an der Spitze der industrialisierten Volkswirtschaften, und
zwar mit beträchtlichem Vorsprung.« Darüber hinaus könne der Boom
auf dem Immobilien- und dem Hypothekendarlehenmarkt zum großen
Teil durch diese Fortschritte erklärt werden: »Die Immobilienpreise sind
in den vergangenen zwei Jahren um nahezu 25 Prozent gestiegen. Obwohl
in manchen Regionen die spekulativen Aktivitäten zugenommen haben,
reflektiert diese Preisentwicklung auf der nationalen Ebene hauptsächlich
starke wirtschaftliche Fundamentaldaten.«[65]

Die Überzeugung, dass starke wirtschaftliche Fundamentaldaten hinter dem Darlehensboom steckten, ist ein natürlicher Ausgangspunkt für
unsere Analyse. Warum sollten die Menschen neue Schulden aufnehmen,
wenn sie nicht davon überzeugt wären, dass sie in Zukunft wohlhabender
sein würden? Und dann waren da ja auch noch die gesamtwirtschaftlichen
Daten in den USA: Die Vergabe von Hypothekendarlehen nahm zur selben Zeit zu, als die Arbeitnehmer beeindruckende Produktivitätszuwächse
erreichten. In Anbetracht der gesamtwirtschaftlichen Daten gingen viele
Beobachter davon aus, dass die Arbeitnehmer, die am stärksten von den
Produktivitätsgewinnen profitierten, auch diejenigen waren, die sich aggressiver verschuldeten. Aber war diese Annahme richtig? Hatten diejenigen, die sich in noch nie dagewesener Weise verschuldeten, auch tatsächlich verbesserte Einkommensaussichten? Um das herauszufinden, müssen
wir uns auf die *marginalen Schuldner* konzentrieren – die randständigen
Kreditnehmer, die während des Immobilienbooms insgesamt sieben Billionen Dollar an neuen Schulden aufnahmen.

Kehren wir nach West-Detroit zurück. Die Expansion der Vergabe
von Hypothekendarlehen an die Menschen, die in der West Side von

Detroit lebten, war beispiellos. Diese Gegend war voller marginaler Schuldner, die Hypothekenkredite bekamen. Wenn wir uns aber ihre Einkommen ansehen, zeichnet sich ein erstaunliches Muster ab: In genau diesen Postleitzahlbezirken war sogar ein *niedrigeres* Wachstum der nominalen Einkommen zu verzeichnen – das durchschnittliche Einkommen in diesen Bezirken *sank* um beinahe ein Prozent. Die reale (inflationsbereinigte) Kaufkraft dieser Einkommen ging sogar noch stärker zurück.

Dies ist ein ganz erstaunliches Ergebnis. Wie jeder weiß, der schon einmal versucht hat, eine Hypothek aufzunehmen, bestimmt das Einkommen eines potenziellen Kreditnehmers fast immer, welchen Betrag eine Bank ihm zu leihen bereit ist – je höher sein Einkommen, desto höhere Schulden werden ihm zugestanden. Aber in West-Detroit geschah genau das Gegenteil. Zwischen 2002 und 2005 sank das Einkommen der Schuldner, aber die Kreditgeber waren dennoch bereit, noch mehr Kredit zu gewähren. In Detroit waren die neuen Kreditnehmer *nicht* diejenigen, die hohe Produktivitätsgewinne erlebten – die tatsächliche Situation war genau umgekehrt.

Und diese Entwicklung war überall in den Vereinigten Staaten zu beobachten. In allen amerikanischen Städten wurden neue Kredite in Bezirke mit niedrigen Bonitäts-Scores gepumpt, die *sinkende* Einkommenszuwächse zu verzeichnen hatten. Das Kreditvolumen in den Vereinigten Staaten expandierte mit beispielloser Schnelligkeit, aber diese Kredite flossen nicht in die Haushalte mit verbesserten Einkommensaussichten.[66] Die Richtung des Kreditflusses war in den Anfangsjahren des Hypothekenbooms besonders gestört. Von 2002 bis 2004 blieben die Einkommen in Postleitzahlbezirken mit niedrigen Bonitäts-Scores beinahe unverändert, was bedeutet, dass die Zuwächse der Realeinkommen negativ waren. In den Postleitzahlbezirken mit hohen Bonitäts-Scores waren die Einkommenszuwächse dagegen wesentlich höher. Zwischen 2004 und 2005 nahmen die Einkommen in Postleitzahlbezirken mit niedrigen Bonitäts-

Scores zu, aber diese Entwicklung vollzog sich erst, als der Höhepunkt der Hypothekendarlehen-Expansion schon vorbei war.

Das Verhalten der Kreditgeber von 2002 bis 2005 erzeugte ein sehr ungewöhnliches statistisches Muster: Zwischen dem Wachstum der Hypothekenschulden und dem Wachstum der Einkommen entstand eine *negative* Korrelation. Das heißt, dass in Regionen mit niedrigeren Einkommenszuwächsen ein höheres Volumen an Hypothekenkrediten vergeben wurde. Unsere Daten decken die Jahre 1991 bis 2011 ab; es hat sich gezeigt, dass die Jahre 2002 bis 2005 die einzige Periode in dieser Zeit waren, in der diese Korrelation negativ war. In allen anderen Perioden bestand zwischen dem Wachstum der Hypothekendarlehen und den Einkommenszuwächsen eine positive Korrelation – wie es auch zu erwarten wäre, wenn tatsächlich die wirtschaftlichen Fundamentaldaten das Wachstum der Hypothekendarlehen antreiben würden. Aber irgendetwas Ungewöhnliches stimulierte die Kreditexpansion von 2002 bis 2005.

Die mikroökonomischen Daten stehen im Widerspruch zu den Schlussfolgerungen, die vielfach aufgrund der aggregierten Daten gezogen wurden. Insgesamt wuchs das Volumen der Hypothekendarlehen, als die Wirtschaft sich erholte. Aber die finanziellen Umstände von marginalen Schuldnern verschlechterten sich tatsächlich, während Hypothekenkredite in ihre Wohngegenden strömten. Die US-Wirtschaft verzeichnete Produktivitätsgewinne, aber nicht dort, wo die Schuldenlasten wuchsen.

Animalische Instinkte?

Wenn nicht Einkommens- oder Produktivitätsverbesserungen die aggressive Expansion der Hypothekenverschuldung antrieben, müssen wir uns nach alternativen Erklärungen umsehen. Eine Möglichkeit ist, dass die Expansion der Hypothekenverschuldung eine Folge »animalischer Instinkte« oder einer Immobilienblase war, die nichts mit den Fundamentaldaten zu tun hatte. Vielleicht war es aus irgendeinem unerklärlichen Grund so, dass die Immobilienpreise stiegen, als die Blase sich bildete, und die Kreditgeber einfach auf diese irrationale Blase reagierten, indem sie neue Kredite an marginale Schuldner ausreichten, die durch den steigenden Wert ihrer Häuser besichert waren.

Der Hauptunterschied zwischen einer eher schuldenorientierten Sicht und der Animalische-Instinkte-Theorie besteht in der Richtung der Kausalität. Stand eine Expansion des Kreditangebots am Anfang, die dann eine Immobilienblase antrieb (die schuldenorientierte Perspektive)? Oder bildete sich die Immobilienblase von sich aus, worauf die Kreditexpansion lediglich folgte (die Animalische-Instinkte-Theorie)? Falls die Theorie der animalischen Instinkte zuträfe, dann hätten Expansion und Platzen der Blase auch stattgefunden, wenn es überhaupt keine Verschuldung gegeben hätte. Nach dieser Theorie ist Verschuldung lediglich ein Nebenschauplatz, aber nicht die eigentliche Missetäterin.

Können wir die Unterschiede zwischen der schuldenorientierten Sicht und der Animalische-Instinkte-Theorie herausarbeiten?[67] Fangen wir damit an, dass wir die Immobilienpreise in Gegenden mit niedrigen Bonitäts-Scores untersuchen, wo, wie wir bereits wissen, das Volumen an Hypothekendarlehen dramatisch zunahm. Als der Immobilienboom 2006 seinen Höhepunkt erreichte, waren die Hauspreise in Bezirken mit niedrigen Bonitäts-Scores seit 2002 um 80 Prozent gestiegen, in Bezirken mit hohen Bonitäts-Scores dagegen nur um 40 Prozent. Abbildung 6.1 stellt diesen dramatischen relativen Anstieg der Immobilienpreise in Bezirken mit niedrigen Bonitäts-Scores für den Zeitraum von 1999 bis 2006 grafisch dar. (Sie zeigt außerdem den Zusammenbruch der Immobilienpreise nach 2006, auf den wir uns im ersten Teil dieses Buches konzentriert haben.)

Hat Verschuldung die Immobilienblase von 2002 bis 2006 verursacht oder folgte sie einfach darauf? Anhänger der Animalische-Instinkte-Theorie würden auf den Verlauf der Kurve in Abbbildung 6.1 zeigen und sagen: »Aha! Die Kreditgeber reagierten auf die Immobilienblase in Wohngegenden mit niedrigen Bonitäts-Scores und entschieden sich, dort Kredite auszureichen. Die fundamentale Ursache der Kreditexpansion waren irratio-

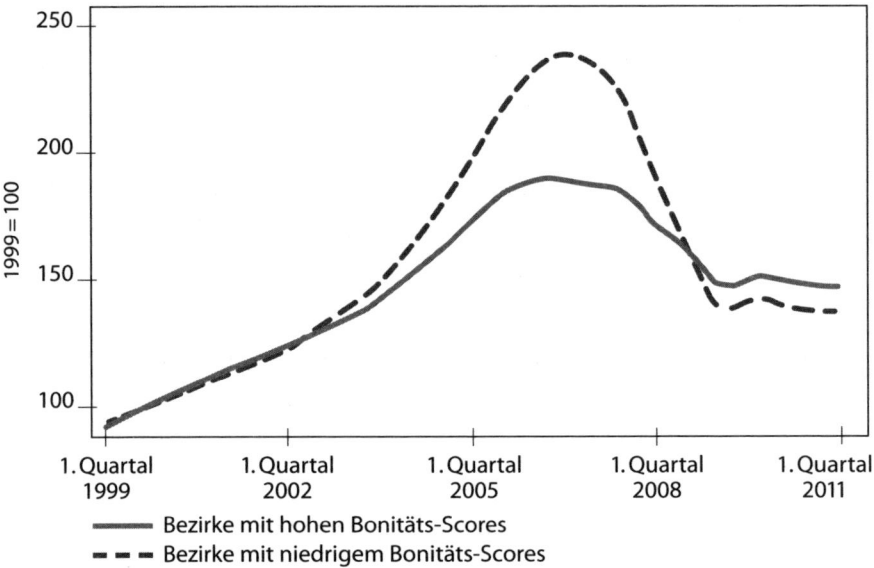

Abb. 6.1: Entwicklung der Immobilienpreise in Bezirken mit hohen bzw. niedrigen Bonitäts-Scores

nale Erwartungen steigender Immobilienpreise in diesen Gegenden.«
Anhänger der schuldenorientierten Sicht würden dagegen sagen, die Kausalität habe umgekehrt gewirkt. Gibt es ein Verfahren, den Daten zu entlocken, in welcher Richtung die Kausalität wirkte? Ja, das gibt es – aber um es erklären zukönnen, brauchen wir zunächst eine kurze Geografiestunde.

Ursache und Wirkung, Elastizität des Immobilienangebots

Empirische Ökonomen sehen sich häufig mit schwierigen Fragen zu Ursache und Wirkung wie der oben beschriebenen konfrontiert. Wir gehen an solche Probleme heran, indem wir nach Variationen in den Daten suchen, die es ermöglichen, einen der zwei Wirkmechanismen auszuschließen, sodass wir sehen können, welcher von ihnen die Relation tatsächlich bewirkt. In unserem Kontext wollen wir versuchen, die Möglichkeit einer Immobilienpreisblase auszuschließen, um zu testen, ob das Zunehmen der Verschuldung von einer Immobilienpreisblase herbeigeführt wurde oder nicht. Wenn das Volumen der Hypothekendarlehen zunahm, obwohl der Immobilienblasen-Kanal ausgeschlossen wurde, können wir sicher sein, dass die Blase nicht zu der Kreditexpansion führte. Aber wie können wir die Möglichkeit von Immobilienblasen ausschließen? An dieser Stelle kommt die Geografie ins Spiel.

Es gibt große landschaftliche Unterschiede in den Vereinigten Staaten. Manche Städte – zum Beispiel Indianapolis – wurden auf flachem Gelände erbaut, fernab von Gewässern, die die räumliche Ausdehnung einschränken würden. Wenn in solchen Gegenden die Immobilienpreise über die entsprechenden Baukosten hinaus ansteigen, reagiert das Angebot schnell, indem zusätzliche Häuser gebaut werden. Daher sagen wir, dass Städte in offenem, flachem Gelände ein *elastisches* Immobilienangebot haben. Dagegen sind Städte mit *unelastischem* Immobilienangebot solche, die in hügeligem Gelände oder an größeren Gewässern liegen, die der räumlichen Ausdehnung der Stadt natürliche Grenzen setzen. Ein offensichtliches Beispiel ist San Francisco – wenn ein Immobilienentwickler zusätzliche Wohnhäuser irgendwo in der Nähe von San Francisco bauen will, werden ihm sowohl durch den Ozean als auch durch das hügelige Gelände Grenzen gesetzt.

Die Elastizität des Immobilienangebots einer Stadt ist sehr nützlich, um die Richtung der Kausalität zwischen Kreditexpansion und Immobilienblase aufzudecken. In elastischen Städten wie Indianapolis können sehr viel einfacher neue Wohnhäuser gebaut werden, und deswegen können die Immobilienpreise nur bis zu einer bestimmten Grenze steigen. Daher können wir für solche Städte den Immobilienblasen-Kanal effektiv ausschließen. Falls die Expansion der an marginale Schuldner ausgereichten Hypothekenschulden sogar in Städten mit elastischem Immobilienangebot stattfand – in denen die Immobilienpreise nicht stiegen und es folglich keine Immobilienblase gab –, können wir sicher sein, dass die Immobilienblase nicht die Ursache der Kreditexpansion war.[68]

Im Rahmen unserer Untersuchungen haben wir genau diesen Test durchgeführt, und zwar unter Verwendung eines Index, der von Albert Saiz entwickelt wurde, auf der Grundlage von Satellitenbildern, die zeigen, wie viel erschließbares Land in US-Städten zur Verfügung steht.[69] Wie die Theorie es erwarten lassen würde, hatte die Elastizität des Immobilienangebots großen Einfluss auf das Steigen der Immobilienpreise in der Zeit von 2002 bis 2006. Von 1999 bis 2001 verzeichneten unelastische Städte einen etwas höheren Preisanstieg als elastische Städte. Aber in der Hochphase des Booms von 2001 bis 2006 zeigten sich erhebliche Unterschiede. In diesen fünf Jahren stiegen die Immobilienpreise in unelastischen Städten um beinahe 100 Prozent. In unelastischen Städten stiegen die Immobilienpreise im Vergleich mit elastischen Städten um mehr als das Doppelte. Der Anstieg der Immobilienpreise während des Booms war sehr ungleichmäßig über das Land verteilt.

Hätte die Immobilienblase die Kreditexpansion verursacht, dann würden wir *nur in den Städten, die eine Immobilienblase erlebten,* eine Expansion der an marginale Schuldner vergebenen Kredite beobachten. Anders ausgedrückt: Da es keine nennenswerte Immobilienpreisblase in Städten mit elastischem Immobilienangebot gab, sollten wir *keine* aggressive Expansion der Verschuldung in diesen Städten beobachten, falls die reine Animalische-Instinkte-Theorie zutrifft. Allerdings widerlegen die Fakten die Voraussagen dieser Theorie. Selbst in Städten mit elastischem Immobilienangebot, in denen kein Immobilienboom stattfand, war eine aggressive Expansion der Kreditvergabe an Schuldner mit niedrigen Bonitäts-Scores zu verzeichnen. Aber zwischen Postleitzahlbezirken mit hohen beziehungsweise niedrigen Bonitäts-Scores gab es keinen signifikanten Unterschied im Anstieg der Immobilienpreise. Immer mehr Kredit floss in Subprime-Postleitzahlbezirke, dennoch nahmen die Immobilienpreise dort nicht überdurchschnittlich zu, weil das Immobilienangebot expandierte.

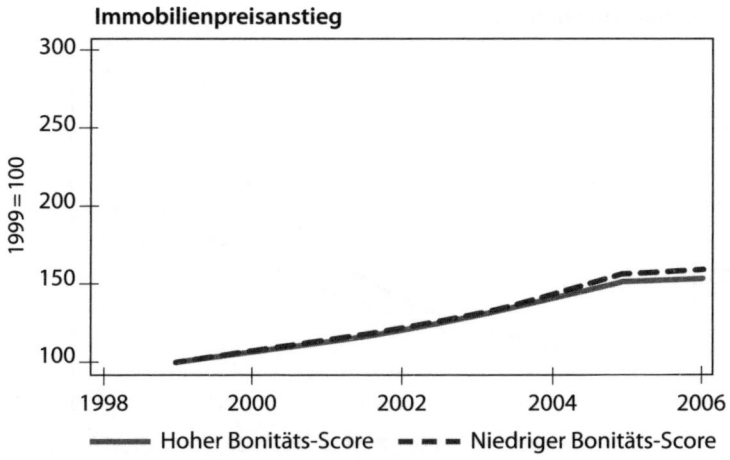

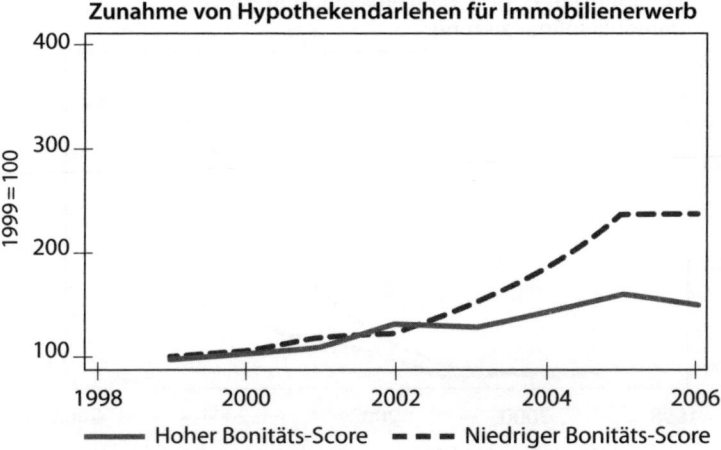

Abb. 6.2: Verschuldung und Immobilienpreise in elastischen Städten

Der Umstand, dass in Postleitzahlbezirken mit niedrigen Bonitäts-Scores eine aggressive Kreditexpansion zu beobachten war, ist sehr wichtig. Er beweist, dass es nicht die Immobilienpreisblase war, welche die Ausweitung von Hypothekenkrediten antrieb. Abbildung 6.2 illustriert diese Zusammenhänge.[70] Die obere Grafik zeigt, dass es in Städten mit elastischem Immobilienangebot keinen Unterschied im Anstieg der

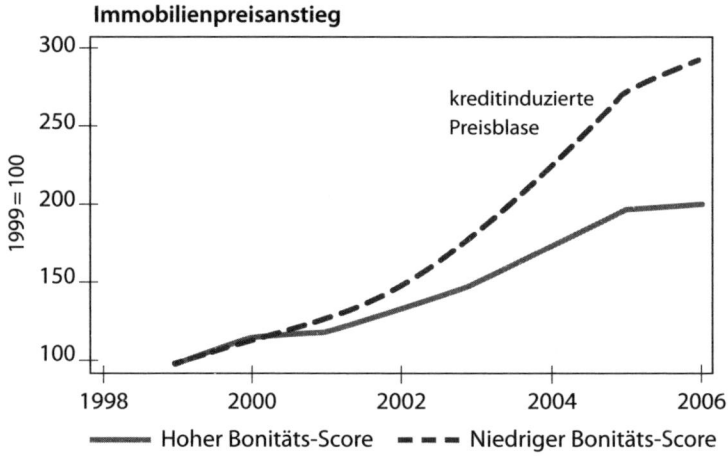

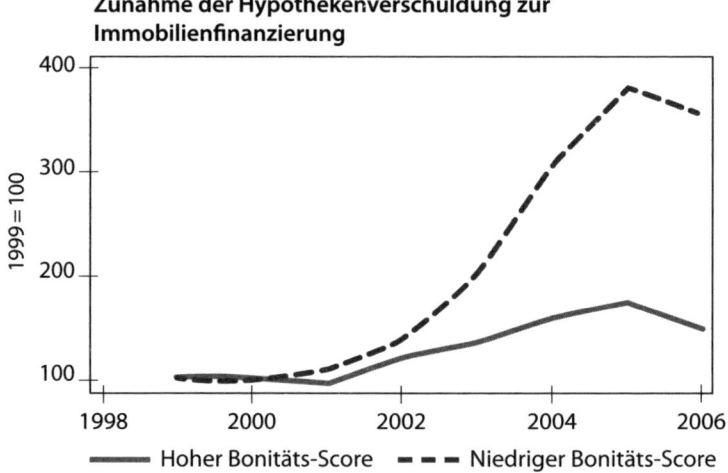

Abbildung 6.3: Verschuldung und Immobilienpreise in unelastischen Städten

Immobilienpreise zwischen Postleitzahlbezirken mit hohen und solchen mit niedrigen Bonitäts-Scores gab. Obwohl sie die gleichen Immobilienpreisverläufe aufweist, zeigt die untere Grafik, dass die Hypothekenverschuldung in Bezirken mit niedrigen Bonitäts-Scores weit aggressiver expandierte. Die Ausweitung der Hypothekenkredite zur Immobilienfinanzierung hatte in elastischen Städten – vor allem in Postleitzahlbezir-

ken mit niedrigen Bonitäts-Scores – wegen der Geografie dieser Gegenden keinen Einfluss auf die Immobilienpreise. In Städten mit unelastischem
Immobilienangebot, wo nicht ohne Weiteres neue Flächen mit Wohnimmobilien bebaut werden können, sah es allerdings anders aus: Als Milliarden von Dollar in Form neuer Hypothekendarlehen in Städte mit unelastischem Immobilienangebot flossen, begannen dort die Immobilienpreise
in die Höhe zu schießen. Das traf vor allem auf jene Postleitzahlbezirke
mit niedrigen Bonitäts-Scores zu, in denen die Verfügbarkeit von Krediten am stärksten erleichtert wurde.

Zwischen 2002 und 2006 stiegen in unelastischen Städten die Immobilienpreise in Postleitzahlbezirken mit hohen Bonitäts-Scores um 50 Prozent. Die Immobilienpreise in Postleitzahlbezirken mit niedrigen Bonitäts-
Scores stiegen dagegen im selben Zeitraum um 100 Prozent. Die aggressive
Expansion der Kreditvergabe in Gegenden mit niedrigen Bonitäts-Scores
war sowohl in elastischen als auch unelastischen Städten zu beobachten;
aber die Immobilienpreise in Postleitzahlbezirken mit niedrigen Bonitäts-
Scores stiegen wegen geografischer Einschränkungen für die Erschließung
neuer Siedlungsflächen nur in unelastischen Städten. Abbildung 6.3 illustriert diese Zusammenhänge. Diese Fakten stützen die These, dass der Kreditboom den Immobilienpreisanstieg antrieb und nicht etwa umgekehrt.

Hauseigentümer reagieren

Die Geschichte, die wir bis jetzt erzählt haben, ist unvollständig. Bevor
wir weiter nach den Ursachen einer so massiven Ausweitung der Kreditvergabe an marginale Schuldner fahnden, wollen wir uns in Erinnerung
rufen, dass die privaten Haushalte in den Vereinigten Staaten ihre Schuldenlast von 2000 bis 2007 auf 14 Billionen Dollar verdoppelten. So
massiv sie auch gewesen sein mag, die Ausweitung der Kreditvergabe an
marginale Schuldner allein kommt die *gesamte* Verschuldung der Haushalte nicht um einen so erstaunlichen Betrag erhöht haben. Im Jahr
1997 besaßen 65 Prozent der US-Haushalte bereits Häuser, und viele

dieser Hauseigentümer waren keine marginalen Schuldner – die meisten von ihnen hatten früher schon einmal ein Hypothekendarlehen erhalten.[71]

Ethel Cochran, einer älteren Dame, die in Detroit lebt, gehörte ihr Haus bereits, als der Hypothekendarlehen-Boom begann. Sie hatte ihr Haus 1982 mithilfe einer Hypothek von 8000 Dollar gekauft, und sie lebte in den folgenden 25 Jahren in diesem Haus. Zwischen 2001 und 2007 schuldete sie ihre Hypothek fünfmal um, bis sie 2007 letztlich auf einer Hypothekenschuld von 116 000 Dollar saß. Als die Zinsen für ihre Schulden neu festgesetzt wurden, konnte sie die Ratenzahlungen nicht mehr leisten und wurde zwangsvollstreckt.[72] Ethel teilt dieses Schicksal mit vielen anderen. Viele Hauseigentümer waren keineswegs passive Zuschauer, die untätig zusahen, wie die Immobilienpreise stiegen. Vielmehr zogen sie aktiv Geld aus ihrem Haus, indem sie es zusätzlich beliehen. Auch wenn also die steigenden Immobilienpreise die vermehrte Vergabe von Krediten an marginale Schuldner nicht verursachten, sondern vielmehr davon ausgelöst wurden, so hatten sie doch einen Einfluss auf bereits existierende Hauseigentümer.

Wie viele neue Schulden nahmen denn solche Hauseigentümer auf, als die Immobilienpreise stiegen? In unserer Analyse haben wir die oben aufgeführten Daten über die Elastizität des Immobilienangebots herangezogen, um diese Frage zu beantworten.[73] Hauseigentümer in Städten mit unelastischem Immobilienangebot erlebten von 2002 bis 2006 einen wesentlich höheren Wertzuwachs ihrer Immobilie als andere. Der höhere Anstieg der Immobilienpreise in Städten mit unelastischem Immobilienangebot wurde nicht von schnelleren Einkommens-, Bevölkerungs- oder Beschäftigungszuwächsen begleitet. Daher können wir sicher sein, dass die aggressivere Verschuldung von Hauseigentümern in Städten mit unelastischem Immobilienangebot durch das Ansteigen der Immobilienpreise angetrieben wurde und nicht etwa durch eine Veränderung der zugrunde liegenden Fundamentaldaten.

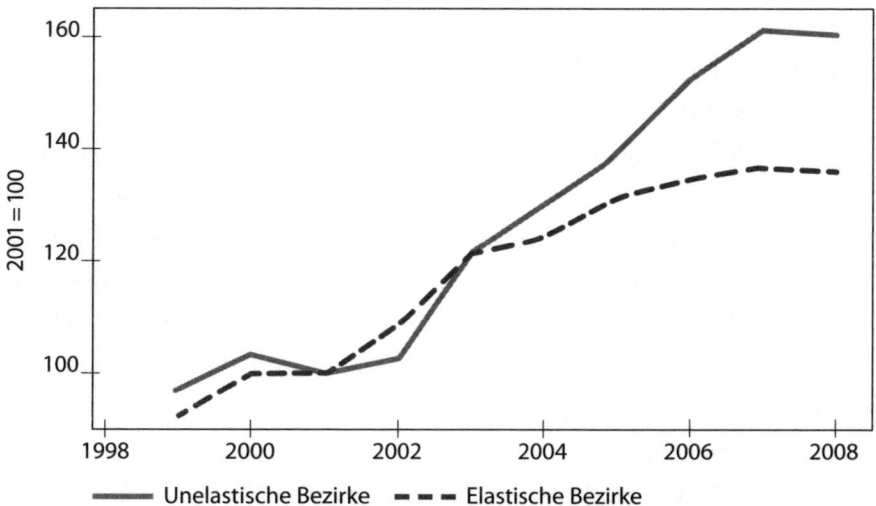

*Abb. 6.4: Verschuldung von Hauseigentümern in Bezirken mit unelastischem beziehungs-
weise elastischem Immobilienangebot*

Wenn wir die Neuverschuldung von Hauseigentümern in unelastischen
beziehungsweise elastischen Städten vergleichen, sehen wir dramatische
Unterschiede. Von 2002 bis 2007 erhöhten die Hauseigentümer in unelastischen Bezirken ihre Verschuldung um 55 Prozent, im Vergleich zu
nur 25 Prozent bei Hauseigentümern in elastischen Bezirken. Unsere
Schätzungen ergeben, dass die Hauseigentümer während des Immobilienbooms im Durchschnitt 25 Cent für jeden Dollar, den ihr Immobilien-
Eigenkapital stieg, an neuen Schulden aufnahmen. Abbildung 6.4 zeigt
den Anstieg der Verschuldung von Hauseigentümern von 1999 bis 2008.
Die Neuverschuldung entwickelte sich bis 2003 in unelastischen beziehungsweise elastischen Städten ähnlich, divergierte dann aber stark. Sämtlichen in Abbildung 6.4 berücksichtigten Hauseigentümern gehörte 1998
ihr Haus. Das heißt, dass es sich bei der Neuverschuldung um Gelder
handelte, die sie aus ihren existierenden Häusern herauszogen.

Die Schätzungen aufgrund unserer Untersuchungen zeigen, dass über
die Hälfte der neuen Hauseigentümerschulden von von 2002 bis 2006

direkt Krediten zugeordnet werden kann, die durch den Wertzuwachs des Immobilien-Eigenkapitals besichert wurden. Die Schuldenkrise der privaten Haushalte in den Vereinigten Staaten entstand also zum großen Teil, weil die Hauseigentümer so aggressiv auf steigende Immobilienpreise reagierten. Welche Kategorien von Hauseigentümern nahmen am aggressivsten neue Schulden auf? In unseren Untersuchungen ordneten wir die Hauseigentümer dem niedrigsten und dem höchsten Viertel der Bonitäts-Score-Verteilung zu und verglichen dann die Neuverschuldung von Hauseigentümern mit hohen beziehungsweise niedrigen Bonitäts-Scores, sowohl in Bezirken mit unelastischem als auch in solchen mit elastischem Immobilienangebot.

Die Ergebnisse sind bemerkenswert. Bei den Hauseigentümern mit einem hohen Bonitäts-Score war die Wirkung der steigenden Immobilienpreise in der Zeit von 2002 bis 2006 eher gering, bei Schuldnern mit niedrigem Bonitäts-Score dagegen enorm. Die Neuverschuldung von Hauseigentümern mit niedrigem Bonitäts-Score wuchs in unelastischen Bezirken von 2002 bis 2007 um 70 Prozent; bei Hauseigentümern mit niedrigen Bonitäts-Scores in elastischen Bezirken waren es dagegen nur 20 Prozent. Als Reaktion auf einen höheren Wert ihres Immobilien-Eigenkapitals nahmen Hauseigentümer mit niedrigem Bonitäts-Score sehr aggressiv neue Schulden auf. Unsere Schätzungen ergeben, dass die Hauseigentümer mit den niedrigsten Bonitäts-Scores für jeden Dollar Wertzuwachs ihres Immobilien-Eigenkapitals 40 Cent an neuen Schulden aufnahmen.

Die Hauseigentümer zogen nicht nur Geld aus ihrem Immobilien-Eigenkapital – sie gaben es auch aus. Wenn wir auch ihr Ausgabenverhalten aus den in unserer Studie verwendeten Daten nicht direkt nachvollziehen können, so deuten doch verschiedene Ergebnisse darauf hin, dass dieses Geld für Konsum und Verschönerung ihrer Immobilie aufgewendet wurde. So beliehen zum Beispiel viele Hauseigentümer ihr Immobilien-Eigenkapital, während sie gleichzeitig erhebliche Schulden auf ihren

Kreditkartenkonten offen hatten. Sie verwendeten die neuen Mittel nicht, um solche Kreditkartenschulden zu tilgen, obwohl sie darauf sehr hohe Zinsen zahlen mussten. Darüber hinaus haben wir keine Belege dafür gefunden, dass Hauseigentümer das neu geliehene Geld verwendet hätten, um ein neues Haus zur eigenen Nutzung zu kaufen oder in eine andere Immobilie zu investieren. Die Ergebnisse von Umfragen der Federal Reserve zeigen, dass über 50 Prozent der Mittel, die aus dem Immobilien-Eigenkapital herausgezogen wurden, entweder für Verschönerungen der Immobilie oder für Konsumausgaben verwendet wurden.[74]

Ausbreiten der Blase

Das unglaublich aggressive Schuldenmachen der Hauseigentümer war eine der Ursachen der Schuldenkrise der privaten Haushalte in den Vereinigten Staaten. Hätten die Hauseigentümer passiv auf die steigenden Immobilienpreise reagiert, anstatt Geld aus ihren Häusern zu ziehen, wären die Folgen für die Gesamtwirtschaft weit weniger gravierend gewesen. Zumeist wird das zusätzliche Beleihen von steigendem Immobilien-Eigenkapital mit der Vorstellung eines »Immobilien-Vermögenseffekts« erklärt. Diese These besagt, dass steigende Immobilienpreise zu steigendem Wohlstand der Hauseigentümer führen und dass diese auf zunehmenden Wohlstand reagieren, indem sie sich verschulden, um mehr ausgeben zu können.

Aber es gibt ein Problem mit dieser Argumentation: Ein Hauseigentümer sollte sich nicht wohlhabender fühlen, wenn der Wert seiner Immobilie steigt, und zwar, weil er die Immobilie, die ihm gehört, im Gegensatz zu anderen Anlagewerten – etwa Aktien – auch »konsumiert«. Jeder Mensch muss irgendwo leben, und der Preis eines Hauses reflektiert den Preis, darin zu leben. Sowohl der Wert der Immobilie eines Hauseigentümers als auch die Lebenshaltungskosten steigen, wenn die Immobilienpreise in seiner Nachbarschaft steigen. Durch den steigenden Wert seines Hauses fühlt er sich reicher, aber durch die höheren Lebenshaltungskosten fühlt er sich ärmer – unterm Strich heben sich diese beiden Effekte auf.

Um diesen Punkt zu veranschaulichen, stellen Sie sich einmal statt einer Immobilie ein Auto vor. Nehmen wir an, jemandem gehört ein Auto und die Preise aller Autos steigen um zehn Prozent. Formal betrachtet hat dieser Mensch ein höheres Nettovermögen, weil das Auto ein Wert ist, der ihm gehört. Aber sollte er sich deswegen reicher fühlen? Nicht, wenn er ein Auto braucht. Obwohl der Wert seines Autos um zehn Prozent gestiegen ist, kann er keinen Vorteil aus dem höheren Wert seines »Autovermögens« ziehen. Wenn er das Auto zu dem höheren Preis verkauft, kann er sich etwas mehr Geld in die Tasche stecken. Falls er jedoch auf ein Auto angewiesen ist, muss er sich auf jeden Fall ein anderes Auto zu diesem höheren Preis kaufen. Solange er ein Auto braucht, mehrt ein höherer Fahrzeugpreis seinen Wohlstand nicht. Er muss das Auto »konsumieren«, und solcher Konsum ist inzwischen teurer geworden. Genau die gleiche Logik gilt auch für eine Immobilie.

Aber wir haben ja schon gesehen, dass die Hauseigentümer von 2002 bis 2006 in der Tat aggressiv neue Schulden aufnahmen.[75] Warum taten sie das? Eine »rationale« Erklärung, die von verschiedenen Ökonomen angeboten wurde, ist die Idee von *Kreditaufnahme-Restriktionen* (»borrowing constraints«). Stellen Sie sich ein junges berufstätiges Paar mit guten Aussichten auf hohe zukünftige Einkünfte vor. Es hat zwei kleine Kinder, und deswegen hat die Mutter sich entschieden, vorübergehend zu Hause bei den Kindern zu bleiben. Allerdings geht sie davon aus, dass sie in einigen Jahren wieder in den Beruf zurückgehen und ein hohes Einkommen haben wird. Der Haushalt in diesem Beispiel hat vorübergehend ein niedriges Einkommen, erwartet jedoch deutlich höhere Einkünfte in der Zukunft. Dieser Haushalt will seine Ausgaben nicht drastisch beschneiden nur weil die Mutter vorübergehend zu arbeiten aufhört. Die logische Lösung für dieses Problem wäre, dass die jungen Eltern sich Geld leihen. Sie können geliehenes Geld nutzen, um heute, während die Mutter die

Kinder aufzieht, mehr zu konsumieren, und dieses Geld problemlos zurückzahlen, sobald die Mutter wieder in den Beruf zurückgekehrt ist.

Die Idee einer *Kreditaufnahme-Restriktion* besagt, dass das Paar einen
solchen Kredit womöglich gar nicht bekommen kann – die Bank könnte
sich weigern, ihn zu gewähren. Obwohl die jungen Leute also Aussichten
auf gute zukünftige Einkünfte haben, unterliegen sie *Restriktionen* – sie
können nicht so viel Geld leihen und ausgeben, wie sie es eigentlich gern
tun würden. Wie kann diese Restriktion für ihre Kreditaufnahme gelockert
werden? Eine Lösung für das Paar könnte sein, der Bank etwas Wertvolles
als Kreditsicherheit zu verpfänden – zum Beispiel ein Haus. Wenn ein Paar,
das solchen Restriktionen ausgesetzt ist, Zugang zu einem Haus mit ausreichend hohem Beleihungswert hat, kann es sich in Form einer »Home
Equity Line of Credit« (HELOC; »immobilienbesicherte Kreditlinie«)
Geld leihen. Darüber hinaus bekommt es, falls der Wert des Hauses aus
irgendeinem Grund steigt, Zugang zu noch mehr Kredit. Wenn die jungen
Leute sich hatten einschränken müssen, versetzen die steigenden Immobilienpreise sie nun in die Lage, mehr Geld zu leihen und auszugeben, als sie
es vorher gekonnt hätten. Das Paar in dieser Geschichte verhält sich ratio-
nal – es konsumiert aus seinem gestiegenen Immobilien-Eigenkapital, weil
es über dessen höheren Wert die Kreditaufnahme-Restriktionen überwinden kann, die ihm von Kreditgebern auferlegt wurden.

Aber jetzt kommt die große Frage: Können wir die sieben Billionen
Dollar an neuen Schulden, die von den US-Haushalten zwischen 2000
und 2007 aufgenommen wurden, mit der Lockerung von Kreditaufnahme-
Restriktionen erklären? Glauben wir wirklich, dass all diese Schulden von
Hauseigentümern aufgenommen wurden, die in der Zukunft höhere Einkünfte erwarteten und solchen Restriktionen unterlagen? Ist das wirklich
plausibel? Aus unserer Sicht ist es schwierig, die massive Ausweitung der
Verschuldung damit zu erklären. Wir wissen bereits, dass die neuen Schuldner während des Kreditbooms der 2000er-Jahre sinkende Einkommen hatten, und wir haben keine Belege für Einkommensverbesserungen gesehen.

Wenn ein Haushalt sich heute aggressiv verschuldet und keine steigenden Einkünfte in der Zukunft erwartet, ist es schwierig, sein Verhalten mit der Geschichte von Kreditaufnahme-Restriktionen zu erklären.

Es ist sehr viel wahrscheinlicher, dass das aggressive Schuldenmachen durch Tendenzen zu irrationalem Verhalten vorangetrieben wurde. Nehmen wir zum Beispiel an, ein Konsument hätte den anhaltenden Wunsch, zu Lasten seines langfristigeren Konsums sofort zu konsumieren. Solche Konsumenten werden in der Wirtschaftswissenschaft häufig als »myopisch« (»kurzsichtig«) oder »hyperbolisch« (»zur Übertreibung neigend«) bezeichnet.[76] Der übermäßige Konsum ist irrational in dem Sinne, dass der Betreffende seine Entscheidung in der Zukunft bereuen wird. In der Sprache der Verhaltensökonomen wird sein zukünftiges Selbst über kurz oder lang bereuen, dass sein gegenwärtiges Selbst heute zu viel konsumiert und ihn dadurch zu einer Zukunft als Bettler verdammt hat.

Myopische Konsumenten haben die Tendenz, sich exzessiv zu verschulden. Wenn sie durch billige Kredite oder durch unverhofft zusätzlich verfügbares Geld in Versuchung geführt werden, dann geben sie zu viel Geld aus. Vielleicht sind sie sich dieser persönlichen Schwäche sogar bewusst und versuchen, sich auf verschiedenen Wegen zu disziplinieren; aber die Versuchung leicht verfügbarer Kredite in der Zeit von 2002 bis 2006 war vielleicht einfach zu verlockend, um ihr nicht nachzugeben.[77]

Wie dem auch sei – die Konsumenten, denen von Kreditgebern mehr Geld angeboten wurde, nahmen dieses Geld. Und es gab jede Menge Kreditgeber, die darauf brannten, Geld zu verleihen. Aber warum sollten so viele Kreditgeber so plötzlich so viel Geld an genau die Schuldner verleihen wollen, die am wahrscheinlichsten pleitegehen würden? Wir haben gesehen, dass die dramatische Ausweitung der Kreditvergabe an marginale Schuldner nicht das Ergebnis von gestiegenem Einkommenspotenzial oder Produktivitätsgewinnen oder auch nur von steigenden Immobilienpreisen war. Dies ist eine Geschichte, deren Ursprünge Jahrzehnte zurück und weitab von den Vereinigten Staaten liegen.

7   Der Weg in die Katastrophe

Anfang der 1990er-Jahre gerieten die Kreditgeber in Thailand völlig außer Rand und Band. Nachdem ausländische Investoren durch hohe Zinsen im Umfeld einer vermeintlich stabilen und wachsenden Volkswirtschaft angelockt worden waren, lösten massive Kapitalzuflüsse aus dem Ausland einen Kreditvergabe-Boom aus. Die Gesamtverschuldung in Thailand stieg von 1990 bis 1996 von 34 auf 51 Prozent des BIP an.[78] Das meiste ausländische Geld floss in das thailändische Finanzsystem, das diese geliehenen Mittel wiederum aggressiv auf dem inländischen Markt verlieh. Und diese Kreditflut fand schnell ihren Weg in den Immobilienmarkt. Von 1993 bis 1996 *verdreifachte* sich das Volumen der Immobilienkredite, und es entstand ein enormer Bauboom. Ganz wie in den Vereinigten Staaten in den 2000er-Jahren ließ die Kreditschwemme die Immobilienpreise in astronomische Höhen steigen. Lester Thurow erkannte darin eine Blase: »In Bangkok – einer Stadt, deren Pro-Kopf-Produktivität bei etwa einem Zwölftel derjenigen von San Francisco liegt – sollten die Preise für Grund und Boden nicht viel höher liegen als in San Francisco. Aber so war es … Die maßlos inflationierten Immobilienpreise mussten wieder fallen.«[79]

Die meisten Investoren glaubten, dass die thailändischen Banken und Finanzinstitute durch staatliche Garantien gegen Verluste geschützt seien.[80] Sie dachten, die Regierung würde es sich nicht leisten können, die Banken pleitegehen zu lassen – und sie wussten auch, dass viele der Finanzinstitute enge politische und familiäre Beziehungen zur Regierung unterhielten. Im Jahr 1998 fasste Paul Krugman zusammen, was geschehen war:

Das Problem begann mit den Finanzintermediären – Instituten, von denen man annahm, ihre Verbindlichkeiten seien durch eine implizite staatliche Garantie abgesichert, die aber im Wesentlichen nicht reguliert und deswegen erheblichen moralischen Versuchungen ausgesetzt waren. Die exzessive riskante Kreditvergabe dieser Institute erzeugte Inflation – nicht bei Gütern, sondern bei Assetpreisen. Die zu hohen Assetpreise wurden zum Teil durch einen Kreislauf aufrechterhalten, in dem die Flut riskanter Kredite die Preise riskanter Assets in die Höhe trieb, was den finanziellen Zustand der Intermediäre gesünder erscheinen ließ, als es tatsächlich der Fall war. Und dann platzte die Blase.[81]

Wenn wir nicht erwähnt hätten, dass Krugman hier über Thailand in den 1990er-Jahren schreibt, wären Sie vielleicht auf die Idee gekommen, er habe sich über die Vereinigten Staaten der frühen 2000er-Jahre ausgelassen. Wenn auch diese Geschichte die allgemeine Gültigkeit unserer Theorie zeigt, haben wir sie hier nicht nur wegen ihrer Ähnlichkeit mit dem Kreditboom in den USA erzählt, denn tatsächlich hat die Krise in Thailand eine Reihe von Entwicklungen in Gang gesetzt, die dazu beitrugen, den Weg für den Kreditboom in den Vereinigten Staaten zu ebnen. Thailand liegt beinahe 15 000 Kilometer von Detroit entfernt, aber die beiden sind durch einen Teufelskreis von Schulden und Zerstörung miteinander verbunden.

Ein Überangebot an Ersparnissen

Als die Blase in Thailand 1997 platzte, wurden dadurch Finanzkrisen in vielen asiatischen Ländern und im Rest der Welt entfacht – betroffen waren Malaysia, Indonesien, die Philippinen, Südkorea und Russland. Sogar China war bedroht. Als die Blase platzte, flüchteten ausländische Investoren aus den Entwicklungsländern, stießen ihre Wertpapiere ab und weigerten sich, Kredite zu erneuern.

Diese Entwicklung war vor allem deshalb gefährlich, weil die Banken in den Entwicklungsländern sich in US-Dollar verschuldet hatten. Normalerweise kann eine Zentralbank in Bedrängnis geratene Banken in ihrem Währungsgebiet als »lender of last resort« (»Kreditgeber der letzten Instanz«) stützen. Die Banken finanzieren sich über kurzfristige Verbindlichkeiten wie Einlagen und Geldmarktpapiere, aber sie investieren solche Mittel in länger laufende Kredite. Wenn die kurzfristigen Verbindlichkeiten einer Bank alle gleichzeitig zurückgefordert würden, wäre die Bank nicht mehr in der Lage, das Geld, das sie langfristig verliehen hat, rechtzeitig zurückzurufen. Mit anderen Worten: Wegen der nicht zusammenpassenden Fälligkeiten stellt ein Bank Run, ein Ansturm auf die Bank, für die Banken ein enormes Risiko dar. Selbst wenn eine Bank eigentlich solvent ist, kann ein solcher Ansturm den Zusammenbruch zu einer Selffulfilling Prophecy machen.

Eine Zentralbank kann eine sich selbst verstärkende Bankenkrise verhindern, indem sie einer Bank Liquidität (das heißt Bargeld) zur Verfügung stellt, um sie vor einem Bank Run zu schützen. Allein die Fähigkeit einer Zentralbank, die Banken mit Cash zu fluten, kann genügen, um Bank Runs zu verhindern, weil dann die Einleger darauf vertrauen, dass ihr Geld vor Verlust geschützt ist.

Während der Krise in Südostasien konnten die Zentralbanken allerdings die Banken nicht mit Geld fluten, weil US-Dollar gebraucht wurden. Da sie selbst keine US-Dollar drucken konnten, mussten diese Zentralbanken hilflos zusehen, wie die heimischen Banken und Unternehmen bankrottgingen, als die ausländischen Investoren panikartig flüchteten. Viele von ihnen waren gezwungen, eine Organisation um Hilfe zu bitten, die tatsächlich die Macht hatte, Liquidität in US-Dollar bereitzustellen: den Internationalen Währungsfond (IWF).

Hilfe vom IWF ist natürlich an Bedingungen geknüpft, und die erzwungene Abhängigkeit vom IWF während der Krise hinterließ tiefe Narben bei den betroffenen Ländern in Südostasien. Die asiatischen Länder sind in den Führungsstrukturen des IWF unterrepräsentiert – Japan, China und Südkorea haben weniger Stimmenanteile in den Entscheidungsgremien des IWF, als es ihrem jeweiligen BIP entsprechen würde. Angesichts dieses Umstands schrieben Franklin Allen und Joo Yun Hong, dass »Südkorea, obwohl es eines der wirtschaftlich erfolgreichsten Länder in der zweiten Hälfte des 20. Jahrhunderts ist, gezwungen war, die Zinssätze zu erhöhen und die Staatsausgaben zurückzufahren. Das führte zu großer wirtschaftlicher Not«. Das reale BIP Südkoreas ging 1998 um sechs Prozent zurück, und die Arbeitslosenquote stieg von zwei auf neun Prozent. Allen und Hong vertraten die Auffassung, dass die vom IWF auferlegte Hochzinspolitik »zu lange beibehalten wurde und dadurch der Wirtschaft unnötigen Schaden zufügte«.[82] Die asiatischen Zentralbanker lernten eine wichtige und kostspielige Lektion: Um ihre Unabhängigkeit und die Kontrolle über die heimische Volkswirtschaft zu behalten, mussten sie ihre Banken daran hindern, sich in US-Dollar zu verschulden. Außerdem mussten sie, um mögliche Runs auf ihre Währung und Banken in Zukunft wenn nicht zu verhindern, so doch zu überstehen, hohe Reserven in US-Dollar anlegen – sozusagen eine »Kriegskasse«.

In der Folge häuften die Zentralbanken in Entwicklungsländern sichere, auf US-Dollar lautende Anlagen an. Von 1990 bis 2001 kauften sie Wertpapiere im Wert von etwa 100 Milliarden Dollar pro Jahr an. Von 2002 bis 2006 war zu beobachten, dass sich die Geschwindigkeit der Reservebildung ungefähr *versiebenfachte*. Das führte zu einem atemberaubenden Anstieg der Nachfrage nach neuen, sicheren Assets, und ausländische Zentralbanken legten viel Geld in US-Schatzwechseln an. Während diese Zentralbanken ihre Kriegskassen mit US-Dollar füllten, flossen enorme Beträge in die US-Wirtschaft. Theoretisch hätte diese Kapitalflut nicht in einer Katastrophe enden müssen; sie hätte einfach die Zinsen auf US-Schatzwechsel deutlich nach unten drücken können, ohne die restliche Wirtschaft in Mitleidenschaft zu ziehen. Aber die Vereinigten Staaten hatten mehr mit den asiatischen Ländern gemein, als die Märkte anfänglich glaubten. Der rapide Kapitalzufluss aus Asien war nicht steril – er entwickelte sich zu etwas Bösartigem.

Verbriefung

In der alten Hollywood-Komödie *Ist das Leben nicht schön?* setzt sich der von James Stewart gespielte George Bailey dafür ein, dass die von ihm geführte Bausparkasse in der Ortschaft Bedford Falls Hauskredite vergibt. Die Menschen, an die er Geld verleiht, sind Menschen, die er kennt und mit denen er aufgewachsen ist. Der Film kam 1946 in die Kinos und spielt in einer Zeit, in der Banker darauf spezialisiert waren, eine Region und ihre Menschen gut zu kennen. Eine Bank war ein gewachsener Bestandteil der Kommune – die Menschen trugen ihr Geld zur Bank, und ihre Einlagen wurden genutzt, um Kredite auszureichen. Solche Kredite waren Assets für die Banken, da sie durch die eingehenden Tilgungs- und Zinszahlungen für einen stetigen Geldzufluss sorgten.

Bausparkassen wie jene, die von George Bailey geführt wurde, hatten eine nützliche Funktion, aber sie waren auch lokalen und individuellen Risiken ausgesetzt. Wenn ein großer Arbeitgeber die Gemeinde verließ, in der die Bank ansässig war, konnte deren Lage sehr schnell schwierig werden. Durch Arbeitslosigkeit wurde es schwerer für die Schuldner, ihre Hypotheken zu bedienen; die Bank hatte dadurch niedrigere Einnahmen, und wenn es ganz schlimm kam, war sie unter Umständen nicht mehr in der Lage, Geld an andere Kreditnehmer in der Gemeinde zu verleihen – oder auch nur, den Einlegern ihr Geld zurückzuzahlen. Das traditionelle Nachbarschafts-Banking-Modell, wie George Bailey es kannte, war hervorragend geeignet, den Kreditgebern mehr Informationen über ihre Schuldner zu verschaffen, aber es war auch besonders anfällig für lokale Risiken.

Angesichts dieser Schwäche im Hypothekenmarkt legte das US-Ministerium für Wohnraum, Bau und Stadtentwicklung ein Programm auf, mit dem Verbriefungen durch staatlich geförderte Unternehmen (»government-sponsored enterprises«, GSEs) gefördert werden sollten.[83] Mithilfe solcher Verbriefungen konnten Regionalbanken die Hypotheken aus ihrer Nachbarschaft an die GSEs verkaufen und brauchten dann nicht mehr zu befürchten, durch lokale Marktrisiken gefährdet zu werden. Um der Versuchung entgegenzuwirken, dass solche Banken den GSEs minderwertige Hypotheken verkauft, stellten die GSEs Mindestanforderungen für »konforme« Hypothekendarlehen auf, zum Beispiel Obergrenzen für Kreditsumme und Beleihungsquote. Die GSEs kauften Hypotheken aus allen Regionen der Vereinigten Staaten – aber wie bezahlten sie dafür? Indem sie alle Hypotheken bündelten und Ansprüche gegenüber diesem Pool verkauften. Bei solchen Ansprüchen handelt es sich um sogenannte Hypothekenpfandbriefe (»mortgage-backed securities«, MBS). Mithilfe solcher Papiere fließen die Zinszahlungen der Schuldner durch den Verbriefungspool an die Halter der MBS. Die GSEs behielten einen Teil der Zinszahlungen ein, um die MBS-Halter gegen das Risiko von Insolvenzen zu versichern.

Ein zentraler Aspekt solcher Verbriefungen war jedoch, dass ein MBS keinen Anspruch gegen eine einzelne Hypothek begründete, sondern vielmehr einen Anspruch gegen ein ganzes Bündel von Hypotheken. In seiner Gesamtheit war ein solcher Hypothekenpool in hohem Maße diversifiziert, wodurch das individuelle Risiko minimiert wurde. Und da außerdem die GSEs die MBS garantierten, waren viele Investoren bereit, hohe Preise für durch die GSEs aufgelegte MBS zu zahlen. Verbriefungen erwiesen sich als äußerst profitable Unternehmung für die GSEs – solange keine weitverbreiteten Hypothekeninsolvenzen auftraten.

Das Angebot an durch GSEs aufgelegten MBS war auf »konforme« Hypotheken beschränkt, die strikten Kriterien bezüglich der Höhe des Darlehens und der Bonität des Schuldners genügten. Als jedoch der weltweite Appetit auf sichere US-Schuldverbriefungen in den späten 1990er-Jahren rapide wuchs, wurden diese Anforderungen zu einem Hemmschuh. Die stark gestiegene Nachfrage konnte nur durch den privaten Markt, also Nicht-GSEs, befriedigt werden – wenn es nur irgendwie gelingen konnte, aus einem Pool nichtkonformer Hypotheken risikoarme MBS zu produzieren. Dieses Ziel wurde erreicht, indem man die Hypotheken in *Tranchen* bündelte – dabei wird ein Pool von Hypotheken in Kategorien unterschiedlicher Bonität tranchiert, die festlegen, in welcher Rangfolge die Ansprüche der MBS-Investoren zu bedienen sind. Die Tranche mit dem hochrangigsten Anspruch ist die sicherste, da sie das erste Anrecht auf Zahlungen aus den zugrunde liegenden Hypotheken hat. Die Ansprüche der Halter von Tranchen mit nachrangigen Ansprüchen werden erst bedient, wenn die höherrangigen Tranchen die ihnen versprochenen Zinsen in voller Höhe erhalten haben. Die vorrangigen Tranchen dieser nicht von GSEs aufgelegten MBS wurden von Investoren für äußerst sicher gehalten und auch von den Ratingagenturen entsprechend zertifiziert. So entstand der »Private-label«-Verbriefungsmarkt.

Verbriefungen waren an sich nichts Neues, aber die Flut an »Private-label«-MBS war beispiellos, und sie musste die weltweite Nachfrage nach Schuldverbriefungen bedienen, die als erstklassig zertifiziert worden waren und auf US-Dollar lauteten.[84] Der »Private-Label«-Verbriefungsmarkt unterschied sich grundlegend vom traditionellen GSE-Verbriefungsmarkt, vor allem im Hinblick auf die damit einhergehenden Risiken. Adam Levitin und Susan Wachter haben hervorragende Arbeit geleistet, um die Unterschiede zwischen den beiden Märkten zu dokumentieren. Sie stellen fest:

> Solange GSE-Verbriefungen den Hypothekenmarkt dominierten, wurde das Kreditrisiko durch Kreditvergabestandards im Zaum gehalten, und es gab kaum einen Markt für nichterstklassige, nichtkonforme traditionelle Darlehen. In den 1990er-Jahren begann jedoch eine neue, nicht regulierte Art von Verbriefungen die standardisierten GSE-Verbriefungen zu verdrängen. Solche privaten Verbriefungen (»private-label securitization«, PLS) wurden von neuartigen, spezialisierten Kreditgebern und Verbriefungs-Sponsoren lanciert ... Durch PLS entstand ein Markt für nichterstklassige, nichtkonforme traditionelle Darlehen.[85]

121

Von 2002 bis 2005 boomte der Markt für private Verbriefungen. Sein Anteil an allen aufgelegten MBS stieg von 2002 bis 2006 von unter 20 Prozent auf über 50 Prozent, bevor er 2007 völlig zusammenbrach. Wir haben im vorigen Kapitel darüber gesprochen, dass 2002 bis 2006 genau die Zeit war, in der eine massive Flut von Hypothekendarlehen die Postleitzahlbezirke mit niedrigen Bonitäts-Scores überschwemmte. Die zeitliche Parallelität dieser beiden Entwicklungen lässt vermuten, das zwischen ihnen ein Zusammenhang bestand. Im Rahmen unserer Recherchen haben wir diese beiden Muster direkt in Beziehung zueinander gesetzt, indem wir gezeigt haben, dass die Verbriefungsquote in Postleitzahlbezirken mit niedrigen Bonitäts-Scores wesentlich höher war als in solchen mit guter Bonität. Durch Verbriefungen wurden die globalen Kapitalzuflüsse in eine ungezügelte Expansion von Hypothekendarlehen an marginale Schuldner transformiert. Das war allerdings nur möglich, solange die Kreditgeber sicher sein konnten, dass ihre Investitionen vor Insolvenzen geschützt sein würden.

Es werden sichere Schuldverschreibungen konstruiert

Wollte man zynisch sein, könnte man sagen, dass Finanzinnovationen einzig dazu da sind, Bankern die Möglichkeit zu geben, Investoren auf betrügerische Weise dazu zu verleiten, sehr riskante Verbriefungen zu kaufen, die angeblich sicher sind. Es gibt einen umfangreichen Bestand an Forschungsstudien, die zeigen, dass die während des Immobilienbooms üblichen privaten Verbriefungen genau das waren. Josh Coval, Jakub Jurek und Erik Stafford haben Folgendes herausgefunden: Wenn Investoren beim Kauf von hypothekenbesicherten Pfandbriefen kleine Fehler bei ihrer Risikoeinschätzung machten, konnten die Banken die Auswirkungen solcher Fehler durch ihre Verbriefungen verstärken. Die zwei wichtigsten Fehler, die häufig gemacht wurden, hingen miteinander zusammen: Investoren unterschätzten die Wahrscheinlichkeit von Hypothekeninsolvenzen und die Korrelation solcher Insolvenzen.[86]

Wir wollen ein einfaches Beispiel konstruieren, um zu zeigen, was dann passieren konnte. Nehmen wir an, eine Bank vergibt ein Darlehen über 100 000 Dollar an einen Subprime-Schuldner, der mit einer Wahrscheinlichkeit von zehn Prozent pleitegeht. Wenn er zahlungsunfähig wird, kann die Bank nur 50 000 Dollar des ursprünglichen Kreditbetrags wieder einbringen, indem sie zum Beispiel die Zwangsvollstreckung betreibt und die Immobilie dann im Zuge eines Notverkaufs weit unter Wert abstößt. Aber der Banker muss den Investor davon überzeugen, dass sein Pfandbrief extrem sicher ist. Das heißt, er muss den Investor in Sicherheit wiegen, dass sein Asset nie wertlos werden kann.

Nehmen wir an, die Bank würde den Kredit in zwei Tranchen à 50 000 Dollar »zerlegen«, sodass die vorrangige Tranche im Falle einer Insolvenz zuerst bedient werden müsste. Diese supersichere vorrangige Tranche trägt kein Risiko, weil sie auch bei einer Insolvenz in voller Höhe zurückgezahlt wird. Die nachrangige Tranche ist dagegen ziemlich riskant, weil eine Wahrscheinlichkeit von zehn Prozent besteht, dass sie ihren gesamten Wert verliert: Wenn der Schuldner pleitegeht, ist das Haus noch 50 000 Dollar wert, aber diese 50 000 Dollar werden in voller Höhe an den Halter der vorrangigen Tranche ausgezahlt. Indem die Bank das Darlehen in zwei Teile tranchiert, kann sie die Hälfte des Betrags finanzieren, den sie braucht, um die ausländische Nachfrage nach supersicheren Anlagen zu bedienen.

Kann die Bank diese Konstruktion noch verbessern? Ja, und zwar, indem sie das Zerlegen in Tranchen mit einem Verfahren kombiniert, das als »Pooling« (Zusammenlegung, Bündelung) bezeichnet wird. Nehmen wir an, die Bank würde zwei Darlehen über 100 000 Dollar an zwei verschiedene Subprime-Schuldner vergeben. Dann kombiniert – oder »poolt« – sie diese beiden Darlehen und zerlegt dann das auf den Pool lautende MBS in eine vorrangige und eine nachrangige Tranche mit Nennwerten von jeweils 100 000 Dollar. Die vorrangige Tranche ist nach wie vor risikofrei: Selbst wenn beide Schuldner insolvent werden, ist jedes

Haus noch 50 000 Dollar wert, und folglich werden die 100 000 Dollar Nennbetrag des gesamten MBS nie an Wert verlieren. Investoren, die supersichere Assets fordern, werden bereit sein, die vorrangige Tranche zu halten. Interessant ist jedoch, was mit der nachrangigen Tranche passiert. Wenn nicht gepoolt wird und es nur ein Darlehen gibt, verliert die nachrangige Tranche mit zehn Prozent Wahrscheinlichkeit 100 Prozent ihres Werts. Pooling verändert jedoch das Risikoprofil der nachrangigen Tranche, denn sie basiert jetzt auf zwei zugrunde liegenden Darlehen. Wenn beide Schuldner gleichzeitig insolvent werden, bringt es nicht viel, die zwei Kredite zu poolen; wenn die Insolvenzen allerdings unabhängig voneinander sind, bringt es großen Nutzen. Wie wir noch zeigen werden, ist die Korrelation zwischen Insolvenzen verschiedener Schuldner ein entscheidender Parameter, um einzuschätzen, wie viele sichere Assets aus einem gegebenen Hypothekenpool konstruiert werden können.

Nehmen wir an, die zwei Darlehen seien statistisch unabhängig voneinander: Wenn ein Schuldner insolvent wird, hat das keinen Einfluss auf die Wahrscheinlichkeit, dass auch der andere pleitegehen wird. In diesem Fall trägt die nachrangige Tranche ein weit geringeres Risiko: Es besteht eine Wahrscheinlichkeit von nur einem Prozent, dass beide Schuldner insolvent werden und der Halter der nachrangigen Tranche alles verliert. Es besteht außerdem eine Wahrscheinlichkeit von 18 Prozent, dass einer der beiden Schuldner pleitegeht, was bedeuten würde, dass die Halter der nachrangigen Tranche 50 Prozent ihres Investments verlieren. Aber nehmen wir an, die Bank würde die nachrangige Tranche weiter zerlegen, und zwar in eine vorrangige sogenannte »Mezzanin«-Tranche und eine nachrangige »Eigenkapital«-Tranche mit gleichem Nennwert. Die Mezzanin-Tranche hat jetzt ein wesentlich günstigeres Risikoprofil als die ursprüngliche nachrangige Tranche. Während die ursprüngliche nachrangige Tranche in zehn Prozent aller Fälle an Wert verloren hätte, wird die Mezzanin-Tranche nur in einem Prozent aller Fälle einen Wertverlust erleiden – und zwar nur dann, wenn die Schuldner *beider* zugrunde liegenden Kredite insolvent werden. Wenn nur einer von ihnen bankrottgeht, erleidet die Mezzanin-Tranche keinen Verlust, da sie den vorrangigen Anspruch innerhalb der nachrangigen Tranche hält.

Wie Sie vielleicht schon vermutet haben, kann dieser Prozess des Tranchierens und Poolens endlos fortgesetzt werden. Solange angenommen wird, dass die Ausfallwahrscheinlichkeiten der zugrunde liegenden Kredite unabhängig voneinander sind, kann die Bank das Risiko der Mezzanin-Tranche so weit reduzieren, wie die Investoren oder die Ratingagenturen es verlangen. In der Praxis poolten die Banken so viele Kredite, dass die Ratingagenturen die Mezzanin-Tranche als »sicher« einstuften und ihr ein AAA-Rating gaben. Auf diese Weise kann also eine verbriefende Bank immer mehr sichere Assets konstruieren. Im Extremfall kann die Bank so lange immer mehr Kredite hinzunehmen und immer weiter tranchieren und poolen, bis sie schließlich behaupten kann, 90 Prozent der hypothekenbesicherten Pfandbriefe im Verbriefungspool seien supersicher, und zwar ungeachtet der Tatsache, dass die zugrunde liegenden Hypotheken ziemlich riskant sind. Die Bank könnte 90 Prozent der von ihr ausgereichten Darlehen tranchieren und als supersichere Assets an außenstehende Investoren verkaufen, und sie müsste dabei nur zehn Prozent des gesamten Darlehensvolumens einsetzen, um im Geschäft zu bleiben.

Das funktioniert aber nur, wenn die Ausfallwahrscheinlichkeiten verschiedener Darlehen voneinander unabhängig sind. Das heißt, es funktioniert nur dann, wenn zwischen der einen Insolvenz und der Wahrscheinlichkeit, dass auch die anderen Hypotheken nicht mehr bedient werden können, kein Zusammenhang besteht. Also ist die Korrelation zwischen den Insolvenzen entscheidend, um zu ermitteln, welcher Anteil des Hypothekenpools sicher ist. Nehmen wir zum Beispiel an, zwischen allen Insolvenzen bestünde statt völliger Unabhängigkeit eine perfekte Korrelation – das bedeutet, dass auch alle anderen Schuldner pleitegehen, wenn einer insolvent wird. Wenn für eine notleidende Hypothek nur 50 Prozent ihres Nennwerts eingebracht werden kann und die Investoren wissen, dass eine gewisse Wahrscheinlichkeit besteht, dass alle Schuldner gleichzeitig pleitegehen, dann wären sie sich auch des Risikos bewusst, dass 50 Prozent des von ihnen angelegten Geldes verloren gehen kann. In diesem Fall könnten nie mehr als 50 Prozent des Hypothekenpools für supersicher gehalten werden.

In Wirklichkeit ist natürlich weder die Korrelation zwischen verschiedenen Darlehen noch deren Insolvenzwahrscheinlichkeit sicher bekannt. Vermutlich wird es unterschiedliche Meinungen über die Korrelation zwischen verschiedenen Darlehen und deren Ausfallwahrscheinlichkeiten geben. Einige Investoren sind vielleicht optimistischer als andere und werden diese Korrelation, die Ausfallwahrscheinlichkeit oder beides als gering einschätzen. Denjenigen, die diese Faktoren falsch einschätzten, mussten diese Investments extrem sicher erscheinen. Durch die Verbriefungen konnten die Banken die unterschiedliche Einschätzung der Investoren ausnutzen, um die wirklichen Risiken ihrer Wertpapiere zu verschleiern. Dadurch konnten sie immer mehr faktisch riskante Wertpapiere auflegen, die für sicher gehalten wurden, und ihre Kreditvergabe an Kreditnehmer mit schlechter Bonität immer mehr ausweiten. Coval und seine Koautoren beschreiben diese Entwicklung so:

Diese Fähigkeit, Risiken über strukturierte Finanzprodukte neu zu verpacken und »sichere« Assets aus eigentlich riskanten Sicherheiten zu erzeugen, führte zu einer dramatischen Ausweitung der Emission von strukturierten Wertpapieren, die von den Investoren meistenteils für so gut wie risikofrei gehalten und von den Ratingagenturen auch so zertifiziert wurden. Im Mittelpunkt der jüngsten Finanzmarktkrise steht die Erkenntnis, dass diese Papiere faktisch viel riskanter sind, als sie ursprünglich angepriesen wurden.[87]

Chain of Fools[88] – es gibt immer einen Dümmeren

Die Probleme mit privaten Verbriefungen erschöpften sich aber nicht darin, dass die Fehler von Investoren ausgenutzt wurden. Wenn die Hypotheken-Originatoren, also die ursprünglichen Kreditgeber, wussten, dass sie Hypotheken schlechter Qualität über Verbriefungen zu hohen Preisen bei Investoren abladen konnten, gerieten sie leicht in Versuchung, die Kreditvergabe-Standards aufzuweichen und ganz gezielt Darlehen an Schuldner mit schlechter Bonität zu vergeben. Mit anderen Worten: Die privaten Verbriefungen könnten sogar die *Ursache* der verantwortungslosen Vergabe von Hypothekendarlehen und von Betrug gewesen sein. Wie können wir verifizieren, ob diese These zutrifft?

Die Antwort liefern zwei sehr interessante Studien von Amit Seru. In der ersten, die er zusammen mit Benjamin Keys, Tanmoy Mukherjee und Vikrant Vig durchgeführt hat, machten die Autoren sich eine ungewöhnliche Eigenschaft des Verbriefungsmarktes zunutze. Um zu entscheiden, welche Hypotheken für einen Hypothekenpool akzeptabel waren, hielt der Markt sich an eine Untergrenze: Hypotheken, bei denen der Kreditnehmer einen Bonitäts-Score von mindestens 620 hatte, wurden in der Regel in MBS-Pools aufgenommen, während solche, bei denen der Schuldner einen Bonitäts-Score unter 620 hatte, meistens nicht akzeptiert wurden. Obwohl ein Schuldner mit einem Bonitäts-Score von 615 einem anderen mit einem Score von 625 sehr ähnlich war, unterschieden sich demnach die beiden sehr deutlich in Bezug auf die Wahrscheinlichkeit, dass ihre Hypothek verbrieft werden würde. Im Jargon der Ökonomen könnte man sagen, dass es bei einem Bonitäts-Score von 620 zu einem diskontinuierlichen oder sprunghaften Anstieg der Wahrscheinlichkeit kam, dass eine Hypothek verbrieft werden würde.[89]

Mithilfe dieser Diskontinuität in der Verbriefungswahrscheinlichkeit bei einem Bonitäts-Score von 620 kann man testen, ob Kreditgeber tatsächlich die Möglichkeit, riskante Hypotheken über Verbriefung zu verkaufen, zu ihrem Vorteil nutzten. Wenn solche Kreditgeber bei der

Prüfung der Bonität von Schuldnern, deren potenzielle Hypotheken verbrieft werden konnten (weil sie einen Bonitäts-Score über 620 hatten),
ebenso strikt vorgegangen waren wie bei Schuldnern, deren Hypotheken
nicht verbrieft werden konnten (deren Bonitäts-Score aber nur knapp unter 620 lag), dann wäre zu erwarten, dass alle Hypotheken von Schuldnern mit einem Bonitäts-Score um 620 ungefähr die gleiche Ausfallquote
haben müssten. Wenn es überhaupt Unterschiede gäbe, dann sollten
Hypotheken von Schuldnern mit einem Bonitäts-Score von etwas über
620 eine etwas niedrigere Ausfallquote haben als solche mit einer Bonität
unter 620.

Doch die Autoren der Studie stellten fest, dass genau das Gegenteil
der Fall war. Die Hypothekendarlehen, die an Schuldner mit Bonitäts-
Scores knapp unter 620 ausgereicht wurden, zeigten tatsächlich deutlich
niedrigere Ausfallquoten als solche, die an Schuldner mit Bonitäts-Scores
knapp über 620 vergeben wurden. Das bedeutet, dass die Hypotheken,
die verbrieft wurden, riskanter waren als solche, die nicht durch Verbriefung weitergereicht werden konnten. Diese Daten deuten also darauf hin,
dass die unverantwortliche Kreditvergabe durch den Verbriefungsprozess
direkt begünstigt wurden.

Wie kann es sein, dass Hypotheken, die an Schuldner mit ungefähr
gleicher Bonität vergeben wurden, riskanter waren als andere? Oder anders ausgedrückt: Welche Arten von Hypotheken waren für Fehlverhalten
der Kreditgeber in der Verbriefungsprozedur am anfälligsten? Die Autoren fanden einen besonders hohen Anteil an *unzureichend dokumentierten*
Hypotheken (»low-documentation mortgages«), bei deren Beantragung
die Schuldner keinen Einkommensnachweis in Form einer Lohnabrech-
nung des Arbeitgebers oder eines Einkommensteuerbescheids erbrachten.
Wenn die Schuldner nur wenige Nachweise erbracht hatten, schnitten
ihre verbrieften Hypotheken im Vergleich zu solchen, die die vergebende
Bank selbst in ihren Büchern behielt, besonders schlecht ab. Die Bank
ging also beim Prüfen der Bonität von Schuldnern mit unzureichender

Dokumentation wesentlich weniger sorgfältig vor, wenn sie wusste, dass sie die Hypothek an einen Verbriefungspool verkaufen würde. Die Schlussfolgerung daraus ist klar: Durch Verbriefungen wurde die Motivation von Banken untergraben, die Bonität von Schuldnern gründlich zu prüfen und zu überwachen.[90]

Die zweite Studie, die Seru zusammen mit Tomasz Piskorski und James Witkin durchführte, zeigt, dass bei privaten Verbriefungen die Qualität der im Pool enthaltenen Hypotheken gegenüber potenziellen Investoren in eklatanter Weise falsch dargestellt wurde. Sie fanden heraus, dass ein Zehntel der Hypothekendarlehen in privaten Verbriefungspools fälschlich als selbst genutzt klassifiziert wurde, obwohl die beliehene Immobilie einem Investor gehörte. Hypotheken auf selbst genutzte Immobilien sind wesentlich weniger riskant – ein Hauseigentümer wird sehr viel wahrscheinlicher als ein Investor seine Hypothek weiter bedienen, wenn sein Haus einen großen Teil seines Wertes eingebüßt hat. Von einer Hypothek zu behaupten, die Immobilie werde vom Eigentümer selbst genutzt, obwohl das nicht zutraf, war Betrug.[91] Die Autoren der Studie zeigen, dass die Arrangeure von Verbriefungspools den Anteil der Immobilien, die von Investoren gekauft worden waren, systematisch zu niedrig angaben, um den Pool weniger riskant erscheinen zu lassen. Darüber hinaus wurden Investoren, die MBS kaufen wollten, systematisch getäuscht – die höheren Zinsen, die für die am stärksten geschönten Verbriefungspools gezahlt wurden, konnten sie nicht für das höhere Risiko kompensieren. Die Ausfallquoten lagen bei solchen geschönten Pools um 60 Prozent höher als bei anderen, im Übrigen ähnlichen Hypotheken. Die Investoren glaubten, sie würden supersichere Assets kaufen, während es in Wahrheit betrügerische Konstruktionen waren. Ein anderes erstaunliches Ergebnis der Studie war, wie *weit verbreitet* dieser Betrug in dem gesamten Sektor war. Die Autoren stellten fest, dass praktisch jeder einzelne Verbriefungspool-Arrangeur in solche Betrugsmanöver verwickelt war – sie durchdrangen den gesamten Markt privater Verbriefungen.

Diese schwerwiegenden Probleme mit Verbriefungen entfesselten eine nicht nachhaltige Flut von Hypothekendarlehen. Die Parteien entlang der Verbriefungskette – vor allem die Investoren an ihrem Ende – wurden dazu verleitet, Risiken einzugehen, über die sie nicht angemessen informiert waren und die auch nicht anderweitig kompensiert wurden. Aber ein Teil der Schuld liegt auch bei den Ratingagenturen. Researcher der Federal Reserve Bank von New York haben belegt, dass einfache, messbare Risiko-Kennzahlen – etwa ein niedriger Bonitäts-Score oder hohe Schulden des Kreditnehmers – ausreichen, um die Risiko-Klassifizierung von Hypothekendarlehen-Verbriefungspools und deren Ausfallquoten richtig zu bestimmen. Anders ausgedrückt: Es wurden offenkundige Informationen ignoriert, als die Ratingagenturen Bewertungen für privat aufgelegte MBS vergaben.[92]

Der unvermeidliche Crash

Die Vergabe von Hypothekendarlehen an immer mehr Schuldner, die wahrscheinlich pleitegehen würden, endete katastrophal. Die Kreditgeber fluteten Wohngegenden mit geringer Bonität mit Krediten, obwohl dort keinerlei Aussichten auf Einkommensverbesserungen bestanden. Die Investoren, die solche MBS kauften und dadurch die Expansion vorantrieben, machten einfache Fehler in ihren Modellen, und die Arrangeure der Verbriefungspools nutzten diese Fehler aus. Im privaten Verbriefungsmarkt grassierten betrügerische Praktiken, und die Ratingagenturen wussten entweder nicht, was sich abspielte, oder sie drückten beide Augen zu. Bis 2012 waren massenhaft Schadensersatzklagen von Investoren gegen Arrangeure anhängig.[93]

In ihrem Drang, profitable Anlageprodukte zu konstruieren und zu verkaufen, vergaben die Kreditgeber Darlehen an immer mehr marginale Schuldner, bis sie den Punkt erreichten, dass sie Kredite an Schuldner vergaben, die so kreditunwürdig waren, dass sie beinahe sofort nach Abschluss des Kreditvertrags insolvent wurden. Als die Zahl der Insolvenzen immer weiter zunahm, brach das ganze Kartenhaus in sich zusammen und die gehebelten Verluste entfalteten ihre Wirkung. Eine Studie von Yuliya Demyanyk und Otto van Hemert dokumentiert diese Entwicklung und zeigt, dass die Hypotheken-Insolvenzkrise, »die 2007 begann, sich dadurch auszeichnete, dass ein ungewöhnlich großer Anteil von Subprime-Hypothekendarlehen, die 2006 und 2007 vergeben wurden, *schon Monate später* nicht mehr bedient wurden oder in die Zwangsvollstreckung gingen« (unsere Hervorhebung). Die Autoren stellten außerdem eine »Verschlechterung der Kreditqualität« fest, wobei »die durchschnittliche kumulierte Beleihungsquote stieg, der Anteil der unzureichend dokumentierten Darlehen zunahm und der Spread zwischen den Zinssätzen für Prime- und Subprime-Darlehen sich verringerte«. Nach einer umfassenden Untersuchung der Hypotheken-Ausfallquoten in den Jahren 2006 und 2007 kamen sie zu dem Schluss, dass »die rapide Zunahme und der anschließende Zusammenbruch des Markts für Subprime-Hypothekendarlehen daher an ein klassisches Kreditboom-Bust-Szenario erinnert«.[94]

Die steigenden Ausfallquoten während der Rezession brachten das Land in unbekanntes Fahrwasser. Von 1979 bis zu diesem Crash war die Ausfallquote im gesamten Land nie über 6,5 Prozent gestiegen; bis 2009 schnellte sie dagegen auf über zehn Prozent hoch. Uns liegen keine historischen Daten über Insolvenzquoten aus der Zeit vor 1979 vor, aber wir wissen, dass es zwischen 1940 und 1979 keine nennenswerte durch Privatinsolvenzen ausgelöste Krise gab. In denselben Wohngegenden der Westside von Detroit, über die wir im vorigen Kapitel berichtet haben, stieg die Insolvenzquote 2009 auf fast 30 Prozent. Mehr als ein Fünftel aller dortigen Häuser befanden sich im Zwangsvollstreckungsverfahren. Von 2006 bis 2009 fielen die Immobilienpreise dort um 50 Prozent, und bis 2012 verharrten sie auf diesem niedrigen Niveau. Diese Wohnviertel wurden durch die Hypotheken-Insolvenzkrise ruiniert.

Und wie haben sich jene supersicheren hypothekenbesicherten Verbriefungen bewährt, die den Kreditboom auslösten? Ein MBS mit einem

AAA-Rating, das 2007 mit einem Nennwert von 100 Dollar aufgelegt wurde, erzielte 2012 einen Marktpreis von gerade mal 50 Dollar![95] Die betroffenen Investoren erlitten massive Verluste auf ihre vermeintlich supersicheren Investments.

* * *

Es stellt sich eine fundamentale Frage in Bezug auf die eklatanten Betrügereien und Schönfärbereien im Verbriefungsprozess: Hätten diese Dinge auch dann passieren können, wenn nicht behauptet worden wäre, dass solche Hypothekenverbriefungen supersichere Anlagen sind? Hätten die Investoren sich vorsichtiger verhalten, wenn sie gewusst hätten, dass ihre Investments mit gewissen Verlustrisiken behaftet waren? Das ist eine schwierige Frage. Natürlich kommt auch auf den Aktienmärkten Betrug vor – Enron in den frühen 2000er-Jahren ist ein naheliegendes Beispiel. Aber die Art von Betrug, die mit Blasen zusammenhängt, welche durch Verschuldung erzeugt werden, ist fast immer dramatischer und gefährlicher für die gesamte Wirtschaft. Die Geschichte liefert zahllose Beispiele von Assetblasen, die auf betrügerischen Wertpapieren aufbauen, durch Verschuldung erzeugt werden und dann platzen und ganze Volkswirtschaften in den Abgrund reißen. Im nächsten Kapitel werden wir uns ausführlicher mit dem wahren Wesen von Schulden beschäftigen und feststellen, warum es immer und überall so schädlich ist, sich allzu sehr von Schulden abhängig zu machen.

8   Schulden und Blasen

Charles P. Kindleberger war eine überragende Figur der Wirtschaftswissenschaften. Als er im Jahr 1948 ans Massachusetts Institute of Technology (MIT) kam, hatte er bereits mehrere Karrieren hinter sich. Er hatte als Major in der US-Armee gedient, als Ökonom im Federal Reserve System gearbeitet und war einer der federführenden Architekten des Marshall-Plans gewesen, den das US-Außenministerium nach dem Zweiten Weltkrieg ins Werk gesetzt hatte. Er hatte also zu der Zeit, als er ans MIT kam, bereits wichtige Beiträge zur Gestaltung von westeuropäischen Volkswirtschaften geleistet.[96] Kindlebergers Art des Recherchierens war ein bisschen ungewöhnlich im Vergleich zur Vorgehensweise vieler seiner Zeitgenossen, wahrscheinlich aufgrund seiner Erfahrungen außerhalb des akademischen Elfenbeinturms. Anstatt Theorien aufzustellen, ging er an ökonomische Phänomene im Stil eines Naturwissenschaftlers heran. Sein Kollege, der Nobelpreisträger Robert Solow, verglich Kindleberger einmal mit Charles Darwin auf der *Beagle:* »Er sammelte, untersuchte und klassifizierte interessante Proben ... Es war Kindlebergers Stil als Wirtschaftshistoriker, interessante Dinge zum Lernen aufzuspüren, anstatt einem systematischen Plan zu folgen.«[97] Die Kulmination von Kindlebergers leidenschaftlichem Zusammentragen von Fakten und Zahlen über Blasen – seine Tour de Force *Manien, Paniken, Crashs: Die Geschichte der Finanzkrisen dieser Welt* – ist eines der einflussreichsten Bücher auf dem Gebiet der Wirtschaftsgeschichte. Es handelt von Blasen, deren Geschichte bis zur Tulpenmanie in den Niederlanden des 17. Jahrhunderts zurückreicht und sich über den Gewerbeimmobilien-Boom vor Japans »verlorenem

Jahrzehnt« bis hin zu der Finanzkrise von 1998 erstreckt, die durch den Zusammenbruch von Long-Term Capital Management ausgelöst wurde. Sein Buch ist eine der systematischsten und umfangreichsten Studien über Blasen und Finanzkrisen, die jemals zu Papier gebracht wurden.

Die Wissenschaft der Blasen

Obwohl es nicht Kindlebergers Ziel war, irgendeine bestimmte Theorie zu beweisen, kam er durch sein gründliches Untersuchen historischer Daten zu überzeugenden Schlüssen. Erstens fiel ihm auf, dass der wichtigste Treibstoff für Assetpreisblasen fast immer eine Expansion des *Kreditangebots* war – also die vermehrte Bereitschaft von Kreditgebern, Geld an Schuldner zu verleihen, die keine erkennbaren Einkommensverbesserungen in Aussicht hatten. Wie sieht eine solche Expansion des Kreditangebots konkret im Kontext des Immobilienmarkts aus? Stellen Sie sich einen Mieter vor, der in einer Bank erscheint und eine Hypothek aufnehmen will, um sich ein Haus zu kaufen. Normalerweise wird der Banker ihm sofort Fragen über sein Einkommen stellen. Falls er sein Einkommen für zu niedrig hält, um eine hohe Hypothek bedienen zu können, wird er den Darlehensbetrag auf einen bestimmten Prozentsatz des Gesamtwerts der Immobilie beschränken. In vielen Fällen wird diese Einschränkung den Mieter daran hindern, das Haus zu kaufen, das er eigentlich im Sinn hatte. Stellen wir uns weiterhin vor, dass aus irgendeinem Grund, der nichts mit dem Einkommen des Mieters zu tun hat, die Bank sich entschließt, ihm ein Darlehen über eine wesentlich höhere Summe zu gewähren, und das sogar zu einem niedrigeren anfänglichen Zinssatz als normalerweise üblich. Bei genau dem gleichen Einkommen ist die Bank plötzlich bereit, einen höheren Kredit zu gewähren. Das wird sich wahrscheinlich auf die Nachfrage des Mieters nach einer Immobilie auswirken; so könnte er sich zum Beispiel entschließen, ein größeres Haus zu kaufen. Wenn so etwas massenhaft passiert, wird die vermehrte Bereitschaft von Kreditgebern, höhere Darlehen zu gewähren, die Immobilienpreise inflationieren. Beim gleichen Risikoniveau sind die Banken bereit, mehr Kredit zu vergeben, und das wird dazu führen, dass die Hauspreise anziehen.

Kindleberger fiel auf, dass dieses Muster bei zahlreichen Episoden zu beobachten war, und zwar so ausgeprägt, dass er das Axiom formulierte, dass »Assetpreisblasen von einer Ausweitung des Kreditangebots abhängen«. Er lieferte zahlreiche Beispiele dafür: Die Tulpenzwiebelblase in den Niederlanden des 17. Jahrhunderts wurde durch eine Form von Anbieterkredit ausgelöst – also Schulden von Tulpenkäufern bei Tulpenanbietern. Die Schifffahrtskanal-Manie im Großbritannien des 18. Jahrhunderts wurde von Krediten befeuert, die neu eröffnete ländliche Banken an Unternehmer vergaben, die Kanäle bauten. Und das war auch genau das, was in Detroit geschah: Eine massive Ausweitung von Hypothekendarlehen an Schuldner, die sonst nicht in der Lage gewesen wären, ein Haus zu kaufen, ließ eine enorme Immobilienpreisblase in Wohngegenden entstehen, wo viele solche Kreditnehmer lebten. Die Hauspreise in diesen Wohngegenden von Detroit stiegen in den zehn Jahren vor dem Zusammenbruch um 80 Prozent. Und als die Blase platzte, brachen die Immobilienpreise um 60 Prozent ein.

Was ist eine Blase?

Welchen Preis sollte ein Asset haben, zum Beispiel eine Aktie oder ein Haus? Die Standardtheorie besagt, dass dieser Preis der Summe der erwarteten Erträge des Assets entsprechen sollte. Bei einer Aktie ist das ganz einfach die erwartete Summe der Dividenden, die man einnimmt, wenn man die Aktie besitzt, in sinnvoller Weise reduziert, um Haltedauer und Risiko zu berücksichtigen. Bei einem Haus kommt die gleiche Rechnung zum Tragen, basierend auf den impliziten Mieteinnahmen – den Erträgen, die man erzielen könnte, wenn man das Haus vermieten würde.

Gibt es überhaupt Blasen? Es hat viele Beispiele für rapide Preisanstiege gegeben – etwa den Immobilienboom von 2002 bis 2006 oder den Internetboom zwischen 1997 und 2000. Diese Episoden endeten in spektakulären Zusammenbrüchen, und es ist verlockend, sie im Nachhinein als Blasen zu bezeichnen. Aber kann es nicht sein, dass diese Preisbooms berechtigt waren und auf den damaligen wirtschaftlichen Aussichten basierten? Wie lässt sich die Existenz von Blasen zweifelsfrei beweisen?

Im Jahre 1988 veröffentlichten der spätere Nobelpreisträger Vernon Smith und seine Kollegen Gerry Suchanek und Arlington Williams einen zukunftsweisenden Artikel über die Existenz von Blasen.[98] Die Autoren hatten ein Experiment durchgeführt, bei dem den Versuchsteilnehmern zunächst ein gewisser Bestand an Geld und Aktien zugeteilt wurde, mit dem sie untereinander handeln konnten. In dem Experiment wurden 15 Handelssitzungen abgehalten. Am Ende einer jeden Handelssitzung erhielt der Besitzer einer Aktie eine Dividendenzahlung, die mit gleich hoher Wahrscheinlichkeit einen von vier Werten annehmen konnte – 0, 8, 28 oder 60 Cent –, also einen zu erwartenden durchschnittlichen Wert von 24 Cent hatte. Die Standard-Assetpreistheorie liefert einen exakten Wert für den Preis einer Aktie in diesem Beispiel: Zu jedem beliebigen Zeitpunkt sollte er den erwarteten zukünftigen Dividendeneinkünften aus der Aktie entsprechen. Demnach sollte der Preis einer Aktie zu Beginn der ersten Handelssitzung $0,24 \times 15 = 3,60$ Dollar betragen, und in jeder der folgenden Sitzung um 24 Cent sinken. Smith und seine Kollegen führten jedem ihrer Versuchsteilnehmer diese Rechnung vor, um sicherzustellen, dass die Teilnehmer das Wertpapier verstanden, mit dem sie handelten.

Das Umfeld in Smiths Experiment war eine Karikatur der wirklichen Welt, ohne deren Komplexitäten und Ungewissheiten. Es gab keine Unsicherheit darüber, wann für eine Aktie keine Dividende mehr ausgeschüttet würden, oder über die maximale oder durchschnittliche Zahlung, die eine Aktie abwerfen würde. Es gab weder politische Unsicherheiten noch Sorgen über ein eventuelles Missmanagement des Cashflows der Aktie. Wenn es jemals einen Markt gegeben hat, in dem der Aktienpreis dem

Gegenwartswert der erwarteten Dividendenzahlungen entsprach, dann war es Smiths Laborexperiment. Dennoch stellten die Autoren etwas Erstaunliches fest – ein Ergebnis, das seither von diversen Forschern viele Male reproduziert wurde. Die Aktienpreise in Smiths Experiment schwankten wild auf und ab und wichen manchmal um das Zwei- bis Dreifache von ihrem Fundamentalwert ab. In den 22 Experimenten, die durchgeführt wurden, war bei 14 zu beobachten, dass der Aktienmarkt »gemessen am Dividendenwert von einer Preisblase charakterisiert war«.

Diese Ergebnisse waren dem Phänomen der »übermäßigen Volatilität« (Schwankungsbreite), das Robert Shiller 1981 erstmals für den US-Aktienmarkt dokumentiert hat, auf beklemmende Weise ähnlich.[99] In seinem bahnbrechenden Artikel, der zum Entstehen der Verhaltensökonomik (»behavioral finance«) führte, zeigte Shiller, dass die Aktienpreise zu stark schwankten, um dieses Verhalten durch die darauffolgenden Veränderungen ihrer Dividenden erklären zu können. Dieses Phänomen wurde 1997 von Jeffrey Pontiff prägnant zusammengefasst, der zeigte, dass die Preise von geschlossenen Investmentfonds erheblich stärker schwanken als der Marktwert der ihnen zugrunde liegenden Wertpapiere.[100] Geschlossene Investmentfonds halten Aktien und Anleihen wie normale »offene« Fonds mit dem wichtigen Unterschied, dass geschlossene Fonds separat gehandelt werden – unabhängig von den ihnen zugrunde liegenden Wertpapieren – und ihren eigenen, unabhängigen Preis haben. Theoretisch sollte der Preis eines geschlossenen Investmentfonds dem Gesamtwert der ihm zugrunde liegenden Wertpapiere folgen. Pontiff stellte jedoch fest, dass das häufig nicht der Fall ist – der Preis eines geschlossenen Investmentfonds weicht häufig von diesem Wert ab.

All das deutet darauf hin, dass es in der Tat Blasen gibt, die dazu führen können, dass Preise erheblich von ihrem langfristigen fundamentalen Wert abweichen. Aber unsere Frage ist enger gefasst: Gibt es einen Zusammenhang zwischen Schulden und Blasen? Warum werden reale Beispiele von Blasen häufig von zunehmender Verschuldung begleitet, wie Kindleberger es so umfassend gezeigt hat? Die Idee, dass der Preis eines Assets dessen zu erwartendem Gesamtertrag entsprechen sollte, ist einfach und einleuchtend, und Schulden spielen in dieser Kalkulation keine Rolle. Wenn aber die Käufer von Assets sich Geld leihen, um ihre Anschaffungen zu finanzieren – wie in den Episoden, die Kindleberger untersucht hat –, gibt es dann einen Grund, warum der Preis einer Aktie oder eines Hauses höher sein sollte? Der Preis eines Assets sollte ausschließlich von dem Ertrag abhängen, den man von ihm erwartet, und zwar ganz unabhängig davon, wie der Käufer den Erwerb finanziert. Die Erkenntnis Kindlebergers, dass Verschuldung eine wichtige Rolle beim Entstehen von Blasen spielt, ist mit der Standard-Assetpreistheorie kaum in Einklang zu bringen.

Wenn wir bei der Bildung von Assetpreisen zunehmender Verschuldung eine Rolle zuweisen wollen, müssen wir uns von der Standard-Assetpreistheorie lösen. Dann müssen wir über eine Welt nachdenken, in der Preise vorübergehend von der Summe ihres zukünftigen Dividenden-Cashflows abweichen können – eine Welt, in der es Blasen geben kann. Vielleicht spielen Schulden in einer solchen Welt tatsächlich eine Rolle. Das bringt uns zurück zu Vernon Smith: Er erweiterte sein ursprüngliches Experiment, indem er seinen Versuchsteilnehmern erlaubte, Aktien »on margin« zu erwerben – das bedeutet, dass sie sich Geld leihen konnten, um damit Aktien zu kaufen. Die Möglichkeit, Geld zu leihen, sollte eigentlich nach der Standard-Assetpreistheorie keinen Einfluss auf den Preis eines Assets haben, aber Smith und sein Kollege David Porter stellten fest, dass die Verfügbarkeit von Kredit Blasen tatsächlich noch vergrößerte.[101]

Warum treibt Verschuldung Blasen?

Trader kaufen und verkaufen Assets, um Geld zu verdienen. Wenn Käufer wissen, dass sie ein Asset in einer Blase kaufen, die im Begriff steht zu platzen, werden sie das Asset nicht kaufen. Und wenn es keine Käufer für das Asset gäbe, würde die Blase nicht existieren. Die Logik diktiert, dass eine Blase nur dann entstehen kann, wenn die Käufer »Optimisten« sind (eine freundliche Umschreibung für Menschen mit »irrationalem Überschwang«), oder wenn sie glauben, dass es einen Dümmeren gibt, der das Asset später kaufen wird, wenn der Preis noch höher ist.[102]

Wir können jetzt beginnen, eine Theorie zu entwickeln, die erklären kann, auf welche Weise Verschuldung Blasen treibt. John Geanakoplos hat untersucht, wie der Kaufwille von Optimisten – also von Menschen, die überzeugt sind, dass die Assetpreise weiter steigen – durch Schulden gestärkt wird. Indem sie die zukünftige Kaufkraft von Optimisten erhöhen, steigern Schulden die Wahrscheinlichkeit, dass es in der Tat morgen einen Dümmeren geben wird.[103]

Stellen wir uns eine Welt vor, in der 100 gleichartige Häuser zum Verkauf stehen. In dieser Welt leben zweierlei Menschen: Optimisten und Pessimisten. Die Pessimisten glauben, ein Haus sei nur 100 000 Dollar wert. Die Optimisten glauben dagegen, ein Haus sei 25 Prozent mehr Wert, also 125 000 Dollar. Daher sind die Optimisten bereit, ein Haus zu jedem Preis zu kaufen, der diesem Betrag entspricht oder darunterliegt. Dieses einfache Modell geht von »unterschiedlichen Überzeugungen« bezüglich Assetpreisen aus – eine durchaus realistische Annahme, wie jeder weiß, der schon einmal mit Freunden oder Verwandten über Immobilienpreise gesprochen hat.

Was würde ein Haus in dieser Welt also tatsächlich kosten? Das hängt von dem zahlenmäßigen Verhältnis zwischen Optimisten und Pessimisten ab. Wenn es genügend Optimisten gibt, um alle 100 Häuser zu kaufen, dann wird der Verkaufspreis sämtlicher Häuser 125 000 Dollar betragen. Wenn es aber nicht genug Optimisten gibt und einige Häuser von Pessimisten gekauft werden, dann müssen *alle* Häuser für 100 000 Dollar verkauft werden. Der Grund dafür besteht darin, dass der Wettbewerb es notwendig macht, dass alle gleichartigen Häuser zum gleichen Preis verkauft werden. Infolgedessen ist der Marktpreis der niedrigste Preis, der den Markt ausgleicht – also derjenige Preis, der garantiert, dass es mindestens 100 Käufer geben wird.

Nehmen wir an, in unserer Welt gäbe es anfänglich keine Schulden. Die Optimisten müssen bar bezahlen, wenn sie ein Haus kaufen wollen. Nehmen wir weiterhin an, die finanziellen Mittel aller Optimisten zusammen seien auf insgesamt 2,5 Millionen Dollar begrenzt – sie können also höchstens 20 Häuser zu einem Preis von jeweils 125 000 Dollar kaufen. Da die Optimisten nicht alle Häuser kaufen können, muss der Hauspreis auf 100 000 Dollar fallen, um Pessimisten zum Kauf zu bewegen. Ohne Schulden ist der Preis aller Häuser jeweils 100 000 Dollar, 25 Häuser werden von Optimisten gekauft und die restlichen 75 Häuser von Pessimisten.

Wie wirkt es sich auf die Hauspreise aus, wenn Schulden eingeführt werden? Nehmen wir an, wir würden den Optimisten jetzt erlauben, sich bis zu 80 Prozent des Wertes eines Hauses zu leihen. Sie müssen also, wenn sie ein Haus kaufen wollen, nur 20 Prozent anzahlen, bevor sie den Kredit bekommen. Die Möglichkeit, sich Geld zu leihen, erhöht die Kaufkraft der Optimisten ganz enorm. Für jeden Dollar Eigenkapital, den sie einbringen, können sie sich vier Dollar leihen. Sie können also ihr Eigenkapital von 2,5 Millionen Dollar um den Faktor 5 emporhebeln und Häuser für bis zu 12,5 Millionen Dollar kaufen. Tatsächlich können die Optimisten jetzt mit der erhöhten Kaufkraft, die ihnen durch Verschuldung beschert wird, *alle* 100 Häuser auf dem Markt kaufen. Wenn wir Schulden zulassen, wird der Preis eines Hauses dadurch bestimmt, was die Optimisten zu zahlen bereit sind. Die Hauspreise schnellen sofort auf 125 000 Dollar pro Stück hoch, wenn Schulden eingeführt werden.[104]

In der Welt mit Schulden kaufen die Optimisten alle Häuser. Sie zahlen 20 Prozent, also 25 000 Dollar, für jedes Haus an, und leihen sich den Rest. Aber wer ist bereit, den Optimisten Geld zu leihen? Niemand wird sich von seinem sauer verdienten Geld trennen, wenn er nicht sicher sein kann, dass er es ohne Verlust zurückbekommen wird. Da es nur zwei Sorten Mensch in unserer Welt gibt, müssen die Pessimisten bereit sein, den Optimisten Geld zu leihen.

Werden sie das tun? Der Pessimist meint, ein Haus sei höchstens 100 000 Dollar wert, und daher glaubt er, der Optimist würde zu viel bezahlen. Aber er ist gern bereit, dem Optimisten 100 000 Dollar zu leihen, damit er das Haus für 125 000 Dollar kauft. Warum? Nun, der Pessimist hat das Haus als Sicherheit. Aus Sicht des Pessimisten wird der allzu zuversichtliche Optimist gezwungen sein, sich von seinem Eigenkapital zu verabschieden, sobald die Blase platzt und die Hauspreise auf ihren wahren Wert von 100 000 Dollar fallen. Aber der Pessimist weiß, dass sein Geld geschützt ist: Er hat ein Darlehen über 100 000 Dollar vergeben, und letztlich ist das Haus 100 000 Dollar wert.

In diesem einfachen Beispiel machen Schulden es möglich, dass Assetpreise steigen, weil sie die Optimisten in die Lage versetzen, die Marktpreise stärker zu beeinflussen. Ironischerweise sind es die Pessimisten, die – obwohl sie mit dem Wertansatz der Optimisten nicht einverstanden sind – das möglich machen. Ohne die Hilfe der Pessimisten wären die Optimisten nicht in der Lage, den Preis eines Hauses um 25 Prozent in die Höhe zu treiben. Dies ist eine wichtige Lektion, wenn es darum geht, nach dem Crash die Schuldigen zu finden. Wir sind nur allzu gern bereit, »unverantwortlichen Hauseigentümern«, die sich übernommen haben, um ein Haus zu kaufen, die Schuld in die Schuhe zu schieben. Aber der Immobilien-Kaufrausch wurde nur durch die aggressive Kreditvergabe der Banken ermöglicht.

In dem vorstehenden Beispiel steigen die Immobilienpreise durch Verschuldung, aber muss das unbedingt eine Blase sein? Wir bezeichnen die Menschen in unserer Wirtschaft entweder als Optimisten oder als Pessimisten. Ob die steigenden Hauspreise eine Blase darstellen, hängt davon ab, welche dieser beiden Gruppen recht hat. Wenn der Optimist richtig liegt, werden die Hauspreise auf dem erhöhten Niveau bleiben, und dann wird es kein Platzen irgendeiner Blase und keine Krise geben. Wenn allerdings die Pessimisten recht behalten, werden die Hauspreise nur vorübergehend steigen, und über kurz oder lang wird die Blase platzen.

Verschuldung fördert nicht nur das Entstehen von Blasen, sondern trägt auch dazu bei, sie länger aufrechtzuerhalten – zumindest eine Zeit lang –, weil sie sich auf die Erwartungen der Menschen auswirkt. Wenn Kredite leichter zu bekommen sind, bedeutet das, dass mehr Optimisten auf dem Markt mitspielen können, und zwar heute und *in der Zukunft*. Das stärkt die Überzeugung, dass es einen Dümmeren geben wird, der das Asset zu einem noch höheren Preis kaufen wird. Und die Party wird noch wilder. Man beachte, dass auch die »animalischen Instinkte« einen Platz in unserer Erklärung des Immobilienbooms haben, wenn auch zugleich die Verschuldung eine wichtige Rolle spielt. Die Optimisten in unserem Modell können als irrationale Käufer von Immobilien gesehen werden, da sie bereit sind, immer höhere Preise zu zahlen, weil sie glauben, dass die Immobilienpreise endlos immer weiter steigen werden. Insofern schließen sich die Verschuldungstheorie und die Animalische-Instinkte-Theorie nicht gegenseitig aus.

Aber der große Unterschied zwischen den beiden Theorien ist die Rolle von Verschuldung. Nach der Verschuldungstheorie kann die Blase nicht außer Kontrolle geraten – es sei denn, irrationale Optimisten können Kredite bekommen, um sie aufrechtzuerhalten. Außerdem könnten sogar *rationale* Spekulanten auf den Markt kommen, wenn sie glauben, dass die irrationalen Optimisten auch weiterhin Kredite bekommen können, während die Blase weiter wächst. Die Verschuldung spielt eine entscheidende Rolle. Diese Unterscheidung ist wichtig, weil gelegentlich argumentiert wird, die Verschuldung hätte kaum etwas mit der Immobilienpreisblase vor der Großen Rezession zu tun gehabt.[105]

Wer verleiht sein Geld in eine Blase hinein und warum?

Wie das vorstehende Beispiel zeigt, sind Kreditgeber nur bereit, Geld zu verleihen, weil sie davon überzeugt sind, dass ihr Geld sicher ist. Sie glauben, dass die zugrunde liegenden Sicherheiten sie schützen, und zwar auch dann, wenn die Immobilienpreise unweigerlich eines Tages wieder fallen. Verschuldung führt auch deswegen zum Entstehen von Blasen, weil sie Kreditgebern das sichere Gefühl gibt, es würde sie nicht treffen, falls die Blase platzt.

Aber was ist, wenn die Kreditgeber sich irren? Was ist, wenn auch sie diesem Risiko ausgesetzt sind? Die Antwort auf diese Frage hat sehr viel mit einem Phänomen zu tun, das Nicola Gennaioli, Andrei Shleifer und Robert Vishny als »vernachlässigte Risiken« bezeichnen.[106] Sie argumentieren, dass Ereignisse eintreten können, die überhaupt nicht erwartet werden, da Investoren das Risiko, dass sie passieren könnten, vernachlässigen. Im Kontext des Immobiliencrashs mögen viele Investoren das Risiko vernachlässigt haben, dass die Immobilienpreise um mehr als zehn Prozent fallen. Während der Finanzkrise mögen Menschen, die in Geldmarktfonds investierten, geglaubt haben, dass kein Fonds jemals den Einsatz antasten würde, also weniger zurückzahlen könnte als den Nennbetrag, der ursprünglich eingezahlt worden war.

Natürlich führen solche Vernachlässigungen dazu, dass Investoren systematisch Fehler machen und schlechte wirtschaftliche Entscheidungen treffen. Aber Gennaioli, Shleifer und Vishny zeigen, wie der Finanzsektor diese Vernachlässigungen verstärkt und so eine ausgewachsene finanzielle Katastrophe produziert. Ihre wichtigste Erkenntnis ist, dass die Banken gezielt Wertpapiere konstruieren, die nur für diese vernachlässigten Risiken anfällig sind. Mit anderen Worten: Die Instrumente, die Investoren verkauft werden, hängen in hohem Maße von dem vernachlässigten Risiko selbst ab. Wenn zum Beispiel die Investoren sich einreden, die Immobilienpreise im ganzen Land könnten nicht um zehn Prozent oder mehr fallen, dann werden die Banken Wertpapiere konstruieren, die ihren Wert in jedem Szenario behalten – *außer* in dem, dass die Immobilienpreise im ganzen Land um mindestens zehn Prozent fallen. Da diese Instrumente den Investoren als risikofrei erscheinen, werden sie in großen

Mengen aufgelegt. Diese große Ausweitung des Angebots an Wertpapieren, die risikofrei aussehen, wird dann eine Assetpreisblase antreiben, indem sie die Optimisten in die Lage versetzt, noch teurere Häuser zu kaufen. Wenn die Immobilienpreise dann tatsächlich um mehr als zehn Prozent fallen, ist das Ergebnis eine finanzielle Katastrophe.

Welche Art von Wertpapieren lässt sich am besten an Investoren verkaufen, die bestimmte Risiken vernachlässigen? Schuldverschreibungen. Solche Papiere haben die besondere Eigenschaft, Investoren davon zu überzeugen, dass sie ihr Geld in fast jedem nur denkbaren zukünftigen Szenario zurückbekommen. Ein Investor, der eine Schuldverschreibung kauft, ist davon überzeugt, dass seine Geldanlage sicher ist, unabhängig von dem zugrunde liegenden Asset, das er finanziert. Der Finanzsektor überzeugt Investoren, dass sie »supersichere« Schuldverschreibungen halten, selbst wenn eindeutig eine Assetpreisblase vorhanden ist. Das hilft uns zu verstehen, warum Kindleberger ein anderes, häufig auftretendes historisches Muster fand: Assetpreisblasen wurden häufig von Schuldverschreibungen angetrieben, die extrem sicher aussahen. Er drückte es so aus: »In vielen Fällen expandierte das Kreditvolumen, weil Surrogate für das entwickelt wurden, was vorher die traditionellen Geldmarktinstrumente gewesen waren.«[107] Die Kreditgeber waren davon überzeugt, dass die neuartigen Schuldinstrumente ebenso sicher seien wie Währungen, die durch Edelmetalle oder staatliche Garantien unterlegt sind.

Die These von den vernachlässigten Risiken kann uns noch etwas anderes lehren: Schuldinstrumente bringen Investoren dazu, sich auf einen sehr kleinen Ausschnitt der möglichen Entwicklungen zu konzentrieren. Darum neigen sie dazu, relevante Informationen zu ignorieren; unter Umständen sehen sie sogar über offensichtlichen Betrug hinweg. Nehmen wir zum Beispiel an, Investoren würden einem Unternehmen einen Kredit geben. Wenn sie davon überzeugt sind, dass ihr Darlehen zurückgezahlt wird, selbst wenn der Geschäftsführer Geld aus der Unternehmenskasse stiehlt, werden sie bereit sein, den Diebstahl zu ignorieren. Falls die

Investoren Aktionäre sind, also an den Unternehmensgewinnen beteiligt, sind sie sehr motiviert, den Diebstahl aufzudecken. Schuldinstrumente lassen Investoren glauben, sie müssten sich keine Sorgen über Betrügereien machen, weil ihr vorrangiger Anspruch auf das Asset sie schützt.

In einer Welt vernachlässigter Risiken sollte man finanziellen Innovationen mit einer gewissen Skepsis begegnen. Wenn Investoren systematisch die Möglichkeit bestimmter Entwicklungen ignorieren, könnten sogenannte finanzielle Innovationen lediglich eine geheime Umschreibung dafür sein, dass Banken versuchen, Investoren auf betrügerische Weise zu verleiten, Wertpapiere zu kaufen, die zwar sicher aussehen, tatsächlich jedoch extrem anfällig sind.

* * *

Ironie des Schicksals: Charles P. Kindleberger verstarb 2003 im Alter von 92 Jahren, als gerade der Hypothekendarlehen-Boom begann. Ein Jahr, bevor er starb, gab er dem *Wall Street Journal* ein Interview. Auf die Frage, welcher Markt ihm die größten Sorgen bereite, antwortete er: Immobilien. In dem Artikel heißt es: »Am meisten fasziniert ihn heute der Immobilienmarkt. Seit Wochen schneidet Mr. Kindleberger Meldungen aus Zeitungen aus, die auf eine Blase im Immobilienmarkt hindeuten – vor allem an der Westküste.« Er war sich noch nicht sicher, aber er hatte den Verdacht, dass es eine Immobilienblase gab. Er sah ein verräterisches Zeichen dafür: »Die Banken sind bereit, immer mehr Hypothekendarlehen zu vergeben, immer mehr und noch mehr«, sagte er. »Ich glaube, das ist eine gefährliche Entwicklung.«[108]

Teil III

Den Zyklus durchbrechen

9 Die Banken retten, dann rettet man die Wirtschaft?

Was sich auf dem spanischen Immobilienmarkt in den 2000er-Jahren abspielte, war noch atemberaubender als die Krise in den USA. In den ersten Jahren jenes Jahrzehnts stiegen die Immobilienpreise um 150 Prozent, während die Verschuldungsquote der privaten Haushalte sich verdoppelte. Als die Immobilienpreise abstürzten, wurde das Immobilien-Eigenkapital zahlreicher Hauseigentümer völlig vernichtet, wodurch ein Zyklus gehebelter Verluste in Gang gesetzt wurde, der noch schlimmer war als der in den Vereinigten Staaten. Die spanische Wirtschaft geriet ins Stocken, und die Arbeitslosigkeit stieg bis 2012 auf bis zu 25 Prozent. Die spanischen Hausbesitzer hatten noch größere Probleme als ihre Leidensgenossen in den USA. Wie in den Vereinigten Staaten wurde durch die fallenden Immobilienpreise viel Immobilien-Eigenkapital vernichtet und viele Hauseigentümer wurden aus ihren Häusern vertrieben. In Spanien schrieb jedoch ein Gesetz aus dem Jahre 1909 vor, dass Hauseigentümer für ihre Hypothekentilgungen haften mussten – und zwar auch, nachdem die Bank die Immobilie gepfändet hatte. Wenn ein Spanier aus seinem Haus zwangsgeräumt worden war, weil er seine Hypothek nicht mehr bedienen konnte, hatte er nicht die Möglichkeit, sich durch eine Privatinsolvenz von seinen Schulden zu befreien – er haftete nach wie vor für die gesamte Restschuld.[109] Außerdem verfolgten ihn die aufgelaufenen Strafgebühren und Zinsen sein Leben lang. Und Insolvenzverzeichnisse erschwerten es ihm, eine Wohnung anzumieten oder auch nur einen Mobilfunkvertrag zu bekommen.[110]

Wegen dieser Gesetze wurden spanische Haushalte durch ihre Hypothekenschulden auch noch belastet, *nachdem* sie aus ihren Häusern vertrieben worden waren. Suzanne Daley von der *New York Times* hat die Geschichte von Manolo Marban erzählt, der 2010 mit seinen Tilgungen in Verzug geriet und seiner Zwangsräumung entgegensah. Auch danach würde er nicht hoffen können, seine Hypothekenschulden von 140 000 Dollar erlassen zu bekommen: »›Ich werde den Rest meines Lebens für die Bank arbeiten‹, sagte Herr Marban mir kürzlich, während ihm die Tränen kamen. ›Ich werde niemals irgendetwas mein Eigen nennen können – nicht einmal ein Auto.‹«[111] Das tyrannische spanische Hypothekenrecht rief allgemeine Ablehnung und soziale Unruhen hervor. Schlosser und Polizeibeamte begannen sich zu weigern, bei von Banken angestrengten Zwangsräumungen säumiger Hauseigentümer mitzutun.[112] Im Jahr 2013 kündigten spanische Feuerwehrleute bei einer Demonstration in Katalonien an, sie würden in Zukunft nicht mehr bei Zwangsräumungen assistieren; sie hielten Plakate hoch, auf denen zu lesen war: »Rescatamos personas, no bancos« (»Wir retten Menschen, nicht Banken«).

Selbst Außenstehende erkannten die Härte des spanischen Hypothekenrechts an. Der Europäische Gerichtshof erließ 2013 ein Urteil, das Spanien auferlegte, es Hypothekenschuldnern zu erleichtern, einer Zwangsräumung durch Anfechtung belastender Hypothekenkonditionen vor Gericht zu entgehen.[113] Die Herausgeber des *Wall Street Journal* – die nicht gerade als linke Aktivisten für verschuldete Hauseigentümer bekannt sind – drängten Spanien, das Hypothekenrecht zu reformieren, um zu »verhindern, dass Hauseigentümer ewig verschuldet bleiben, nachdem sie zwangsweise geräumt wurden.«[114] Etliche Oppositionsparteien im spanischen Parlament versuchten, die Gesetzgebung zu reformieren, die Hypothekenverträge regelt – aber letzten Endes wurde nichts erreicht. Während wir diese Zeilen schreiben, bleibt das unerbittliche spanische Hypothekenrecht in Kraft, und Spanien hat eine sehr schwere Rezession durchgemacht, die man durchaus mit der Weltwirtschaftskrise in den Vereinigten Staaten vergleichen kann.

Warum wurde nicht mehr getan, um den spanischen Hauseigentümern zu helfen? Der Gesetzgeber in Spanien traf eine bewusste Entscheidung: Jeglicher Schuldenerlass für überschuldete Privathaushalte schadet den spanischen Banken und der Bankensektor muss so gut wie möglich geschützt werden. Wenn der Gesetzgeber es aber Hauseigentümern zum Beispiel leichter machen würde, ihre Schulden loszuwerden, indem sie ihre Immobilie aufgeben, dann würden viel mehr Spanier sich entscheiden, ihre Raten nicht mehr zu zahlen und ihr Haus zu räumen. Und dann würden die Banken auf unverkäuflichen Immobilien sitzen bleiben, statt Zinserträge aus Hypothekendarlehen einzunehmen, und das wiederum würde zu größeren Schäden für die Wirtschaft insgesamt führen. Der Leiter der Hypothekenabteilung der größten spanischen Immobilien-Website hat es ganz offen gesagt: »Wenn die Regierung hinsichtlich der Hypothekengesetze übertriebenen Reformeifer zeigt, dann schadet das den Banken. Das würde den Erfolg all der harten Arbeit gefährden, die bisher geleistet wurde, um den spanischen Bankensektor wieder gesunden zu lassen.«[115]

In ihrem Artikel für die *New York Times* berichtete Suzanne Daley: »Die Regierung von José Luis Rodríguez Zapatero war dagegen, ... dass insolvente Hypothekenschuldner ihre Schulden bei der Bank erlassen bekommen, wenn sie ihre Immobilie aufgeben. ... Regierungsfunktionäre sagen, dass Spaniens System der persönlichen Haftung die Banken des Landes vor dem Chaos bewahrt hat, das in den USA zu beobachten war.« In ihrem Artikel zitierte sie den Staatssekretär des spanischen Bauministeriums wie folgt: »Es stimmt, dass wir die Nachwirkungen eines riesigen Immobilienkaufrauschs durchleben. Und es stimmt, dass viel zu viele Spanier viel zu hohe Schulden haben. Aber wir haben nicht dieselben Probleme [im Bankensektor] wie die USA, weil hierzulande die Garantien sehr viel besser sind.«[116]

Dennoch reichte die extrem bevorzugte Behandlung der Banken nach dem spanischen Insolvenzrecht nicht aus, um den Bankensektor zu schützen. Die spanischen Banken gerieten immer mehr in Bedrängnis, als die Wirtschaft schrumpfte. Im Juli 2012 erhielt das spanische Bankensystem von den Ländern der Eurozone ein Rettungspaket von über 125 Milliarden Euro. Und tatsächlich musste der spanische Steuerzahler dafür geradestehen.[117]

Hat sich also die Politik, die Banken um jeden Preis zu schützen, ausgezahlt? Keineswegs. Fünf Jahre nach Ausbruch der Finanzkrise ist die Rezession in Spanien eine der schwersten weltweit. Wenn ein Schützen der Banken um jeden Preis die Wirtschaft hätte retten können, dann wäre Spanien eine spektakuläre Erfolgsgeschichte geworden.

Die Banken retten

Wenn dem Bankensektor erhebliche Verluste drohen, stellt sich Märkten und Politikern die unausweichliche Frage, wer diese Lasten tragen sollte. Die naheliegende Antwort ist, dass die Eigentümer der Bank – also ihre Aktionäre – solche Verluste übernehmen sollten. Denn immerhin haben sie bereitwillig die Bank finanziert und waren dafür verantwortlich, deren Investitionen zu managen. Wenn es um Banken geht, tritt allerdings schnell ein anderes Argument in den Vordergrund: Banken seien etwas Besonderes, so wird uns von Ökonomen, Regulierern und Politikern erzählt. Die Regierung tut alles, was in ihrer Macht steht, um das Bankensystem zu retten – und zwar häufig auf Kosten der Allgemeinheit.

Die Entwicklung in Spanien ist keineswegs ein Einzelfall. Sie wiederholte sich in bemerkenswert ähnlicher Weise in anderen europäischen Ländern und den Vereinigten Staaten während der Großen Rezession. Im Jahr 2008 reagierte der Comedian Jon Stewart auf die Rettung der Banken, indem er eine Frage stellte, die schon viele Amerikaner bewegt hatte: »Warum nimmt man nicht die 700 Milliarden Dollar und gibt sie direkt den Menschen – warum geben wir sie den Banken, die dieses Problem überhaupt erst verursacht haben?«[118] Warum sind die Banken also etwas so Besonderes? Warum muss man sie so unbedingt retten, koste es, was es wolle? Ein möglicher Grund ist politischer Art: Die Banken haben es sehr gut organisiert, ihre Interessen zu schützen. Bevor wir uns allerdings näher mit der politischen Erklärung beschäftigen, wollen wir zunächst die wirtschaftliche Begründung untersuchen. Dafür brauchen wir ein grundlegendes Verständnis der Geschäftstätigkeit einer Bank, die in vielerlei Hinsicht ungewöhnlich ist.

Eine normale Firma – zum Beispiel ein Möbelhersteller – hat eine ziemlich einfache Bilanz. Die *Vermögenswerte* oder Aktiva einer Möbelfirma sind die Geschäftsausstattung, Fabriken und Maschinen, die zum Einsatz kommen, um Möbel herzustellen. Eine Möbelfirma muss diese Werte mit dem Geld von Investoren kaufen. Einen Teil dieser Mittel erhält sie von Kreditoren (Gläubigern) als Darlehen (zum Beispiel über Anleihen). Der Rest kommt von Anteilseignern und wird Eigenkapital genannt. Zusammen bilden die Schulden und das Eigenkapital die *Verbindlichkeiten* oder Passiva der Möbelfirma. Ein solches Unternehmen verdient Erträge für seine Anteilseigner, indem es Möbel herstellt und verkauft und seine Schulden zurückzahlt. Das Geld, das übrig bleibt, stellt den Gewinn für die Anteilseigner dar.

Wenn eine Möbelfirma schlechte Ergebnisse erzielt, sinkt der Wert ihres Vermögens. Die Anteilseigner der Möbelfirma sind die Ersten, die Verluste erleiden. Wenn die Möbelfirma sehr schlechte Leistungen erbringt, müssen letztlich auch ihre Gläubiger Verluste tragen. Wenn es so weit kommt, geht die Firma bankrott. Dann ist es am Insolvenzrichter zu entscheiden, ob dem Unternehmen erlaubt werden sollte, seine Geschäftstätigkeit aufrechtzuerhalten. Falls ja, verlieren die alten Eigner ihre Anteile, und die notleidenden Darlehen der Gläubiger werden normalerweise in Eigentumsanteile umgewandelt, die weniger wert sind als die Ansprüche an die Firma, die sie vor der Insolvenz hatten. Die Gläubiger erleiden also ebenfalls Verluste, aber ihnen waren die Risiken, die sie eingingen, be-

wusst. Es ist nicht notwendig, dass der Staat eingreift oder der Steuerzahler Rettungspakete schnürt. Die Insolvenzordnung in den Vereinigten
Staaten funktioniert für Unternehmen außerhalb des Finanzsektors
sehr gut.

Die Vermögenswerte einer Bank sind dagegen keine Geschäftsausstattung oder Maschinen, sondern *Darlehen*. Wenn eine Bank ein Darlehen an einen Hauseigentümer vergibt, wird es als Vermögenswert oder
Aktivposten in ihre Bilanz aufgenommen. Der Wert eines Aktivpostens
der Bank ergibt sich also daraus, ob der Schuldner in der Lage ist, das
Darlehen zu tilgen. Wenn die Schuldner der Bank ihre Kredite nicht
mehr bedienen können, stürzt der Wert der Aktivseite der Bankbilanz
ab. Dann braucht die Bank, wie die Möbelfirma, Geld von Investoren,
um ihre Aktiva zu finanzieren – in diesem Fall, um Kredite vergeben zu
können.

Was eine Bank ungewöhnlich macht, ist die Art und Weise, wie sie zu
dem Geld auf der *Passiv*seite ihrer Bilanz kommt. Die größte Verbindlichkeit der meisten Banken sind Einlagen. Die meisten Einleger stellen sich
ihr Geld nicht als eine Investition in eine Bank vor – aber genau das ist es.
Es ist ein Darlehen an eine Bank, das jederzeit zurückgezogen werden
kann, eine sogenannte Sichteinlage. Die Bank verwahrt das Geld eines
Einlegers nicht im Tresor, sondern verwendet es, um auf der Aktivseite
ihrer Bilanz Kredite zu vergeben. Diese Kredite werden allmählich über
ihre Laufzeit zurückgezahlt, während Sichteinlagen sofort zurückgefordert werden können. Also macht es die Geschäftstätigkeit der Banken
notwendig, dass nicht alle Einleger gleichzeitig ihr Geld zurückfordern –
eine Tatsache, die in der in Kapitel 7 erwähnten Filmkomödie *Ist das Leben nicht schön?* als Drama dargestellt wird. Die restlichen Verbindlichkeiten der Bank bestehen aus Schulden, die keine Einlagen sind, und dem
Eigenkapital der Anteilseigner. Da die Anleger normalerweise versichert
sind und ihr Geld jederzeit zurückfordern können, werden diejenigen
Verbindlichkeiten einer Bank, die keine Einlagen sind, gegenüber Ein-

lagen als nachrangig betrachtet und als *nachrangige Verbindlichkeiten* bezeichnet. Das Eigenkapital der Anteilseigner ist der nachrangigste Anspruch und wird im Jargon der Banken als *Kapital* bezeichnet.

Nehmen wir an, dass viele Schuldner ihre Hypotheken nicht mehr bedienen können und dadurch der Wert der von der Bank ausgereichten Darlehen (ihrer Aktiva) stark einbricht. Dieser plötzliche Wertverlust wirkt sich zuerst auf das Eigenkapital der Anteilseigner aus. Wenn die Verluste so hoch sind, dass dieses Eigenkapital völlig vernichtet wird, dann tritt die Regierung auf den Plan, sie garantiert das Geld der Einleger und schließt die Bank. Die Einleger werden schadlos gehalten, aber Eigenkapital und nachrangige Ansprüche werden vernichtet.

Kreditgeber der letzten Instanz

Die wichtigste Rechtfertigung dafür, das Bankensystem zu schützen, beruht auf der Rolle der Einlagen im Zahlungssystem. Einlagen sind nicht nur eine Verbindlichkeit der Bank; sie sind außerdem ein Mittel, um Transaktionen in der Wirtschaft abzuschließen. Darüber hinaus können Einleger ihr Geld abheben, wann immer sie wollen. Wenn der Wert der Aktiva der Bank sinkt, werden vielleicht besorgte Anleger alle zugleich ihr Geld zurückfordern – und dann kommt es zu einem Bank Run. Ein Bank Run kann dazu führen, dass selbst eine an sich gesunde Bank untergeht. So könnte zum Beispiel selbst ein Mensch, der Einlagen in einer gesunden Bank hat, die Bank »stürmen«, falls er glaubt, dass andere Einleger in einer Panikreaktion ihr Geld abheben. Diese Dynamik ist gefährlich. Sie zwingt die Bank, Assets zu einem Preis unter ihrem Marktwert zu verkaufen. Sie kann auch dem Zahlungssystem eines Landes schaden, das auf Bankeinlagen angewiesen ist: Wenn jemand eine Überweisung macht, wird dieser Zahlungsauftrag ausgeführt, indem Einlagen von einer Bank an die andere übertragen werden. Wenn der Wert der Einlagen einer Bank infrage gestellt wird, kann das gesamte Zahlungssystem eines Landes zusammenbrechen.

Es ist eine allgemein anerkannte Regel der Bankenregulierung, dass in einer solchen Situation die Zentralbank als »Kreditgeber der letzten Instanz« (»lender of last resort«) einspringen muss, um einen Bank Run zu verhindern. Das kann sie tun, indem sie ausdrücklich Bankeinlagen garantiert, wie es zum Beispiel die Federal Deposit Insurance Corporation (FDIC) tut, oder indem sie Banken, die in eine Liquiditätsenge geraten sind, Mittel zur Verfügung stellt. Die sogenannte Bagehot-Regel, die nach dem britischen Journalisten Walter Bagehot benannt wurde, fordert, dass Zentralbanken solventen Banken unbegrenzt Mittel zur Verfügung stellen müssen, zu Strafzinsen und gegen gute Sicherheiten. Wenn eine solvente Bank mit einem Run konfrontiert ist, erhält sie Liquidität von der Zentralbank, um den Abfluss von Einlagen zu finanzieren. Falls die Bank insolvent ist – was bedeutet, dass der Wert ihrer Aktiva niedriger ist als der Wert ihrer Einlagen –, kann der Regulierer einschreiten und die Bank übernehmen, was genau die Aufgabe der FDIC ist. Natürlich kann schon die bloße Existenz eines Kreditgebers der letzten Instanz verhindern, dass Bank Runs überhaupt erst entstehen.

In dieser Funktion ergriff die Federal Reserve während der Großen Rezession extreme Maßnahmen. Sie senkte den Zinssatz, zu dem sich Banken von der Fed Geld leihen konnten, von 5,25 Prozent auf praktisch null. Die Banken konnten sich beliebig viel Geld leihen, und dies sogar kostenlos, solange sie Sicherheiten stellen konnten. Die Fed erweiterte auch die Definition der Gruppe von Banken, die sich Liquidität leihen konnte, und sie lockerte die Kriterien dafür, was als Sicherheit akzeptiert wurde. Eine ganze Buchstabensuppe neuer Programme wurde in die Wege geleitet: So gab es die 150 Milliarden Dollar schwere »Term Auction Facility« (TAF), die 50 Milliarden Dollar umfassenden Währungsswaps für ausländische Zentralbanken, die »Term Securities Lending Facility« (TSLF) in Höhe von 200 Milliarden Dollar, die »Primary Dealer Credit Facility« (PDCF) über 20 Milliarden Dollar, die 700 Milliarden Dollar schwere »Commercial Paper Funding Facility« (CPFF) und die »Term Asset-Backed Securities

Loan Facility« (TALF) im Wert von einer Billion Dollar.[119] Das größte und langfristigste Programm, das von der Fed eingeführt wurde, war das »Large-Scale Asset Purchase«-Programm (LSAP), das auch als »quantitative easing« (»quantitative Lockerung«) bekannt ist und bedeutet, dass die Fed langfristige Assets kauft, zum Beispiel Anleihen von staatlich geförderten Unternehmen (GSEs), hypothekenbesicherte Pfandbriefe (MBS) und lang laufende Anleihen von Banken. Das Programm hatte, welche Maßstäbe man auch anlegen will, einen gigantischen Umfang. Bis Mitte 2013 hatten diese Käufe der Fed deren Bilanz von etwa 800 Milliarden Dollar im Jahr 2007 auf atemberaubende 3,3 Billionen Dollar vergrößert.

In der Finanzkrise im Herbst 2008 gab es eine zusätzliche Komplikation, da die Banken sich mit sehr kurzfristigen Instrumenten finanziert hatten, die keine Einlagen waren. Eine großer Teil dieser kurzfristigen Liquidität stammte aus Geldmarktfonds, die nicht explizit durch die Federal Reserve oder die FDIC garantiert waren. Als die Investoren im September 2008 begannen, aus diesen Geldmarktfonds zu flüchten, schritt das Finanzministerium ein, um diese Fonds zu garantieren. Diese Blanko-Garantie beruhigte die Märkte sofort, was zeigt, dass die Regierung Runs im Finanzsektor durchaus verhindern kann und das auch tun sollte. Wir halten eine solche Politik für ratsam und angemessen, im Rahmen der Aufgabe, die Regierung und Zentralbank zukommt, lähmende Bank Runs zu verhindern.

Um Bank Runs zu verhindern, muss die Federal Reserve Liquidität bereitstellen, und im Fall der Geldmarktfonds im Herbst 2008 musste sogar das Finanzministerium Kredite zur Verfügung stellen. Aber solche Hilfsmaßnahmen sollten nicht als Bailout (»Rettungspaket«) betrachtet werden, denn solvente Banken werden dieses Geld zuzüglich Zinsen zurückzahlen. Und bei insolventen Banken werden die langfristigen Gläubiger und die Anteilseigner der Bank ihre Anlagen abschreiben müssen, wenn die Regierung sich angemessen verhält. Das führt uns zu der wichtigsten Lehre, die wir aus Unterstützungsmaßnahmen für Banken ziehen können: *Die Notwendigkeit, Runs zu verhindern und das Zahlungssystem intakt zu halten, liefert absolut keinen Grund, die langfristigen Gläubiger und die Anteilseigner von Banken zu schützen.*

Den Kreditfluss wieder in Gang setzen

Die Unterstützungsmaßnahmen für die Banken in den Vereinigten Staaten während der Großen Rezession gingen weit darüber hinaus, das Zahlungssystem zu schützen. Tatsächlich floss durch die Politik der Regierung Geld von den Steuerzahlern direkt zu den Gläubigern und Anteilseignern der Banken. Nach einer Schätzung von Pietro Veronesi und Luigi Zingales wurde durch Eigenkapitalinjektionen des Finanzministeriums im Herbst 2008 der Wert von Schulden und Eigenkapital der Banken um 130 Milliarden Dollar erhöht.[120] Bryan Kelly, Hanno Lustig und Stijn van Nieuwerburgh untersuchten die Optionen auf Bankaktien und -indices und stellten fest, dass »eine kollektive staatliche Garantie für den Finanzsektor« dazu beitrug, die Kurse von Bankaktien erheblich in die Höhe zu treiben.[121] Während also alle politischen Initiativen, die Hauseigentümern geholfen hätten, zu den Akten gelegt wurden, hielt die Regierung die Gläubiger und Anteilseigner von Banken mit Steuergeldern schadlos. Aber warum?

Präsident George W. Bush erklärte in seiner Rede an die Nation am 24. September 2008 ausdrücklich die Gründe dafür.[122] Er hielt ein leidenschaftliches Plädoyer für die Gesetzesvorlage der Regierung zur Bankenrettung, die, so versicherte er, »den Banken Luft verschaffen wird, um den Kreditfluss an amerikanische Familien und Unternehmen wieder in Gang zu setzen, und das wird unserer Wirtschaft wachsen helfen«. Die Kreditklemmen-Theorie geht darüber hinaus, nur die Einleger und das Zahlungssystem schützen zu wollen – sie fordert, dass auch die Gläubiger und Anteilseigner der Banken geschützt werden müssen, um sicherzustellen, dass die Banken wieder Kredite vergeben.

Wenn Ihnen dieses Argument etwas seltsam vorkommt, dann durchaus zu Recht. Das fundamentale Geschäft einer Bank besteht darin, Geld zu verleihen, ganz so, wie es der fundamentale Geschäftszweck einer Möbelfirma ist, Möbel zu verkaufen. Kaum ein Ökonom meint, die Regierung solle den Verkauf minderwertiger Möbel fördern, indem sie auf den Plan tritt, um die Gläubiger und Anteilseigner einer schwächelnden Möbelfirma zu schützen. Wenn sich also Banken dazu versteigen, riskante Kredite zu vergeben, warum sollte dann die Regierung einschreiten, um inkompetente Bankmanager sowie deren Gläubiger und Anteilseigner zu schützen?

Das ökonomische Argument für solche staatlichen Schutzmaßnahmen lautet, dass die Banken eine sehr spezielle Dienstleistung erbringen, die nur schwer von irgendeiner anderen Institution geleistet werden kann. Schon lange bevor er Präsident der Federal Reserve worden war, vertrat Ben Bernanke in seiner Analyse der Weltwirtschaftskrise diese Auffassung sehr entschieden. Seiner Ansicht nach »erfordert die Funktion des Intermediärs zwischen manchen Kategorien von Kreditnehmern und Kreditgebern gewisse nichttriviale Dienstleistungen wie Marketmaking und Zusammentragen von Informationen.« Und weiter: »Die Verwerfungen in den Jahren 1930 bis 1933 reduzierten die Effektivität des Finanzsektors insgesamt beim Erbringen solcher Dienstleistungen.« Anders ausgedrückt: Laut Bernanke hat das Versagen von Banken dazu geführt, dass die Kreditvergabe einbrach, was wiederum die Weltwirtschaftskrise befeuert hat.[123]

Man beachte den Unterschied zwischen den zwei verschiedenen Argumenten, die dafür ins Feld geführt werden, das Bankensystem zu stützen. Laut dem ersten Argument müssen die Einleger und das Zahlungssystem geschützt werden, was keine Hilfen für die langfristigen Gläubiger oder die Anteilseigner der Banken notwendig macht. Tatsächlich ist es möglich, die Anlagen von Anteilseignern und langfristigen Gläubiger vollständig abzuschreiben und gleichzeitig die Funktionsfähigkeit des Zahlungssystems zu erhalten. Die FDIC hat das in zahlreichen Fällen so gemacht. Aber nach dem zweiten Argument müssen die Gläubiger und

Anteilseigner der Banken geschützt werden, weil die Banken als einzige die Fähigkeit haben, Kredite zu vergeben.

Wurde die Große Rezession durch Austrocknen der Kreditvergabe verursacht?

Nach der Theorie, die einbrechende Kreditvergabe durch die Banken habe die Große Rezession verursacht, müsste die Wirtschaft wieder auf die Beine kommen, wenn wir nur die Banken dazu bringen könnten, wieder mehr Kredite zu vergeben. Die Ursache einer schweren Rezession ist demnach kein massives Einbrechen der Konsumausgaben der Haushalte, vielmehr bräuchten die Unternehmen und Haushalte lediglich mehr Kredite, um die Krise durchzustehen. Das ist ungefähr so, als wolle man einen schweren Kater bekämpfen, indem man ausgiebig weitertrinkt. Mehr Schulden sind nicht der richtige Weg, um eine Rezession zu überwinden, die durch exzessive Verschuldung verursacht wurde. Glauben wir wirklich, dass die Haushalte und Unternehmen verzweifelt mehr Geld leihen wollen, wenn die gesamte Wirtschaft um sie herum zusammenbricht?

Daten aus einer Umfrage der National Federation of Independent Businesses (NFIB, »Nationaler Verband unabhängiger Unternehmen«) können helfen, diese Frage zu beantworten.[124] Verfechter der Kreditklemmen-Theorie haben vor allem die Kreditvergabe an Kleinunternehmen im Blick. Da kleine Firmen in hohem Maß von Bankkrediten abhingen, seien sie von einer Kreditklemme besonders betroffen. Große Unternehmen könnten dagegen Anleihen verkaufen oder sich über den Geldmarkt Kreditmittel besorgen. Die NFIB-Umfrage ist aufschlussreich, weil genau die kleinen Unternehmen befragt wurden, die besonders anfällig sind, wenn sie keine Bankkredite bekommen können. Bei dieser Umfrage wurden Kleinunternehmen gebeten, ihre größte Sorge zu nennen, wobei »schlechte Verkaufszahlen«, »Regulierung und Steuern« sowie »Finanzierung und Zinssätze« einige der möglichen Antworten waren. Der Anteil der befragten Unternehmen, die »Finanzierung und Zinssätze« als ihre größte Sorge nannten, stieg *während der gesamten Finanzkrise* nie über fünf Prozent – tatsächlich ging dieser Prozentsatz von 2007 bis 2009 sogar zurück. Es fällt schwer, diese Tatsache mit der Auffassung in Einklang zu bringen, dass kleine Unternehmen verzweifelt versucht hätten, Bankkredite zu bekommen. Andererseits nahm der Anteil an Kleinunternehmen, die »schlechte Verkaufszahlen« als ihre größte Sorge nannten, sprunghaft zu, von zehn Prozent auf fast 35 Prozent. Da die verschuldeten privaten Haushalte ihre Konsumausgaben stark einschränkten, verzeichneten die Unternehmen ein massives Einbrechen ihrer Verkaufszahlen. Darüber hinaus waren die Regionen, in denen schlechte Verkaufszahlen die größte Sorge war, auch genau die Gegenden, in denen das Nettovermögen der Haushalte am stärksten schrumpfte.[125]

Wir haben auch untersucht, ob die Kreditklemmen-Theorie die zunehmende Arbeitslosigkeit erklären kann. Wie in Kapitel 5 erwähnt, gingen in den Bezirken mit den größten Verlusten an Nettovermögen der Haushalte wesentlich mehr Arbeitsplätze in solchen Branchen verloren, die der örtlichen Konsumnachfrage dienten. Wäre eine Kreditklemme das Problem gewesen, dann würde man erwarten, dass hauptsächlich *kleine Unternehmen*, die auf Bankkredite angewiesen waren, von solchen Verlusten betroffen gewesen wären – tatsächlich haben aber wir das genaue Gegenteil gefunden: Es waren die *größten Unternehmen*, die in diesen schwer getroffenen Bezirken die meisten Mitarbeiter entließen. Diese Beobachtung passt zu der These, dass die Unternehmen eher auf nachlassende Konsumentennachfrage reagierten statt auf Schwierigkeiten, Bankkredite zu bekommen.[126]

Das wahre Bild der Arbeitslosigkeit während der Großen Rezession ist nicht etwa das eines kleinen Tante-Emma-Ladens, der Mitarbeiter entlässt, weil er keinen Bankkredit bekommen kann; vielmehr ist es das Bild einer großen Einzelhandelskette wie Target, die Beschäftigte entlässt, weil die verschuldeten privaten Haushalte aufgehört haben, in den Laden zu kommen und zu konsumieren. Kathleen Kahle und Rene Stulz, die im Auftrag öffentlich-rechtlicher Körperschaften die umfassendste Untersuchung der Kreditklemmen-Theorie durchgeführt haben, liefern weitere Daten, die diese Theorie widerlegen. Sie haben gezeigt, dass die meisten Unternehmen große Bestände an Cash in ihren Bilanzen ansammelten und dass sie diese Praxis auch im weiteren Verlauf der Großen Rezession fortsetzten. Falls tatsächlich manche Unternehmen nicht frei agieren konnten, weil sie hervorragende Investitionsvorhaben hatten, aber keine Bankkredite bekommen konnten, dann würde man erwarten, dass diese Firmen ihre hohen Cash-Bestände verwendet hätten, um zu investieren. Stattdessen stellten Kahle und Stulz fest, dass sie genau das Gegenteil taten. Daraus zogen sie den Schluss, dass die Kreditklemmen-Theorie »wichtige Aspekte der Finanz- und Investitionsentscheidungen von Industrieunternehmen nicht erklären kann«.[127]

Auch in der Gesamtschau widerlegen die vorliegenden Daten die Kreditklemmen-Theorie. Eines der Kriterien für Stress im Bankensystem ist der Spread zwischen den Zinsen, die auf kurzfristige Geldmarktpapiere gezahlt werden und den Zinsen, die kurzfristige Schatzwechsel der US-Regierung abwerfen. Der Zinssatz auf kurzfristige Geldmarktpapiere ist der Preis, den eine Bank zahlt, wenn sie kurzfristige Kreditmittel aufnimmt. Der Zinssatz auf kurzfristige Schatzwechsel ist der Preis, den der Staat entsprechend dafür zahlt. Wenn das Bankensystem ernsthaft bedroht ist, kann der Preis für Geldmarktpapiere deutlich höher liegen als der Preis für Schatzwechsel.

Im Herbst 2008 schoss der Spread zwischen Geldmarktpapieren und Schatzwechseln in die Höhe. Die höheren Finanzierungskosten der Banken hätten mit Sicherheit höhere Kreditkosten für Unternehmen, die investieren wollten, nach sich gezogen. Aber die oben erwähnten, aggressiven Interventionen des Finanzministeriums und der Federal Reserve dämpften den Ausreißer bei den Finanzierungskosten für Banken sehr schnell. Schon Ende Dezember 2008 verschwand der abnorm hohe Spread zwischen Geldmarktpapieren und Schatzwechseln völlig. Es gelang der Federal Reserve und der US-Regierung, den Run erfolgreich zu verhindern, was auch im Hinblick auf das Bankensystem genau ihre Aufgabe ist. Es gibt einfach keine Belege dafür, dass das Bankensystem über 2008 hinaus ernsthaft unter Stress gestanden hätte.

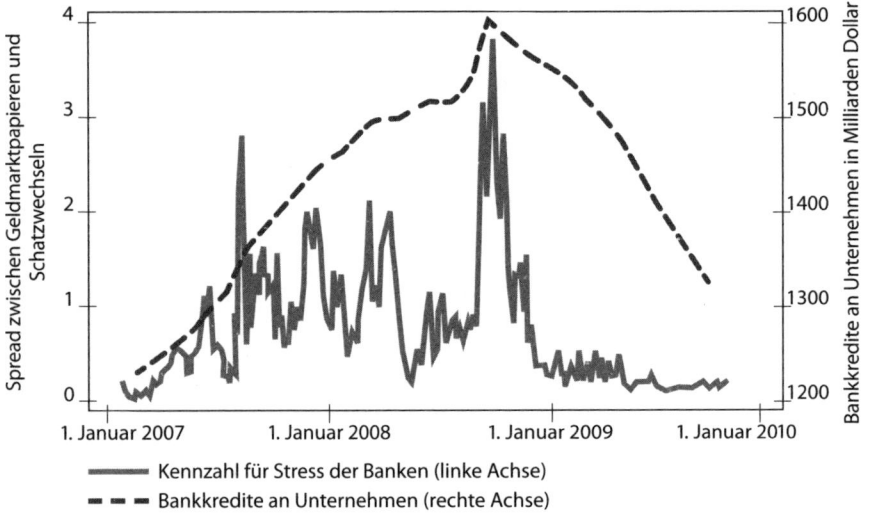

Abb. 9.1: Stress im Bankensystem und Kreditvergabe durch die Banken

Obwohl das Bankensystem also kaum unter Stress stand, brach 2009 und 2010 die Kreditvergabe durch die Banken ein. Dieser Umstand ist eher vereinbar mit der These, dass die Kreditvergabe der Banken austrocknete, weil die Unternehmen keine weiteren Kredite haben wollten – also genau das, was zu erwarten wäre, falls die Firmen unter massiv zurückgehenden Verkaufszahlen litten. Abbildung 9.1 zeigt die Beziehung zwischen Stress im Bankensystem und Kreditvergabe durch die Banken. Wenn überhaupt ein Zusammenhang besteht, dann haben die Banken auf dem Höhepunkt der Finanzkrise tatsächlich *mehr* Kredite vergeben, weil die Unternehmen ihre Kreditlinien ausschöpften. War eine steile Zunahme der Kreditvergabe zu beobachten, als die Banken wieder sicher waren?

Keineswegs – vielmehr kollabierte 2009 und 2010 die Kreditvergabe durch die Banken.

Wie wir weiter oben gezeigt haben, brach außerdem im Jahr 2009 die Beschäftigung ein, und der Konsum blieb sogar bis ins Jahr 2011 hinein sehr schwach. Die anhaltende Schwäche der Wirtschaft, selbst nachdem die Banken gerettet worden waren, steht im Widerspruch zur Kreditklemmen-Theorie. Es gibt keinerlei Hinweise darauf, dass die Banken nach 2008 unter wie auch immer geartetem Stress standen – aber die Wirtschaft litt trotzdem.

Der Macht der Kreditklemmen-Theorie

Warum war die Kreditklemmen-Theorie so einflussreich, obwohl es doch so viele Belege gibt, die ihr widersprechen? Die zynischste Antwort ist, dass der Finanzsektor enorme politische Macht ausübt, und zweifellos gibt es Belege, die diese Sicht der Dinge stützen. Bei einer gemeinsam mit Francesco Trebbi durchgeführten Studie haben wir festgestellt, dass jene Kongressabgeordnete, die Wahlkampfspenden von Unternehmen des Finanzsektors erhalten hatten, eher für das Bankenrettungsgesetz stimmten. Dies war mehr als nur eine Korrelation; so haben wir zum Beispiel gezeigt, dass Abgeordnete, die aus Altersgründen kurz vor dem Ausscheiden aus dem Kongress standen, weniger empfänglich auf solche Wahlkampfspenden reagierten als solche, die wiedergewählt werden wollten. Einige Abgeordnete, die dringend Spenden für ihren Wahlkampf brauchten, haben sich eindeutig von der Finanzindustrie kaufen lassen.[128]

Aber wir sind der Meinung, dass auch ein Versagen der Ökonomen vorliegt, was einer der Hauptgründe ist, warum wir beschlossen haben, dieses Buch zu schreiben. Die Kreditklemmen-Theorie genießt enorme Unterstützung unter einigen Vertretern unserer Zunft, und diese haben ihren Teil dazu beigetragen, sie während schwerer Rezessionen in die öffentliche politische Diskussion zu bringen. Und so konzentriert sich der

gesamte Diskurs auf die Bankenkrise, und Lösungsansätze für die Schuldenkrise der privaten Haushalte werden ignoriert.

Adam Davidson, Chefredakteur des Wirtschaftsblogs *Planet Money*,
der von NPR (National Public Radio, einem losen Verbund nicht kom-
merzieller Hörfunksender) produziert wird, ist ein brillanter Journalist,
der einige der besten Reportagen über die Finanzkrise verfasst hat. In
einem Gespräch mit Senatorin Elizabeth Warren im Mai 2009 (die damals Mitglied des TARP-Aufsichtsausschusses war) brachte Davidson
seine Meinung über die unter Ökonomen dominierende Sicht zum Ausdruck:

> Die grundlegende Notwendigkeit der Kreditvermittlung durch Ban-
> ken wird von jedem Ökonomen, der sich ernsthaft mit diesem Thema
> beschäftigt hat, akzeptiert. Dagegen entspricht die Sicht – von der Sie
> zutiefst überzeugt sind –, dass die amerikanische Familie mit voller
> Wucht attackiert wird, … nicht der allgemein anerkannten Weisheit.
> Ich spreche sehr, sehr, sehr viel mit linken, rechten, neutralen Ökono-
> men, und Sie sind die einzige Person, mit der ich im Laufe eines gan-
> zen Jahres der Berichterstattung über diese Krise gesprochen habe, die
> der Meinung ist, dass wir es tatsächlich mit zwei schweren Krisen zu
> tun haben: einer Finanzkrise und einer Schuldenkrise der Haushalte,
> die ebenso gefährlich ist. Ich weiß wirklich nicht, mit wem ich sonst
> noch sprechen kann, um diese Sicht zu stützen. Ich kenne buchstäb-
> lich niemanden außer Ihnen, der ebenfalls dieser Meinung ist [unsere
> Hervorhebung].[129]

Davidson ist ein Top-Wirtschaftsjournalist, der ernsthafte Diskussionen
mit zahlreichen Ökonomen geführt hat, und er kannte keinen einzigen
anderen Experten, der vertreten hätte, was ein kurzer Blick auf die Daten
zeigt – dass nämlich die hohe Verschuldung der privaten Haushalte die
treibende Kraft hinter dem dramatischen Einbruch der Konsumausga-

ben ebendieser Haushalte war. Dies ist ein Versagen der ökonomischen Zunft.

Selbst in der Rückschau hält sich die intellektuelle Unterstützung für die Kreditklemmen-Theorie ausgesprochen hartnäckig. So ist zum Beispiel eines unserer zentralen Argumente der Unterschied zwischen den wirtschaftlichen Folgen des Technologiecrashs im Jahr 2000 und des Immobiliencrashs im Jahr 2007. Wie in Kapitel 3 besprochen ist der Hauptgrund, warum der Immobiliencrash um so viel schlimmer war, der, dass die marginale Konsumneigung aus dem Verlust von Immobilienvermögen wesentlich höher ist – Immobilienvermögen ist ein gehebeltes Asset im Besitz von Haushalten mit niedrigerem Nettovermögen. Die höhere MPC verschuldeter Hauseigentümer ist entscheidend, um zu verstehen, warum der Immobiliencrash um so viel schlimmer war als der Technologiecrash.

Im April 2013 wurde Ben Bernanke gefragt, wie sich die Makroökonomie als Reaktion auf die Große Rezession verändern sollte.[130] Um diese Frage zu beantworten, wies Bernanke auf genau diesen Umstand hin, dass nämlich der Immobiliencrash um so viel schlimmer gewesen sei als der Technologiecrash. Aber welche Lehre zog er daraus? »Also, der Grund, warum er schädlicher war, ist natürlich, wie wir heute wissen, dass das Kreditvermittlungssystem, das Finanzsystem, die Geldinstitute, die Märkte viel anfälliger waren für Rückgänge der Immobilienpreise und deren Auswirkungen auf Hypotheken und so weiter, als sie für den Rückgang der Aktienkurse waren.« Und weiter: »Es war im Wesentlichen die Zerstörung der Fähigkeit des Finanzsystems, Kredite zu vermitteln, die der Grund dafür war, dass die zweite Rezession um so viel schwerer ausfiel als die erste.« Mit keinem Wort erwähnte er, dass der Immobiliencrash deswegen schlimmer war, weil davon Hauseigentümer mit niedrigem Nettovermögen direkt betroffen waren. Wir haben großen Respekt für Chairman Bernanke und sein gekonntes Führen der Federal Reserve während einer der schwierigsten Phasen in der Geschichte unseres Landes, aber selbst er glaubte weiterhin daran, dass eine Beeinträchtigung der Fähigkeit der Banken, Kredite zu vergeben, der Hauptgrund für die Große Rezession war. Wie wir in diesem Buch gezeigt haben, sagen die Fakten etwas anderes.

Wenn eine Finanzkrise ausbricht, müssen Gesetzgeber und Regulatoren die Probleme im Bankensystem anpacken. Sie müssen sich darauf konzentrieren, Bank Runs zu verhindern und die Liquidität zu sichern. Aber die politischen Entscheidungsträger sind weit darüber hinausgegangen und haben gehandelt, als sei das einzige politische Ziel, die Investitionen von Gläubigern und Anteilseignern der Banken zu schützen. Die Kreditklemmen-Theorie hat eine solche Macht erlangt, dass Initiativen mit dem Ziel, notleidenden Hauseigentümern zu helfen, sofort negativ gesehen werden. Das ist nicht akzeptabel. Der wichtigste Antreiber schwerer Rezessionen ist der dramatische Vermögensverlust von verschuldeten Hauseigentümern. Man kann die Wirtschaft nicht dadurch retten, dass man die Banken rettet. Vielmehr würde es die Banken retten, wenn man die Wirtschaft in Schwung brächte, indem man das durch gehebelte Verluste entstandene Problem direkt anpackt.

Wir glauben keineswegs, dass die Banken unwichtig sind. Wir haben sogar in einer Studie, die wir vor der Großen Rezession durchführten, festgestellt, dass die Banken eine entscheidende Rolle beim Vermitteln von Krediten spielen. Der wirtschaftliche Abschwung in der Hochphase der Finanzkrise war zum Teil die Folge von Problemen im Bankensektor. Aber die Kreditklemmen-Theorie hat eine solche Macht gewonnen, dass sie zahlreiche Anstrengungen zunichte gemacht hat, die hätten helfen können, die erdrückenden Schuldenlasten der privaten Haushalte, von denen die Große Rezession getrieben wurde, zu reduzieren. Die politischen Entscheidungsträger haben Hilfen für verschuldete Haushalte stets als Nullsummenspiel gesehen: Verschuldeten Hauseigentümern zu helfen, würde bedeuten, den Banken zu schaden, und den Banken zu schaden, sei das Schlimmste, was der Wirtschaft passieren kann.

Die Immobilienpolitik der Obama-Regierung wurde durch striktes Befolgen der Kreditklemmen-Theorie erheblich behindert. Clea Benson hat für Bloomberg über Präsident Obamas Ansatz für die Immobilienpolitik berichtet und kam zu dem Schluss, dass »seine Pläne zwar zum Teil durch die schwache Erholung der US-Wirtschaft untergraben wurden, aber auch breit und aggressiv angelegte Maßnahmen vermissen ließen. Die Stützungsprogramme haben lediglich an den Rändern des Immobilienfinanzierungssystems herumgedoktert, *weil Obamas Berater sich schon früh entschieden hatten, kein politisches Kapital dadurch zu verspielen, dass man die Banken zwingt, Hypothekenschulden zu erlassen*« (unsere Hervorhebung).[131]

Das gleiche Bild zeichnet sich in Kristin Roberts' und Stacy Kapers umfangreichem Bericht über die Immobilienpolitik ab, die in dem politischen Wochenmagazin *National Journal* erschien. Von den ersten Tagen der Obama-Regierung an sei es ein Grundsatz der Immobilienpolitik gewesen, so schrieben sie, dass »die Regierung die Banken nicht zwingen würde, die Konditionen existierender Darlehen zu modifizieren, und dass eventuelle Änderungen der Konditionen für Hypothekendarlehen auch für Investoren funktionieren müsste, nicht nur für Hauseigentümer«. Mitglieder der Regierung »wurden immer wieder von dem zutiefst empfundenen Drang motiviert, den Banken zu helfen, die nach wie vor darum kämpften, sich aus der Finanzkrise herauszuarbeiten, und die Verluste einzudämmen, mit denen Kreditgeber und Anleiheninvestoren konfrontiert waren«.[132]

Es ist kontraproduktiv, von Gläubigern und Anteilseignern der Banken mit Steuergeldern Schaden abzuwenden, wie es die Kreditklemmen-Theorie fordert, während man das Schuldenproblem der privaten Haushalte ignoriert. Man muss daran denken, dass der Konsumrückgang von der Verschuldung von Hauseigentümern mit geringem Nettovermögen getrieben wird. Die Gläubiger und Anteilseigner der Banken bilden die reichsten Haushalte der Wirtschaft. Ein Bailout von Gläubigern und

Anteilseignern der Banken stellt wertvolle Steuermittel einer Gruppe zur Verfügung, die eine sehr geringe marginale Konsumneigung hat. Die Kreditklemmen-Theorie befürwortet Geschenke aus Steuermitteln an genau die Haushalte, die solche Hilfen am wenigsten brauchen.

Der wahre Grund, warum die Banken leiden, liegt darin, dass die Rezession von einem Einbruch der Konsumausgaben der privaten Haushalte verursacht wurde. Wenn wir die Banken retten wollen, wäre es der bessere Ansatz, das Problem der Verschuldung der privaten Haushalte direkt in Angriff zu nehmen.

10 Schuldenerlass

Rick Santelli ließ keinen Zweifel an seiner Meinung darüber, ob verschuldeten Hauseigentümern geholfen werden sollte. Der CNBC-Reporter machte sich im Februar 2009, als die designierte Obama-Regierung gerade ihre Arbeit aufnahm, auf dem Handelsparkett des Chicago Board of Trade mit einer wütenden Schimpfkanonade Luft. »Wie wär's«, fragte er den neuen Präsidenten, »warum richten Sie nicht eine Website ein, auf der die Leute darüber abstimmen können, ob sie wirklich die Hypotheken von Verlierern subventionieren wollen?« Er drehte sich zu den Tradern auf dem Parkett um und fragte: »Wie viele von euch wollen für die Hypothek eures Nachbarn zahlen, der ein Extra-Badezimmer hat, aber seine Rechnungen nicht bezahlen kann? Hebt die Hand!« Es waren laute Buhrufe zu hören. Ein Trader antwortete: »Es ist ein ›moral hazard‹! « Santellis Tirade traf einen Nerv; es wird spekuliert, dass sie bei der Gründung der Tea-Party-Bewegung, die den Wahlkampf vor den Zwischenwahlen 2010 beherrschte, eine wichtige Rolle spielte. Die Amerikaner waren empört darüber, dass ihren verantwortungslosen Nachbarn geholfen werden sollte.[133]

Die traurige Wahrheit ist, dass zu dem Zeitpunkt, als Santelli seine Rede hielt, kaum ein Hauseigentümer seine Schulden erlassen bekommen hatte. Und auch später erhielten sie keinen Bailout. Trotz des größten Immobiliencrashs in der Geschichte der Vereinigten Staaten nach der Weltwirtschaftskrise blieben verschuldete Hauseigentümer sich selbst überlassen und erhielten nur minimale staatliche Hilfen, wenn sie ihre Schuldenlast nicht mehr tragen konnten.

Einen ersten Versuch, verschuldeten Hauseigentümern zu helfen, gab es im Sommer 2008, als der US-Kongress den American Housing Rescue and Foreclosure Prevention Act (etwa: »Amerikanisches Gesetz zur Rettung von Wohnraum und zur Verhinderung von Zwangsvollstreckungen«) verabschiedete. Durch dieses Gesetz wurden der Federal Housing Administration (Wohnungsbauministerium) 300 Milliarden Dollar zur Verfügung gestellt, um den Privatsektor dazu zu bewegen, den Nennbetrag von Hypothekendarlehen zu reduzieren. Das Gesetz sollte 400 000 Hauseigentümern helfen, einer Zwangsvollstreckung zu entkommen. Bis Dezember 2008 gingen nur 312 entsprechende Anträge ein; keine der zur Verfügung stehenden Gelder wurden ausgegeben. Der Minister für Wohnraum, Bau und Stadtentwicklung Steve Preston machte allein den Kongress dafür verantwortlich, weil er ein schlecht aufgebautes Gesetz verabschiedet habe; er bezeichnete das Gesetz als Misserfolg.[134]

Während der Verhandlungen über den Emergency Economic Stabilization Act (»Notgesetz zur Stabilisierung der Wirtschaft«) im September 2008 forderten viele Abgeordnete, die TARP-Mittel zu verwenden, um nicht nur den Banken, sondern auch den Hauseigentümern zu helfen. Aufgrund des daraufhin beschlossenen Gesetzes wurde eine Reihe von Hilfsprogrammen aufgelegt, um die Schuldenlast der Haushalte zu reduzieren, darunter auch das Home Affordable Modification Program (HAMP; etwa: »Heim-Erschwinglichmachungs-Modifikationsprogramm«). Es sollte drei bis vier Millionen gefährdeten Hauseigentümern helfen, einer Zwangsvollstreckung dadurch zu entgehen, dass sie bessere Konditionen für ihre Hypothekendarlehen erhielten. Fünf Jahre später hatte das Programm lediglich 860 000 permanente Modifikationen bewirkt.[135]

Die Summe der TARP-Mittel, die tatsächlich ausgegeben wurden, um die Schuldenlast der privaten Haushalte zu reduzieren, war winzig im Vergleich zu den Rettungspaketen für Banken. Der Bericht des Special Inspector General für TARP zeigte, dass das Finanzministerium im ersten Quartal 2013 weniger als zwei Prozent der TARP-Mittel für Hauseigentümer-Hilfsprogramme ausgegeben hatte, aber 75 Prozent, um Finanzinstitute zu retten. In diesem sogenannten SIGTARP-Report wurde darauf hingewiesen, dass eine einzelne Bank – die PNC Financial Services Group – ebenso viele Hilfen erhalten hatte wie *sämtliche* Hauseigentümer im gesamten Land zusammen. Der SIGTARP-Bericht betonte die Diskrepanz zwischen der Behandlung von Banken und von verschuldeten Hauseigentümern: »Für die größten Finanzinstitute zog das Finanzministerium alle Register, und für die Hauseigentümer muss es das Gleiche tun.«[136]

Sogar Mitglieder der Obama-Regierung zeigten sich frustriert, weil sie nicht mehr für die Hauseigentümer und gegen die Verschuldung der privaten Haushalte taten. Lawrence Summers, Präsident Obamas mächtiger Top-Wirtschaftsberater, räumte 2012 ein: »Wenn wir überhaupt einen gravierenden Fehler gemacht haben, dann wahrscheinlich in Bezug auf die Probleme im Immobilienmarkt.« Der ehemalige Budgetdirektor Peter Orszag hat gesagt, es sei »ein großer politischer Fehler« gewesen, sich nicht um die Probleme im Immobilienmarkt zu kümmern. Im Jahr 2012 hat Christina Romer, die frühere Vorsitzende des Council of Economic Advisers (»Sachverständigenrat zur wirtschaftlichen Entwicklung«), gesagt, es müssten größere Anstrengungen unternommen werden, um die Restschulden der Hypothekendarlehen überschuldeter Hauseigentümer zu reduzieren.[137] Der im *National Journal* erschienene Bericht von Kristin Roberts und Stacy Kaper über die Immobilienpolitik der Obama-Regierung ließ an Deutlichkeit nichts zu wünschen übrig: Die Autorinnen nannten die Reaktion der Regierung auf die Immobilienkrise »zaghaft, halbherzig und voller Widersprüche.... Diese Politik war katastrophal und brachte kaum etwas für die Märkte, die sich im freien Fall befanden, und für die Millionen von Amerikanern, die nach wie vor überschuldet und durch Zwangsvollstreckungen bedroht waren.« Und weiter: »Obwohl die Bundesregierung Unsummen dafür ausgab, die Verluste einzudämmen, die der Finanzsektor, die Automobilindustrie und die Verwaltungsbehörden von Bundesstaaten und Kommunen erlitten, gab es keine Hilfen für notleidende Hauseigentümer. ... Ihr Rettungspaket kam nie an.«[138]

Ökonomische Begründungen für staatliche Interventionen

Um staatliche Interventionen zu rechtfertigen, greifen Ökonomen gern auf die These vom *Marktversagen* zurück. Während der Weltwirtschaftskrise gab es sehr eindeutige Fälle von Marktversagen, die es rechtfertigten, das Umstrukturieren von Hypothekendarlehen zu erleichtern. Sie können in die Kategorien von *mikroökonomischem* beziehungsweise *makroökonomischem* Versagen aufgeteilt werden; fangen wir mit den mikroökonomischen Fällen an.

Eine Zwangsvollstreckung ist schlecht für alle Beteiligten. Sie vertreibt die betroffene Familie aus ihrem Haus, drückt die Immobilienpreise nach unten und zieht empfindliche Verluste für den Kreditgeber nach sich, der eine Zwangsvollstreckung typischerweise wird vermeiden wollen, außer vielleicht unter extremen Umständen. Wenn die Immobilienpreise einbrechen, ist das ein starker Anreiz für Hauseigentümer und Kreditgeber, an den Verhandlungstisch zurückzukehren und die Konditionen des Darlehens zu modifizieren. Leider hat die Verbriefung von Hypotheken es sehr schwierig gemacht, solche Darlehen neu zu verhandeln, selbst wenn das allen Beteiligten genützt hätte. Wir haben in Kapitel 7 beschrieben, wie Hypotheken während des Booms in hypothekenbesicherten Verbriefungen gebündelt und tranchiert wurden. Ein Dienstleister vertrat die Halter von MBS, und er war dafür verantwortlich, die verbrieften Darlehen zu verwalten und neu zu verhandeln. Als die Immobilienpreise einbrachen, konnte sich ein Hauseigentümer nicht an eine Bank wenden, um das Darlehen neu zu verhandeln, da es keine Bank mehr war, die die Verbriefung hielt. Stattdessen war der Hauseigentümer in vielen Fällen gezwungen, sich mit dem Dienstleister auseinanderzusetzen, der allerdings häufig auf solche Anfragen gar nicht reagierte.

Verbriefungen machten es auch aus anderen Gründen schwierig, Hypotheken effizient neu zu verhandeln, und zwar am unmittelbarsten, wenn Verbriefungsverträge das den Dienstleistern ausdrücklich verbaten.[139] Andere Verträge erlegten den Dienstleistern erhebliche Einschränkungen auf. Eine entsprechende Studie lässt vermuten, dass die Konditionen von bis zu 40 Prozent der privat aufgelegten MBS eine wie auch immer geartete Klausel enthielten, die die Möglichkeiten der Dienstleister einschränkten, die Darlehen im Verbriefungspool zu modifizieren.[140] Selbst wenn das nicht ausdrücklich ausgeschlossen war, wurde es durch die Struktur der Verbriefungspools erschwert, alle Parteien dazu zu bewegen, einer Reduzierung der Restschuld zuzustimmen – selbst wenn das den meisten von ihnen genützt hätte. Der Trust Indenture Act von 1939 (»Treuhandvertragsgesetz«) schrieb vor, dass »eine Modifikation der wirtschaftlichen Konditionen von RMBS die Zustimmung von 100 Prozent ihrer Halter erfordert«.[141] Wenn auch nur ein einziger der MBS-Halter der Meinung war, dass eine Zwangsvollstreckung besser sei, als das Darlehen neu zu verhandeln, waren dem Dienstleister die Hände gebunden. John Geanakoplos hat es so ausgedrückt: »Solche Darlehen zu modifizieren, hat unterschiedliche Folgen für verschiedene Anleihenhalter. Es hat sich als schwierig herausgestellt, Darlehen so zu modifizieren, dass alle Beteiligten zufrieden sind … das ist eine komplizierte Verhandlung, die nicht stattfindet, und dann muss die Regierung intervenieren, um dieses Patt im Sinne des Gemeinwohls aufzulösen.«[142]

Außerdem wurden in den Abläufen des Verbriefungsprozesses keine geeigneten Anreize für die Dienstleister geschaffen, die mühsame Arbeit des Neuverhandelns zu leisten, selbst wenn das den MBS-Haltern genützt hätte. So wurden sie zum Beispiel in den meisten Verträgen zwar für die Kosten entschädigt, die ihnen durch eine Zwangsvollstreckung entstanden, jedoch nicht für den Aufwand, den eine Modifizierung mit sich brachte.[143] In Anbetracht der Größe der Hypothekenausfallkrise mussten die Dienstleister mit relativ viel Aufwand neue betriebliche Abläufe organisieren, um Darlehen effizient neu verhandeln zu können – aber ihre Vergütungsvereinbarungen lieferten ihnen keinen Grund, das zu tun. Eine Studie über das Home Affordable Modification Program (HAMP, einer der oben erwähnten Versuche, verschuldeten Hauseigentümern zu helfen), die von einer Gruppe hervorragender Ökonomen aus Universitäten und Regulierungsbehörden durchgeführt wurde, zeigte diese Probleme sehr deutlich. Das HAMP sollte den Dienstleistern starke Anreize liefern, die Konditionen von Hypothekendarlehen zu modifizieren. Aber die Autoren der Studie weisen darauf hin, dass das größte Hindernis auf dem Weg zur Umsetzung des Programms darin bestand, dass die Dienstleister nicht in der Lage waren, große Stückzahlen zu bewältigen. Die Autoren schließen mit der Feststellung, dass »die schwachen Aktivitäten der Dienstleister, beim Neuverhandeln von Darlehen – die auch schon vor HAMP beobachtet wurden – auf betriebliche Umstände der einzelnen Dienstleister zurückzuführen sind, die anscheinend etwas mit ihren schon vorher existierenden Organisationsstrukturen zu tun haben«.[144]

Und es gibt weitere seriöse Studien, die nachdrücklich die These untermauern, dass Verbriefungen das effiziente Neuverhandeln von Darlehen behinderten. Tomasz Piskorski, Amit Seru und Vikrant Vig fanden heraus, dass Hypothekendarlehen häufiger in einer Zwangsvollstreckung endeten, wenn sie in einem Verbriefungspool statt in der Bilanz einer einzelnen Bank gehalten wurden.[145] Die Versuchsanordnung ihrer Studie stellte sicher, dass die berücksichtigten Hypothekendarlehen abgesehen davon, ob sie Bestandteil eines Verbriefungspools waren oder nicht, in allen anderen Aspekten identisch waren. Sumit Agarwal, Gene Amromin, Itzhak Ben-David, Souphala Chomsisengphet und Douglas Evanoff verwendeten einen anderen Datenbestand, kamen aber zu einem ähnlichen Ergebnis: Durch Verbriefungen wurde es Hauseigentümern erschwert, ihre Darlehen neu zu verhandeln. Darüber hinaus zeigte diese Studie, dass von Banken gehaltene Darlehen, die neu verhandelt wurden, anschließend wesentlich seltener ausfielen als die Hypotheken in einem Verbriefungspool. Solche Darlehen wurden nicht nur mit größerer Wahrscheinlichkeit neu verhandelt, wenn sie nicht Bestandteil eines Verbriefungspools waren, sondern sie fielen auch seltener erneut aus und waren daher für den Kreditgeber profitabler.[146]

Verbriefungen waren nicht der einzige Grund dafür, dass zu wenige Hypotheken neu verhandelt wurden. Ein anderer ist, dass die Dienstleister sich einen Ruf als »harte Burschen« aufbauen wollten, um zu verhindern, dass es noch mehr Insolvenzen geben würde. Selbst wenn es wirtschaftlich sinnvoll für einen Dienstleister war, den Schuldbetrag eines bestimmten Darlehens zu reduzieren, würde er sich dagegen entscheiden, weil er befürchtete, dass andere Schuldner aus strategischen Gründen ihre Zahlungen einstellen würden, um ebenfalls zu erreichen, dass ihre Schulden erlassen werden.[147] Dieses Problem der strategischen Insolvenzen deckelte die Anzahl privater Neuverhandlungen, obwohl mehr Neustrukturierungen der Wirtschaft gut bekommen wären. Da die Struktur des Hypothekenmarktes im Jahr 2007 das effiziente Neuverhandeln von Hypothekendarlehen erschwerte, war der Markt denkbar schlecht auf den Zusammenbruch der Immobilienpreise während der Großen Rezession vorbereitet.

Makroökonomisches Versagen

Vielleicht hat kein anderer Regierungsfunktionär den politischen Bestrebungen, Schuldenerlasse zu ermöglichen, mehr geschadet als Edward DeMarco, der ehemalige Direktor der Federal Housing Finance Agency (FHFA), der Aufsichtsbehörde für die staatlich geförderten Unternehmen (GSEs) Fannie Mae und Freddie Mac. Trotz Erkenntnissen im eigenen Haus, dass Schuldenerlasse sowohl den GSEs als auch dem Steuerzahler großen Nutzen gebracht hätten, weigerte DeMarco sich hartnäckig, in dieser Frage nachzugeben.[148] Seine ablehnende Haltung gegenüber Schuldenerlassen provozierte den Zorn des Finanzministers Timothy Geithner, der im Juli 2012 einen offenen Brief an DeMarco schrieb, in dem er dessen Hinhaltetaktik in dieser Sache verurteilte.[149] Im Jahr 2013 unternahm eine Gruppe prominenter Justizminister aus verschiedenen Bundesstaaten den ungewöhnlichen Schritt, Präsident Obama öffentlich dazu aufzufordern, DeMarco zu feuern, und zwar wegen dessen Weigerung, daran mitzuwirken, die Lasten überschuldeter Hauseigentümer zu reduzieren.[150] Dies war kein parteipolitisches Problem – selbst Glenn Hubbard, der Top-Wirtschaftsberater von Mitt Romney, Präsidentschaftskandidat der Republikaner, verdammte die Inkompetenz der FHFA in Bezug auf die politischen Initiativen, Schuldenerlasse und Umschuldungen zu ermöglichen.[151]

DeMarco rechtfertigte seine ablehnende Haltung gegenüber Schuldenerlassen mit einer sehr engen Fixierung auf den Gewinn der GSEs. Selbst innerhalb dieser engen Sicht widersprachen ihm seine eigenen Experten. Aber er machte einen noch größeren Fehler: In seiner engen Fixiertheit ignorierte er die Fälle *makroökonomischen Versagens*, die ein Regierungsfunktionär in seiner Position hätte erkennen müssen. Selbst wenn aggressive Schuldenerlasse den Gewinn der GSEs geschmälert hätten, hätte es dennoch im nationalen Interesse liegen können, die Schuldenlasten der privaten Haushalte zu verringern. Rufen Sie sich aus Kapitel 3 in Erinnerung, dass die marginale Konsumneigung aus Vermögen während der Großen Rezession für Haushalte mit niedrigem Einkommen und hoher Verschuldung am höchsten war. Wie wir es in jenem Kapitel beschrieben haben, fiel der Konsumrückgang der Haushalte von 2006 bis 2009 unter anderem deshalb so stark aus, weil die Vermögensverluste auf genau diese Haushalte konzentriert waren.

Schuldenerlasse hätten zu einer gleichmäßigeren Verteilung der Verluste durch den Immobiliencrash geführt. Schuldner *und* Kreditgeber hätten den Vermögensschock ausgewogener gertragen, anstatt dass die Schuldner fast die gesamte Last trugen. In Anbetracht des Umstandes, dass viele Kreditgeber hohe Einkommen und niedrige Schulden haben, viele Schuldner dagegen niedrige Einkommen und hohe Schulden, hätte ein ausgewogeneres Teilen der Verluste dazu geführt, dass Wohlstand von Menschen mit sehr niedriger marginaler Konsumneigung auf solche mit sehr hoher marginaler Konsumneigung umverteilt worden wäre. Ein Kreditgeber schränkt seine Ausgaben kaum ein, wenn ihm ein Dollar weggenommen wird, aber ein Schuldner konsumiert aggressiv aus jedem hinzugewonnenen Dollar. Wie wir es in Kapitel 3 beschrieben haben, hatten die verschuldeten Haushalte MPCs, die drei- bis fünfmal so hoch waren wie bei anderen Haushalten.

Die Wirtschaftspolitik sollte natürlich nicht immer und unbedingt versuchen, den Haushalten mit der höchsten MPC Geld zukommen zu lassen. Aber schwere Rezessionen sind keine normalen Umstände, da makroökonomische Störungen die Wirtschaft daran hindern, auf einen starken Nachfrageeinbruch zu reagieren. Wir haben einige dieser makroökonomischen Marktversagen in Kapitel 4 umrissen, so zum Beispiel die Null-Prozent-Untergrenze für nominale Zinssätze und andere Rigiditäten. Wenn solche Versagen die Wirtschaft daran hindern, sich an einen solchen starken Nachfrageeinbruch anzupassen, sollte die Regierung alles tun, was in ihrer Macht steht, um den Konsum der privaten Haushalte anzukurbeln. Schuldenerlasse sind genau eine solche Maßnahme – und wahrscheinlich die effektivste, wenn man bedenkt, dass sie Zwangsvollstreckungen entgegenwirken und die sehr großen Unterschiede zwischen den MPCs von Kreditgebern und Schuldnern verringern können.[152]

Man könnte sich auf den Standpunkt stellen, dass es nicht die Aufgabe einer Privatbank sei, freiwillig Schulden zu erlassen, um dem Gemeinwohl zu dienen. Aber DeMarcos Aufgabe als Aufseher der GSEs war eine andere: Es war seine Verantwortung, im Interesse der amerikanischen Bevölkerung zu handeln und Schuldenerlasse zu ermöglichen. Leider hat er das nicht getan, und sein Versagen, adäquat auf die Immobilienkrise zu reagieren, war wahrscheinlich der größte politische Fehler, der während der Großen Rezession gemacht wurde.

Hin und wieder ist zu hören, dass Umstrukturierungen von Hypothekendarlehen wenig gebracht hätten, weil die Konsumausgaben aus Immobilienvermögen bei verschuldeten Haushalten zu niedrig seien, um einen nennenswerten Beitrag zum BIP zu leisten.[153] Dies ist eine sehr enge Sicht der Dinge. Wie wir im ersten Teil dieses Buches erklärt haben, wirkte sich das Einbrechen des Konsums der verschuldeten Haushalte über Zwangsvollstreckungen und steigende Arbeitslosigkeit auf die *gesamte* Wirtschaft aus. Unsere dort präsentierte Analyse der Daten auf der Ebene einzelner Postleitzahlbezirke zeigt, welch eine zentrale Bedeutung das erhöhte Verschuldungsniveau der Haushalte hat, wenn man die Schwere der Rezession erklären will. Wären die Schulden der Haushalte in der Anfangsphase der Großen Rezession aggressiv umstrukturiert worden, dann wäre dadurch der Absturz der Immobilienpreise verlangsamt und der Arbeitsmarkt gestützt worden, und dann wäre der Nutzen weit größer gewesen als nur durch den zusätzlichen Konsum der verschuldeten Haushalte. Im letzten Kapitel dieses Buches entwickeln wir ein Szenario, bei dem die Immobilienverluste von 2006 bis 2009 automatisch gleichmäßiger auf Kreditgeber und Hauseigentümer verteilt worden wären, und wir zeigen quantitativ, dass die Große Rezession in einem solchen Szenario nur eine leichte Rezession geworden wäre.

Wie im vorigen Kapitel erwähnt, agierten die Ökonomen und politischen Entscheidungsträger während der Großen Rezession unbeirrbar zugunsten der Banken, die sie um jeden Preis retten wollten. Als sich jedoch die Schwäche der Wirtschaft fortsetzte, erkannten nach und nach auch Vertreter des ökonomischen Mainstreams die Vorteile aggressiverer Abschreibungen der Schulden der privaten Haushalte. Im Jahr 2011 schrieb der Harvard-Ökonom und emeritierte Präsident des National Bureau of Economic Research (NBER) Martin Feldstein, die »einzige wirkliche Lösung« für das Immobilienchaos bestehe darin, »die Hypothekenschulden, die über Amerika hängen, dauerhaft zu reduzieren«.[154]

Top-Ökonomen, die sich 2011 mit Präsident Obama und Vizepräsident Joe Biden trafen, sagten, der Präsident »hätte die schleppende Erholung der Wirtschaft deutlich beschleunigen können, wenn er sich intensiver um den Schuldenüberhang gekümmert hätte, der blieb, als die Immobilienpreise kollabierten«.[155] Im Jahr 2011 kam Carmen Reinhart zu dem Schluss, dass »eine Umstrukturierung der Schulden der US-Haushalte und im Zuge dessen auch Schuldenerlasse für einkommensschwache Amerikaner die wirkungsvollsten Maßnahmen wären, um das Wirtschaftswachstum zu beschleunigen«.[156]

Lehren der Geschichte

Es gibt gewichtige mikroökonomische und makroökonomische Gründe dafür, dass der Staat intervenieren sollte, um die Schulden von privaten Haushalten während einer Episode gehebelter Verluste umzustrukturieren. In der Vergangenheit haben US-Politiker sich häufig dafür eingesetzt, den Schuldnern ihre Last zu erleichtern. Tatsächlich war die politische Reaktion auf die Schuldenkrise der privaten Haushalte während der Großen Rezession ein Ausreißer.

Die erste Wirtschaftskrise traf die Vereinigten Staaten in den späten 1810er-Jahren, und sie hatte viele Gemeinsamkeiten mit unserer jüngsten Krise. In jenen Jahren waren es hauptsächlich zwei Entwicklungen gewesen, die sowohl in den Städten als auch in ländlichen Regionen die Immobilienpreise nach oben getrieben hatten. Die erste waren hohe Rohstoffpreise aufgrund hoher Nachfrage aus Europa, nach einer Reihe von schlechten Ernten dort. Die zweite war eine nicht aufrechtzuerhaltende Kreditexpansion neu gegründeter Banken, die ihre eigenen Geldscheine ausgaben. Die Situation war reif für einen Crash aufgrund gehebelter Verluste. Der Historiker Murray N. Rothbard beschrieb die Lage folgendermaßen: »Der steigende Wert der Exporte, die monetäre Expansion und die Kreditschwemme führten zu einem Boom der Preise von Immobilien in Städten und in ländlichen Regionen, zu spekulativen Käufen von öffentlichem Land und zu einer rapide steigenden Verschuldung von Farmern für Sanierungsvorhaben.«[157]

Der Absturz kam 1819, als die Bank of the United States eine deflationäre Krise auslöste, indem sie Mittel von anderen Banken zurückrief, um fällig werdende staatliche Schulden zurückzuzahlen. Zur gleichen Zeit brachen die Rohstoffpreise ein, weil die Nachfrage aus Europa nachgelassen hatte. Der Preis von Baumwolle fiel zwischen Januar 1818 und Juni 1819 um 50 Prozent.[158] Diese beiden Entwicklungen führten zu einem Zusammenbruch der Immobilienpreise, und durch hohe Verschuldung wurden die Probleme noch verschärft. Rothbard schreibt: »Eines der bemerkenswertesten Probleme, die die Panik [von 1819] verursachten, war das Elend der Schuldner. Nachdem sie sich im vorangegangenen Boom stark verschuldet hatten, sahen sie sich nun mit Rückzahlungsforderungen und fallenden Preisen konfrontiert, die ihre Schuldenlast noch vergrößerten.«[159] Rothbard schrieb diese Zeilen 1962 – er hätte sie ebenso gut über die Große Rezession schreiben können.

An dieser Stelle enden allerdings die Ähnlichkeiten. Anders als in der Großen Rezession reagierten sowohl die Bundesregierung als auch die Regierungen der einzelnen Bundesstaaten sehr entschieden auf die Bedürfnisse verschuldeter Menschen, vor allem der Farmer. Die Regierungen vieler Bundesstaaten verfügten sofort Moratorien für Tilgungen und Zwangsvollstreckungen.[160] Auf der Bundesebene bestand eine wichtige Gruppe von Schuldnern aus Farmern, die kreditfinanziert öffentliches Land von der Bundesregierung gekauft hatten.[161] In der Zeit von 1818 bis 1820 verabschiedete der Kongress Stundungsgesetze, die es Schuldnern erlaubten, ihre Tilgungsraten später zu zahlen. Im Jahr 1820 brachte William H. Crawford, der Finanzminister unter Präsident James Monroe, ein Gesetz ein, das es verschuldeten Farmern erstens ermöglichen sollte, nur einen Teil ihres Landes aufzugeben, den Rest aber zu behalten, das zweitens den Erlass von 25 bis 37,5 Prozent der insgesamt geschuldeten Summe beinhaltete und das drittens allen Schuldnern erlauben sollte, fällige Beträge in zehn gleich hohen Jahresraten zu tilgen, ohne dass darauf Zinsen erhoben würden.[162] Während der Debatte über diese Gesetzesvorlage setzte sich Senator Ninian Edwards aus Illinois mit großer Leidenschaft für die Schuldner ein. Rothbard schreibt: »Edwards ging sehr ausführlich ins Detail, um das Verhalten der Schuldner zu rechtfertigen. Die Schuldner hatten sich – wie der Rest des Landes auch – durch den kurzlebigen ›künstlichen und fiktiven Wohlstand‹ verleiten lassen. Sie dachten, der Wohlstand würde von Dauer sein. … Der Senator wies auch auf das Elend unter den Schuldnern hin … und all das zeigte sehr deutlich, dass Erleichterungen durch den Staat dringend geboten waren.«[163] Der Kongress verabschiedete das Gesetz mit großer Mehrheit.

Auch in der Weltwirtschaftskrise handelte die Regierung letztlich sehr entschieden, um notleidenden Schuldnern zu helfen. Das bekannteste ihrer Hilfsprogramme war die Home Owners' Loan Corporation (Kreditanstalt für Hauseigentümer). Die HOLC war eine aus Steuermitteln finanzierte staatliche Bank, die Hypothekendarlehen von privaten Kreditgebern kaufte und dann deren Konditionen günstiger für die Schuldner gestaltete. Der Nutzen, den Hauseigentümer daraus zogen, war ganz erheblich. Ohne ein solchermaßen modifiziertes Darlehen hätten die meisten Hauseigentümer ihre Tilgungen nicht mehr zahlen können und wären der Zwangsvollstreckung anheimgefallen. Darüber hinaus wurde den Schuldnern manchmal im Rahmen einer solchen Umstrukturierung ein Teil des ursprünglichen Kreditbetrags erlassen; fast immer wurden dabei die Zinsen gesenkt und die Laufzeit verlängert. Während die meisten Hypothekendarlehen, die vor der Weltwirtschaftskrise vergeben wurden, eine Laufzeit von nur fünf Jahren hatten, wurde die Laufzeit der HOLC-Hypothekendarlehen auf fünfzehn Jahre festgelegt.[164] Das Volumen der HOLC-Darlehen war enorm: Bis 1936 hatten zehn Prozent der amerikanischen Hauseigentümer einen Kredit von der HOLC erhalten. Die bisher umfassendste Untersuchung über die HOLC ist das kürzlich erschienene Buch *Well Worth Saving* (»Durchaus wert, gerettet zu werden«) von

Price Fishback, Kenneth Snowden und Jonathan Rose. Sie schließen ihr Buch mit der Feststellung, dass die HOLC dem Steuerzahler zwar gewisse Verluste brachte, dass jedoch ihr Nutzen sowohl für Kreditgeber als auch für Hauseigentümer wesentlich größer war.[165]

Eine weitere dramatische Intervention der Regierung während der Weltwirtschaftskrise hatte mit Gold zu tun. Fast alle langfristigen Kreditverträge in den Vereinigten Staaten enthielten damals eine Klausel, die dem Kreditgeber das Recht einräumte, die Rückzahlung in Gold zu fordern. Nachdem die Vereinigten Staaten 1933 den Goldstandard abgeschafft hatten, war der Wert des Dollars gegenüber Gold wesentlich niedriger als vorher, und daher forderten viele Kreditgeber den Schuldbetrag in Gold zurück. Aber diese Goldklausel in Kreditverträgen wurde vom Kongress aufgehoben, was bedeutete, dass die Schuldner in Dollar zurückzahlen konnten, die real weit weniger wert waren als das, was sie sich geliehen hatten. Randall Kroszner, ein ehemaliges Vorstandsmitglied der Federal Reserve, hat darauf hingewiesen, dass »die Aufhebung dieser Klauseln einem Schuldenerlass gleichkam«. Als der Kongress dieses Gesetz verabschiedete, lief das auf einen riesigen, einmaligen Schuldenerlass hinaus, dessen Volumen an das gesamte BIP des Landes heranreichte.[166]

Interessanterweise hatte die Aufhebung der Goldklausel durchaus positive Auswirkungen für Schuldner *und* Kreditgeber. Kroszner zeigte auf, dass sowohl Aktien- als auch Anleihenkurse *stiegen*, sowie der Oberste Gerichtshof das Gesetz bestätigt hatte. Mit anderen Worten: *Durch die Schuldenerlasse standen die Kreditgeber tatsächlich besser da.* Wahrscheinlich hätten wir während der Großen Rezession ein ähnliches Ergebnis erzielt, wenn die Regierung entschiedener darauf hingearbeitet hätte, die Umstrukturierung von Schulden der privaten Haushalte zu erleichtern.

Die näheren Details

Ein häufig zu hörendes Argument ist, die Große Rezession habe sich ihrem Wesen nach von anderen Episoden unterschieden, und diese Unterschiede hätten Schuldenerlasse komplizierter gemacht, sowohl aus politischer Sicht als auch in der Umsetzung. Diese Aussage hat einen wahren Kern, weshalb wir in Kapitel 12 politische Maßnahmen vorschlagen werden, die verhindern können, überhaupt erst in eine solche Krise zu geraten. Aber es ist wichtig zu betonen, dass es zahlreiche Vorschläge zur Einführung von Schuldenerlassen gab, die man hätte umsetzen können und die die Erholung der Wirtschaft wesentlich beschleunigt hätten.

Im Oktober 2008 wiesen John Geanakoplos und Susan Koniak auf immanente Fehler im Verbriefungsprozess hin, die es erschwerten, Hypothekendarlehen effizient neu zu verhandeln.[167] Sie schlugen vor, Hypotheken-Dienstleister aus dem Verfahren auszuschließen und stattdessen von der Regierung ernannte Treuhänder zu autorisieren, Hypothekendarlehen neu zu verhandeln, die zwecks Verbriefung verkauft worden waren, und zwar ganz unabhängig davon, was die betreffenden Verträge mit den MBS-Investoren dazu sagten. Die Modifikationen sollten zwischen Hauseigentümern und Treuhändern stattfinden, und sie sollten nur dann zugelassen werden, wenn ihre Umsetzung aus wirtschaftlicher Sicht sinnvoll wäre. Die Autoren schrieben: »Der Treuhänder [»blind trustee«] hätte Verfügungsgewalt über die Darlehen und müsste für jedes einzelne Darlehen erwägen, ob eine Umstrukturierung mehr Geld einbringen würde als eine Zwangsvollstreckung.« Zwar hätte eine solche staatliche Intervention die zwischen Dienstleistern und MBS-Investoren geschlossenen Verträge gebrochen, aber diese Verträge waren nicht darauf ausgelegt, einem so massiven Anstieg der Hypothekendarlehen-Ausfallquote gerecht zu werden, und mussten daher ohnehin fallen gelassen werden. Außerdem hätte eine solche Intervention den Steuerzahler sehr wenig Geld gekostet – nur die Treuhänder hätten vergütet werden müssen. Dieser Vorschlag hätte effizienteres Neuverhandeln von Hypothekendarlehen erlaubt, wodurch die Schuldenlast verkleinert und sowohl Hauseigentümer als auch MBS-Investoren besser gestellt worden wären – bei geringen Kosten für den Steuerzahler.

Ein anderer Vorschlag, der zu Beginn der Immobilienkrise gemacht wurde, bestand darin, durch Gerichte angeordnete »cram-downs« (zwangsweise Modifikationen) von Hypothekendarlehen bei Insolvenzen nach Chapter 13, Title 11 der US-Gesetzgebung zuzulassen. Bei einer Privatinsolvenz nach Chapter 13 legt eine überschuldete Person mit geregeltem Einkommen einem Insolvenz-Treuhänder einen Schuldentilgungsplan vor, der zeigt, wie er seine Schuldenlast insgesamt verringern will.[168] Bei einer Insolvenz nach Chapter 13 können nur solche Schulden reduziert werden, die nicht ausdrücklich durch Sicherheiten garantiert sind; zum Beispiel fallen Kreditkartenschulden in diese Kategorie. Allerdings erlaubt Chapter 13 bei einem Hypothekendarlehen auf eine Immobilie, in der der Schuldner seinen Erstwohnsitz hat, keine Reduzierung der Restschuld, und es verhindert auch keine Zwangsvollstreckung.[169]

In der Woche vor der Präsidentschaftswahl 2008 sagte der angehende Vizepräsident Joseph Biden bei einer Wahlkampfveranstaltung in Florida: »Leute, wenn wir der Wall Street helfen können, dann können wir mit Sicherheit auch den Geschäften am Silver Springs Boulevard hier in Ocala helfen. Darum setzen wir uns dafür ein, unsere Insolvenzgesetze zu reformieren und den Insolvenzrichtern die Befugnis zu geben, den geschuldeten Betrag zu reduzieren und ihnen die Vollmacht zu erteilen, die Konditionen von Hypotheken neu festzulegen, damit die Leute in ihren Häusern bleiben können.«[170] Barack Obama hatte als US-Senator ein Gesetz befürwortet, das »cram-downs« für Hypothekendarlehen ermöglichen sollte, und er hatte auch als Präsidentschaftskandidat bei einer Rede in Arizona für dieses Gesetz geworben.[171] Aber in einem 2012 in der *New York Times* erschienenen Artikel wies Binyamin Appelbaum darauf hin, dass der Präsident »mehrfach die ›Pause‹-Taste gedrückt« habe, wenn es daran ging, das Gesetz zu verabschieden.[172] Anfang 2009 fiel eine verwässerte Version des Gesetzes im Senat durch.

Doris Dungey und Bill McBride von der Website *Calculated Risk*, zwei weithin anerkannte Experten für das Immobilienwesen, plädierten vehement dafür, »cram-downs« für Hypothekendarlehen zu ermöglichen. Diese Website ist einer der meistgelesenen Wirtschaftsblogs, und die Autoren waren unter den Ersten, die vor den Gefahren einer durch Verschuldung angetriebenen Immobilienblase gewarnt hatten. Schon im Oktober 2007 hatte Dungey dafür plädiert, Insolvenzrichtern mit sofortiger Wirkung zu erlauben, bei einer Insolvenz die Restschuld aus einem Hypothekendarlehen abschreiben zu lassen.[173] Die Vorteile solcher »cram-downs«, so Dungey, lägen »nicht nur in der Erleichterung für Schuldner, sondern auch darin, dass sie Kreditgeber davon abhalten, ihre Kreditvergabe-Konditionen allzu sehr aufzuweichen«.[174] Im August 2012 schrieb McBride, dass »›cram-downs‹ bei Insolvenzen nach wie vor eine geeignete politische Maßnahme sind«.[175]

Solche »cram-downs« für Hypothekendarlehen hätten erheblichen Nutzen für die Wirtschaft erbracht.[176] Die meisten einschlägigen Studien zeigen, dass ein Erlass der Restschuld die effektivste Methode ist, um dauerhaft eine Insolvenz zu verhindern.[177] Durch einen solchen Erlass erhält der Hauseigentümer einen Teil des in der Immobilie gebundenen Eigenkapitals und muss fortan deutlich niedrigere Tilgungen leisten; beide Effekte schaffen einen starken Anreiz für ihn, solvent zu bleiben. Banken, die Hypothekenschulden in ihren eigenen Bilanzen hielten, waren am häufigsten bereit, Schulden zu erlassen, und solche modifizierten Darlehen zeigten die geringste Wahrscheinlichkeit, bei einer späteren Insolvenz erneut auszufallen.[178]

Rückblickend haben sowohl noch amtierende als auch ehemalige Mitglieder der Obama-Regierung eingeräumt, es sei ein Fehler gewesen, nicht dafür zu sorgen, dass aggressivere Abschreibungen der Restschuld aus Hypothekendarlehen ermöglicht wurden. In dem oben erwähnten Artikel des *National Journal* hieß es dazu: »Zwei der nicht umgesetzten Optionen – eine Maßnahme, die als ›cram-down‹ bekannt ist, sowie das generelle Reduzieren der aus Darlehen verbliebenen Restschulden – hätten, laut Ökonomen sowohl innerhalb als auch außerhalb der Regierung, das Blatt wenden können. Selbst hochrangige politische Funktionäre und Berater räumen bereitwillig ein, dass diese Optionen verpasste Chancen waren.«[179] In diesem Artikel wird auch Shaun Donovan, Minister für Wohnraum, Bau und Stadtentwicklung, mit der Aussage zitiert, dass die unterlassene Umsetzung von »cram-downs« eine verpasste Chance war. Es wäre richtig gewesen, das umzusetzen, und es hätte helfen können.« Peter Swire, ehemaliges Mitglied des National Economic Council (Nationaler Wirtschaftsrat), ist ebenfalls der Meinung, dass es sinnvoll gewesen wäre, wenn die Regierung sich frühzeitig dafür starkgemacht hätte: »Aus heutiger Sicht wären ›cram-downs‹ insgesamt eine gute Sache gewesen.«[180]

Selbst der IWF meinte, dass intensiver »darüber nachgedacht werden sollte, die Möglichkeit zu schaffen, dass eine Hypothek auf einer Erstwohnsitz-Immobilie ohne Zustimmung des Kreditgebers modifiziert werden kann.«[181] In einer Langzeitstudie über mehrere Krisen, die durch gehebelte Verluste verursacht wurden, kam der IWF zu dem Schluss, dass »mutige Restrukturierungsprogramme für überschuldete private Haushalte … die Lasten der Schuldentilgung sowie die Zahl von privaten Insolvenzen und von Zwangsvollstreckungen deutlich reduzieren können. Solche Maßnahmen können also dazu beitragen, sich selbst verstärkende Zyklen aus Privatinsolvenzen, weiter fallenden Immobilienpreisen und weiteren Kontraktionen der Wirtschaftsleistung zu vermeiden.«[182]

Wir können die Vorteile von Hypothekenschuldenerlassen auch sehen, indem wir andere Arten von Schulden betrachten. In einer Studie von Will Dobbie und Jae Song machten sich die Autoren die Unterschiede in der Bereitschaft verschiedener Insolvenzrichter zunutze, Schulden anderer Kategorien abzuschreiben, um herauszufinden, wie die Schuldner darauf reagierten.[183] Sie stellten fest, dass Schuldner, denen ein höherer Schuldenerlass gewährt worden war, einen Rückgang ihres Mortalitätsrisikos über fünf Jahre, erhebliche Einkommensverbesserungen und weniger Arbeitslosigkeit erführen. Das Ergebnis in Bezug auf Arbeitslosigkeit ist besonders wichtig, da es vermuten lässt, dass verschuldete Menschen absichtlich arbeitslos bleiben, da andernfalls ihre Gläubiger sofort jegliches Einkommen, das ein neuer Job einbringen könnte, wegpfänden würden. Rufen Sie sich aus dem vorigen Kapitel die Geschichte des Spaniers Manolo Marban in Erinnerung, der klagte, er werde »den Rest [seines] Lebens für die Bank arbeiten«. Ein Schuldenerlass liefert einem Menschen starke Anreize, sich Arbeit zu suchen, weil er die Schulden, die sein potenzielles Einkommen gefährden, eliminiert. Das hilft der gesamten Wirtschaft. Bei ihrer Studie wendeten Dobbie und Song eine clevere Versuchsanordnung an, die es ihnen ermöglichte, einen eindeutigen kausalen Effekt festzustellen: Höhere Schuldenerlasse bewirken Einkommensverbesserungen und weniger Arbeitslosigkeit.

Die Risiken moralischer Vorhaltungen

Mit seiner Tirade hat Rick Santelli die weit verbreitete Überzeugung zum Ausdruck gebracht, dass überschuldete Hauseigentümer ihre missliche Lage durch unverantwortliches Verhalten selbst verschuldet hätten. Wie der Trader auf dem Handelsparkett des Chicago Board of Trade glauben viele Menschen, dass staatliche Interventionen moralische Versuchungen erzeugen – man solle die verschuldeten Haushalte leiden lassen, damit sie nie wieder so aggressiv Schulden machten. Wie in Kapitel 6 beschrieben, missbrauchten in der Tat viele Hauseigentümer während des Boom ihre Immobilie als Geldautomaten und gaben daher mehr Geld aus, als sie sich eigentlich leisten konnten.

Als Ökonomen, die sich eingehend mit der optimalen Gestaltung von Finanzierungen beschäftigt haben, wissen wir solche Bedenken gegenüber moralischen Versuchungen durchaus zu würdigen. Der Begriff »moralische Versuchung« (»moral hazard«) bezieht sich auf Situationen, in denen ein raffinierter Akteur ein fehlerhaftes System missbraucht, um einen naiven Geschäftspartner auszunutzen. Das klassische Beispiel für eine moralische Versuchung ist, wenn jemand unverantwortlich fährt, nachdem er eine Autoversicherung abgeschlossen hat, da er weiß, dass die Versicherungsgesellschaft für die Folgen eines möglichen Unfalls aufkommt. Falls die Versicherungsgesellschaft naiverweise eine uneingeschränkte Versicherung zu niedrigen Kosten gewähren würde, könnte die moralische Versuchung für einen Fahrer unwiderstehlich werden.

Das kann allerdings nicht erklären, was während des Immobilienbooms geschah. Hauseigentümer waren keine raffinierten Akteure, die naive Kreditgeber hätten ausnutzen können, weil sie wussten, dass die Immobilienpreise künstlich inflationiert worden waren. Sie verließen sich nicht auf ein staatliches Rettungspaket, das sie in der Tat ja auch nie erhielten. Vielmehr glaubten die Hauseigentümer irrtümlicherweise, dass die Immobilienpreise ewig weiter steigen würden. Diese Überzeugung mag naiv gewesen sein, aber das Bild eines raffinierten Hauseigentümers, der Kreditgeber und Staat ausnutzt, ist falsch. Eher war es umgekehrt: Raffinierte Kreditgeber haben naive Hauseigentümer ausgenutzt, indem sie ihnen glaubhaft machten, dass die Immobilienpreise weiter stiegen.

Auch aus einem anderen Grund passt das Bild von der moralischen Versuchung nicht: Der Rückgang der Immobilienpreise lag außerhalb der Macht eines jeden einzelnen Hauseigentümers. Man stelle sich einen Hauseigentümer vor, der 2006 ein Haus in Modesto, Kalifornien, mit einer Anzahlung von 20 Prozent gekauft und nie zusätzlich entstandenes Immobilien-Eigenkapital daraus gezogen hat. Niemand könnte diesem Menschen vorwerfen, sich »schlecht verhalten« zu haben. Dennoch erlitt dieser verantwortungsvolle Hauseigentümer von 2006 bis 2009 ohne eigenes Zutun den Totalverlust seines Immobilien-Eigenkapitals und wurde in die Überschuldung getrieben, weil die Immobilienpreise um 60 Prozent gefallen waren. Wie kann dieser Verlust ein Fehler des Hauseigentümers sein? Warum sollte er bestraft werden? Solche massiven, gesamtwirtschaftlichen Schocks sind nicht der Fehler eines Einzelnen, und die Vorstellung von »moralischer Versuchung« wird ihnen nicht wirklich gerecht.

Das Theorem der moralischen Versuchung lässt sich auch nicht leicht auf die politischen Maßnahmen anwenden, die wir vorschlagen werden, weil sie keine generellen, aus Steuermitteln finanzierten Rettungspakete für Hauseigentümer sind. Vielmehr plädieren wir für eine gleichmäßigere Verteilung von Verlusten aus Immobilien zwischen Schuldnern und Kreditgebern. Ist eine gleichmäßigere Verteilung »unfair«? Man muss bedenken, dass es sich dabei nicht um die Umverteilung von Wohlstand von einer unschuldigen Partei zu einer schuldigen handelt. Sowohl Hauseigentümer als auch Kreditgeber trugen eine Mitschuld daran, den Immobilienboom angetrieben zu haben. Die Frage ist, wie man die Verluste aufgrund einer geplatzten Blase verteilen will, an deren Entstehen beide beteiligt waren. Unser Hauptargument ist, dass eine gleichmäßigere Verteilung von Verlusten nicht nur fairer, sondern aus makroökonomischer Perspektive auch sinnvoller ist.

Ein anderes Argument, dass wir häufig zu hören bekommen, lautet, dass wir für politische Maßnahmen plädieren, die es einem Hauseigentümer ermöglichen würden, weiter in einem Haus wohnen zu bleiben, das er sich nicht leisten kann. Das sehen wir anders. Ein aggressiveres Umstrukturieren von Schulden hätte es dem Hauseigentümer *leichter* gemacht, ein Haus zu verkaufen, das er sich nicht leisten kann. Wenn ein Hauseigentümer sein Haus verkaufen will, während er insolvent ist, muss er es zu einem Preis verkaufen, der niedriger ist als der Betrag, den er dem Kreditgeber schuldet. Darum muss er zum Verkaufsabschluss Geld mitbringen, um seinen Kreditgeber auszuzahlen – Geld, das er sehr wahrscheinlich nicht hat. Seine einzige andere Option ist die Insolvenz, die aus vielen Gründen nicht wünschenswert ist. In dieser Situation bemühten sich viele Hauseigentümer, weiterhin ihre Tilgungen zu zahlen, und lebten weiterhin in einem Haus, das sie sich nicht leisten konnten. Wären ihre Schulden umstrukturiert worden, sodass sie nicht mehr überschuldet gewesen wären, hätten viele dieser Hauseigentümer ihr Haus verkauft und wären ausgezogen.

Moralische Versuchung ist ein ernst zu nehmendes Problem, aber wir müssen auch die extremen Umstände während der Großen Rezession berücksichtigen. Wenn ein Patient wegen eines Herzanfalls im Sterben liegt, ist das nicht der beste Zeitpunkt, ihm zu erklären, dass er weniger rotes Fleisch hätte essen sollen. Es besteht weitgehend Einigkeit darüber, dass manche Interventionen des Staates notwendig sind, wenn die Wirtschaft sich im freien Fall befindet. Jede staatliche Intervention bringt eine Umverteilung von einigen Menschen auf andere mit sich. Rettungspakete für Banken zwingen unschuldige Steuerzahler, die Lasten aus unverantwortlichen Kreditvergaben zu tragen. Fiskalische Konjunkturpakete machen es notwendig, dass zukünftige Steuerzahler die jetzigen Staatsausgaben zahlen.

Die Frage ist also nicht, ob der Staat eingreifen sollte, wenn eine schwere Rezession zuschlägt. Die eigentliche Frage ist vielmehr, welche Intervention am wirkungsvollsten die Wirtschaftsleistung steigern und die Arbeitslosigkeit senken kann. Wir haben im vorigen Kapitel den Drang der Regierung beschrieben, die Banken zu schützen. In diesem Kapitel haben wir als mögliche Alternative den Schuldenerlass erörtert – eine Politik, die von der Regierung nicht umgesetzt wurde. Während der Großen Rezession verließ sich die Regierung auch auf fiskal- und geldpolitische Maßnahmen, um die Schwäche der Wirtschaft zu bekämpfen. Wie wirkungsvoll war diese Politik? Können wir uns auf eine Kombination aus fiskal- und geldpolitischen Maßnahmen als Alternative zu Schuldenerlassen verlassen? Im nächsten Kapitel erklären wir, wie fiskal- und geldpolitische Maßnahmen in unsere Theorie der gehebelten Verluste hineinpassen.

11   Geld- und fiskalpolitische Maßnahmen

In den ersten vier Jahren der Weltwirtschaftskrise fielen die Preise und Löhne um bemerkenswerte 30 Prozent. Die privaten Haushalte hatten riesige Schulden angehäuft, und eine so rapide fortschreitende Deflation richtete die Wirtschaft zugrunde. Die Löhne fielen unaufhaltsam, aber die Schuldenlasten blieben, in Dollar gerechnet, unverändert. Dadurch waren die Haushalte, die ohnehin schon ihre Ausgaben wegen hoher Schulden zurückgefahren hatten, gezwungen, sich noch stärker einzuschränken. Während der Weltwirtschaftskrise bildeten Verschuldung und Deflation eine tödliche Kombination, die die Wirkungen der gehebelten Verluste noch verstärkte, über die wir bereits gesprochen haben.

Verschuldung und Deflation sind natürliche Komplizen. Wenn verschuldete Haushalte ihre Ausgaben einschränken, senkt der Handel die Preise, um die Verkäufe insgesamt anzukurbeln. Das lässt sich aber nur aufrechterhalten, wenn die Firmen, die ihre Preise reduzieren, auch ihre Löhne senken, um Kosten einzusparen. Also führt niedrigere Nachfrage zu niedrigeren Löhnen, wodurch das Problem noch weiter verschärft wird, weil die Schuldenlasten der Haushalte im Verhältnis zu ihrem Einkommen steigen. Das zwingt die Haushalte, ihre Ausgaben noch weiter zurückzufahren – und so weiter und so fort.

Der große amerikanische Ökonom Irving Fisher bezeichnete diesen Teufelskreis als »Schuldendeflation«. Er schrieb 1933: »Ich bin ... der festen Überzeugung, dass diese beiden Leiden der Wirtschaft, die Schulden-Krankheit und die Preisniveau-Krankheit, wichtigere Ursachen von großen Booms und Depressionen sind als alle anderen Faktoren zusammengenommen.«[184] Seine Argumentation war *distributional*. Da Kreditverträge in Dollarbeträgen abgeschlossen werden, macht es eine Deflation dem Schuldner schwerer, seine Schulden zurückzuzahlen. Andererseits gewinnt der Kreditgeber durch Deflation, da er für die gleichen Zinsen, die er für seinen Kredit erhält, mehr Güter kaufen kann. Deflation ist ein Mechanismus, der Kaufkraft – oder Wohlstand – vom Schuldner auf den Kreditgeber umverteilt.

Wenn also Deflation einem Schuldner Kaufkraft entzieht, trägt dann *Inflation* dazu bei, den Schlag zu dämpfen, indem sie ihm Kaufkraft zurückgibt? Im Prinzip ja. Gestiegene Preise und Löhne erleichtern es dem Schuldner, mit seinem höheren Lohn die in Dollar festgelegten Tilgungen zu leisten. Entsprechend verringern höhere Preise den Wert der Zinszahlungen an den Kreditgeber. Die höhere marginale Konsumneigung von Schuldnern bedeutet, dass eine solche Umverteilung von Kaufkraft der Wirtschaft insgesamt nützt – Schuldner geben von ihrer gestiegenen Kaufkraft mehr aus, als Kreditgeber in Reaktion auf ihren gleich hohen Verlust weniger ausgeben. Was uns zur Rolle der Geldpolitik bringt. Nach der obigen Logik können geldpolitische Maßnahmen, falls sie Deflation verhindern und Inflation fördern können, die negativen Folgen einer durch Verschuldung angetriebenen Rezession reduzieren.

Während der Weltwirtschaftskrise unterließ es die Federal Reserve, eine Deflation zu verhindern, und das ist weithin kritisiert worden. So kritisierten zum Beispiel Milton Friedman und Anna Schwartz in ihrem 1963 erschienenen Klassiker *A Monetary History of the United States* (»Eine monetäre Geschichte der Vereinigten Staaten«) die Fed, weil sie die Geldmenge zu knapp gehalten und es unterlassen habe, eine Deflation zu verhindern. Anlässlich des 90. Geburtstags von Milton Friedman im Jahr 2002 gelobte Ben Bernanke, ehemaliger Professor der Wirtschaftswissenschaften an der Princeton University und ausgewiesener Experte für die Weltwirtschaftskrise, öffentlich: »Ich möchte Milton und Anna sagen: Wegen der Weltwirtschaftskrise – ihr habt recht, wir waren es. Das tut uns sehr leid, aber dank euch werden wir es nicht noch einmal tun.«[185]

Bernanke erwies sich als Mann, der zu seinem Wort steht. Als 2007 und 2008 der Moment der Wahrheit gekommen war, öffnete die Fed ihre Geldschleusen sperrangelweit (siehe die lange Liste der ergriffenen Maßnahmen in Kapitel 9). Das aggressive Vorgehen der Fed half in der Tat, eine Wiederholung der deflationären Spirale wie während der Weltwirtschaftskrise zu verhindern. Dennoch war während der Großen Rezession keine steigende Inflation zu beobachten, obwohl sie den makroökonomischen Schaden übermäßiger Verschuldung verringert hätte. Warum hat die Fed das Problem der gehebelten Verluste nicht einfach weginflationiert?

Ein Zauberknopf für Inflation?

Bedauerlicherweise hat kein Zentralbanker einen Zauberknopf, den er einfach drücken kann, um Inflation zu erzeugen. Eine Deflation zu verhindern, ist das eine, aber in nennenswertem Maße Inflation zu erzeugen, ist wesentlich schwieriger. Wenn eine Volkswirtschaft unter übergroßen Schuldenlasten leidet und sich an der Null-Prozent-Untergrenze für nominale Zinssätze befindet, schwinden die Möglichkeiten der Geldpolitik, die Preise nach oben zu drücken. Selbst über die ausführlich dokumentierten, durch die Null-Prozent-Untergrenze gesetzten Grenzen hinaus schwächt das Problem der gehebelten Verluste die Macht der Geldpolitik ganz erheblich.

Um zu verstehen, warum das so ist, müssen wir uns im Einzelnen ansehen, wie die Federal Reserve operiert. Die direkteste Methode, um Inflation zu erzeugen, besteht darin, die in Umlauf befindliche Geldmenge deutlich zu vergrößern. Wenn mehr Geld um die gleiche Menge an Waren und Leistungen konkurriert, müssen Preise und Löhne steigen. Die Geldmenge der Vereinigten Staaten umfasst sowohl den *Bargeldumlauf* – die Münzen und Scheine, als die wir uns Geld normalerweise vorstellen – als auch die *Bankreserven*. Die Bankreserven sind Geld, das in-

193

nerhalb des Bankensystems gehalten wird, entweder als Bargeld im Banktresor oder als Einlagen der Geschäftsbanken bei der Federal Reserve.

Die Bankreserven sind nicht Bestandteil des Bargeldumlaufs. Wenn die Fed die Geldmenge erhöhen will, kauft sie Anleihen (in der Regel US-Schatzwechsel) von den Geschäftsbanken, die sie mit Bankreserven bezahlt. Mit anderen Worten: Die Fed erzeugt *Bankreserven* und nicht Bargeld im Umlauf.[186] Höhere Bankreserven führen nur dann zu einem größeren Bargeldumlauf, wenn die Banken mit vermehrter Kreditvergabe auf die erhöhten Reserven reagieren. Wenn die Banken nicht mehr Kredite vergeben – oder wenn die Kreditnehmer, was auf das Gleiche hinausläuft, nicht mehr Kredite aufnehmen –, wirken sich erhöhte Bankreserven nicht auf den Bargeldumlauf aus. Das ist es, was während der Großen Rezession geschah. Zu den aggressiven Maßnahmen, die die Fed ergriff, gehörte mehr Liquidität für die Banken – dadurch stiegen die Bankreserven und sanken die Interbank-Zinsen, aber es wirkte sich kaum auf die tatsächliche Kreditvergabe aus und hatte deswegen auch nur geringe Wirkung auf den Bargeldumlauf. Wie wir in Kapitel 9 gezeigt haben, ging das Volumen der Kreditvergabe durch die Banken stark zurück, wobei gleichzeitig die Bankreserven in die Höhe schossen.

Es wird vielleicht viele Leser überraschen, aber es stimmt: Die Federal Reserve hat die umlaufende Geldmenge nicht direkt unter Kontrolle. Sie erzeugt kein *Geld*, sondern *Bankreserven*. Nach der Weltwirtschaftskrise war eine Gruppe von renommierten Ökonomen – unter ihnen auch Irving Fisher – zutiefst erbost über diese fehlende Kontrolle und setzte sich vehement für Maßnahmen ein, die der Fed die volle Verfügungsgewalt über die umlaufende Geldmenge verschaffen sollten. Sie schrieben: »[Die aktuelle Rechtslage] verleiht unseren vielen tausend Geschäftsbanken die Macht, das Volumen unserer umlaufenden Mittel zu vergrößern oder zu verkleinern, indem sie das Volumen von Bankkrediten und Geldanlagen vergrößern oder verkleinern. Also üben die Banken eine Macht aus, die schon immer – und zu Recht – für ein Vorrecht des Souveräns gehalten wurde.«[187] Die Ökonomen schafften es allerdings nicht, ihre Vorschläge durchzusetzen, und das gleiche Problem machte der Geldpolitik während der Großen Rezession siebzig Jahre später erneut zu schaffen.

Im Kontext einer durch gehebelte Verluste verursachten Rezession schränkt es die Möglichkeiten der Geldpolitik ein, wenn man sich nicht darauf verlassen kann, dass die Banken die Kreditvergabe ausweiten. Man muss bedenken, dass die privaten Haushalte und sogar die Unternehmen während einer auf gehebelte Verluste zurückzuführenden Krise damit zu kämpfen haben, ihre Schulden zurückzuzahlen, und dass die Banken unter einer hohen Ausfallquote leiden. Unter solchen Umständen wollen die Banken keine zusätzlichen Kredite vergeben, und die Haushalte wollen keine zusätzlichen Schulden aufnehmen. Das bedeutet, dass genau dann, wenn die Geldpolitik eine höhere Kreditvergabe bräuchte, um mehr Geld in Umlauf zu bringen, natürliche Kräfte in der Wirtschaft der Vergabe neuer Kredite entgegenwirken.[188]

Wir können sehen, wie sich das während der Großen Rezession entwickelte, indem wir das Volumen der Bankreserven mit dem Bargeldumlauf vergleichen. In den fünf Monaten von August 2008 bis Januar 2009 verzehnfachten sich die Bankreserven – von 90 Milliarden auf 900 Milliarden Dollar –, was die extrem aggressive Haltung der Fed zeigt. Diese aggressive Geldpolitik wurde bis 2013 fortgesetzt; während wir diese Zeilen schreiben, haben die Bankreserven einen Wert von über zwei Billionen Dollar erreicht.

Der Bargeldumlauf nahm zu, aber im Vergleich zur Steigerung der Bankreserven nur moderat. Abbildung 11.1 zeigt diese Entwicklung. Durch die aggressive Geldpolitik stiegen die Bankreserven ganz erheblich, was aber nur eine geringe Anstoßwirkung auf den Bargeldumlauf hatte. Durch Banken, die keine Kredite vergeben und Haushalte, die keine Schulden aufnehmen wollten, wurde die Wirksamkeit der Geldpolitik ge-

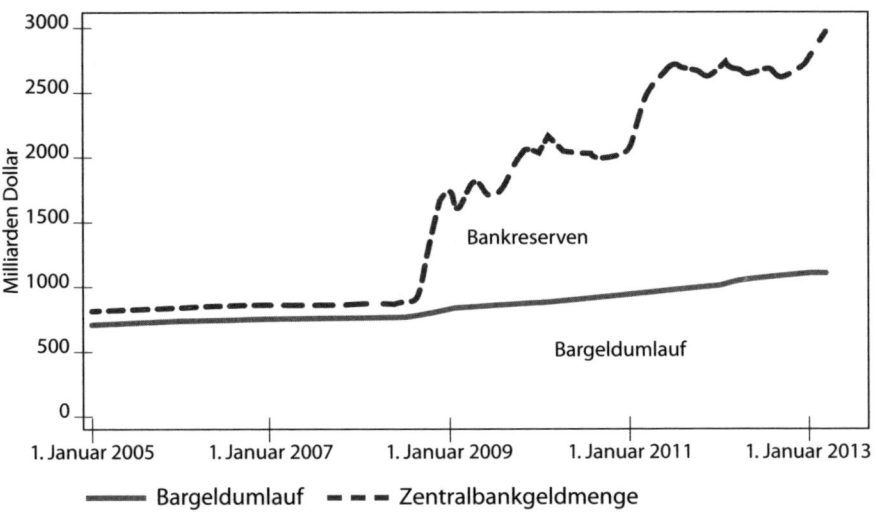

Abb. 11.1: Die Zentralbankgeldmenge während der Großen Rezession

stört. Die Fed verhinderte Deflation, aber wahrscheinlich gibt es keinen Weg, wie sie nennenswerte Inflation hätte erzeugen können.

Diese Machtlosigkeit der Zentralbanker während einer durch gehebelte Verluste verursachten Krise manifestierte sich in den Vereinigten Staaten nicht nur während der Großen Rezession. Das in Abbildung 11.1 dargestellte Muster zeigte sich auch während der Weltwirtschaftskrise, worauf sowohl Paul Krugman als auch Peter Temin hingewiesen haben.[189] Und Richard Koo hat gezeigt, dass sowohl die Länder auf dem europäischen Festland als auch Großbritannien in der Großen Rezession eine ähnliche Zunahme von Bankreserven registrierten, während die umlaufende Geldmenge konstant blieb. Das Gleiche gilt für Japan ab 1994.[190] Die Zentralbanken bekämpfen eine durch gehebelte Verluste entstandene Rezession, indem sie das Bankensystem mit Reserven fluten, aber niemand will Kredite vergeben oder Schulden machen. Ein Vorschlag wäre, noch nachdrücklicher zu versuchen, die Banken dazu zu bringen, mehr Kredite zu vergeben; aber wir haben die Probleme, die dieser Ansatz mit sich bringt, in Kapitel 9 gesehen. Es ist wirtschaftlich nicht sinnvoll für eine Bank, Kredite in ein wirtschaftliches Umfeld auszureichen, das von zu hohen Schulden geplagt wird. Noch mehr Schulden sind keine Lösung für ein durch Schulden verursachtes Problem.

Ein besserer Ansatz wäre es, den Zentralbanken zu ermöglichen, unter völliger Umgehung des Bankensystems Geld direkt in die Wirtschaft zu injizieren. Das extremste Bild, dass einem dabei in den Sinn kommt, ist der Präsident der Federal Reserve, der Hubschrauber losschickt, um Bargeld abzuwerfen. Die Idee, Bargeld direkt in die Wirtschaft zu injizieren, mag zunächst verrückt klingen, aber eine ganze Reihe von renommierten Ökonomen und Kommentatoren haben genau diese Maßnahme vorgeschlagen, um schweren wirtschaftlichen Abschwüngen zu begegnen.[191] Nur ein paar Jahre bevor Ben Bernanke zum Präsidenten der Fed berufen wurde, hatte er gesagt, die japanische Zentralbank hätte in den 1990er-Jahren Bargeld aus Hubschraubern abwerfen sollen – was ihm den Spitznamen »Helicopter Ben« eintrug.[192] Martin Wolf, Kolumnist der *Financial Times*, schrieb im Februar 2013: »Die Auffassung, dass es nicht richtig ist, auf eine Finanzkrise zu reagieren, indem man ein bewusst erhöhtes fiskalisches Defizit durch monetäre Maßnahmen finanziert – kurz gesagt, durch Hubschrauber-Geld –, ist falsch. Dieses Instrument muss man einfach im Werkzeugkasten haben.«[193] Willem Buiter hat ein rigoroses Modell entwickelt, um zu zeigen, dass solche Hubschrauberabwürfe tatsächlich einer Wirtschaft helfen würden, die an der Null-Prozent-Untergrenze für nominale Zinssätze in der Falle sitzt:[194] Am besten sei es, wenn diese Hubschrauber ihr Geld über den verschuldeten Gebieten abwürfen, meinte er. Diese Übung würde ähnlich positive Wirkungen erzielen wie die Schuldenerlasse, die wir im vorigen Kapitel vorgeschlagen haben.

Wie Sie vielleicht schon vermutet haben, ist das Abwerfen von Geld aus Hubschraubern nur eine Analogie. In Wirklichkeit könnte die Fed Cash in die Wirtschaft injizieren, indem sie Geld druckt und damit zum Beispiel die Lehrergehälter zahlt. Das Problem dabei ist allerdings, dass es gegen das Gesetz verstieße, wenn die Fed Geld drucken und es den Leuten in die Hand drücken würde. Zahlungsmittel sind formal gesehen eine Verbindlichkeit des Staates, und das Emittieren von Regierungsverbindlichkeiten ist ein fiskalischer Akt, den nur das Finanzministerium ausüben darf. Das erklärt, warum die Fed Bankreserven gegen Wertpapiere *eintauschen* muss. Es ist ihr nicht gestattet, Zahlungsmittel oder Bankreserven in Umlauf zu bringen, ohne dafür eine Sicherheit hereinzunehmen. Und außerdem: Wollen wir wirklich glauben, dass Zentralbanker so etwas tun würden, selbst wenn sie es dürften? In den meisten entwickelten Volkswirtschaften der Welt bauen Zentralbanker ihre Karriere auf Referenzen auf, die sie als konservative Inflationsbekämpfer ausweisen. Es fällt schwer, sich solche Leute vorzustellen, wie sie fröhlich über den Städten im ganzen Land Geld abwerfen. Wir werden auf diesen Punkt später in diesem Kapitel noch einmal zurückkommen.

Der Zinssatz-Kanal

Die Geldbasis zu vergrößern, ist jedoch nicht die einzige Methode, mit denen Zentralbanker versuchen, in einer Krise die wirtschaftlichen Aktivitäten anzukurbeln. Sie senken auch Zinssätze, die noch nicht an der Null-Prozent-Untergrenze angekommen sind. So hat zum Beispiel die Federal Reserve während der Großen Rezession und danach aggressiv hypothekenbesicherte Verbriefungen aufgekauft, um die gestiegenen Zinsen auf Hypothekendarlehen, die den Haushalten zu schaffen machten, nach unten zu drücken. Man glaubte, dass niedrigere Zinsen auf ausstehende Hypothekenschulden und andere Kredite, über die die privaten Haushalte ihre Ausgaben finanzierten, die Wirtschaft in Schwung bringen würden.

Allerdings können oder wollen diejenigen privaten Haushalte, die normalerweise die höchste marginale Konsumneigung aus Krediten zeigen, keine zusätzlichen Schulden aufnehmen. Man muss bedenken, dass die Schuldner in einer auf gehebelte Verluste zurückzuführenden Krise massive Verluste ihrer Vermögenswerte erleiden. Viele von ihnen sind mit ihrem Haus überschuldet oder haben nach einer Insolvenz einen sehr niedrigen Bonitäts-Score. Die meisten von ihnen ringen verzweifelt darum, ihre finanziellen Verhältnisse wieder in Ordnung zu bringen, indem sie sparen, und das Letzte, was sie brauchen können, sind zusätzliche Schulden. Von denen, die sich tatsächlich etwas leihen wollen, sind die meisten von den Kreditmärkten ausgeschlossen, die in einer Krise nur Menschen mit makelloser Bonität etwas leihen.

Zwar fielen die Zinsen für ein Hypothekendarlehen mit 30 Jahren Laufzeit von 6,5 Prozent im Juli 2007 auf 3,5 Prozent im Juli 2012, aber die Banken schränkten den Kreis der Schuldner, die von den niedrigeren Zinsen profitieren konnten, rigoros ein. Im März 2012 zahlten daher 70 Prozent der Schuldner mit einem festverzinslichen Hypothekendarlehen über 30 Jahre Laufzeit Zinsen von fünf Prozent oder mehr, obwohl die zu dieser Zeit auf dem Geldmarkt üblichen Hypothekenzinsen nur 3,8 Prozent betrugen.[195]

Verschuldete Hauseigentümer kamen nicht in den Genuss niedrigerer Zinssätze, und daher war die Geldpolitik während und nach der Großen Rezession weit weniger wirkungsvoll. Um ein existierendes Hypothekendarlehen umzuschulden, verlangten die meisten Banken, dass der Hauseigentümer erhebliches Eigenkapital in seiner Immobilie haben musste. Als jedoch die Immobilienpreise kollabierten, erging es dem Eigenkapital genauso. In Arizona, Florida und Nevada – wo über 50 Prozent der Hauseigentümer überschuldet waren – war die Neigung zum Umschulden unter allen Bundesstaaten am geringsten. Abbildung 11.2 zeigt diesen Zusammenhang für alle Bundesstaaten im Jahr 2010.

Außerdem haben die meisten Hauseigentümer, als sie ihre existierenden Hypothekendarlehen während der Großen Rezession umschuldeten, keine Barentnahmen gemacht. Tatsächlich war der Anteil der Hauseigentümer, die zusätzliches Eigenkapital aus ihrer Immobilie zogen, im Jahr 2012 niedriger als in jedem anderen Jahr seit 1993. Abbildung 11.3 zeigt den Anteil aller Umschuldungen, bei denen der Hauseigentümer eine Barent-

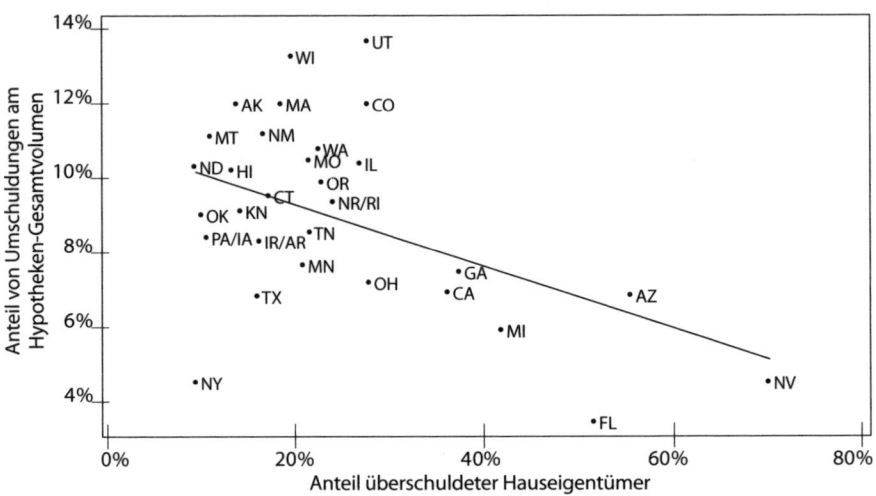

Abb. 11.2: Überschuldete Hauseigentümer und Umschuldungen von Hypothekendarlehen im Jahr 2010

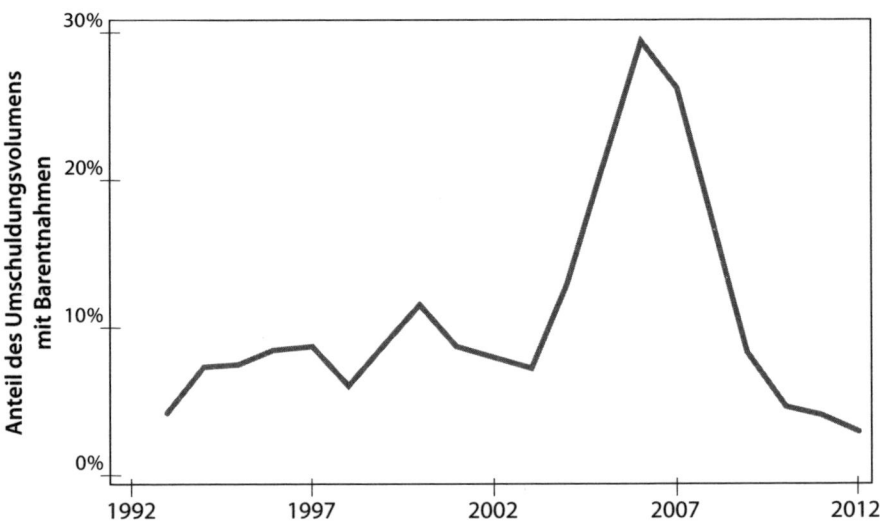

Abb. 11.3: Entwicklung von Umschuldungen mit Barentnahmen

nahme machte. Während des Immobilienbooms schoss dieser Anteil in die Höhe, da viele Hauseigentümer aggressiv Eigenkapital aus ihrer Immobilie zogen, er ging dann aber von 2008 bis 2012 stark zurück – also genau in der Zeit, als die Federal Reserve versuchte, durch niedrigere Zinssätze die Kreditvergabe anzukurbeln.

In einem Szenario gehebelter Verluste weigern sich die Banken, Kredite zu vergeben, und die privaten Haushalte vermeiden es, Schulden zu machen. Das gleiche Problem, das die Versuche der Zentralbanker vereitelt, die umlaufende Geldmenge zu vergrößern, behindert auch ihre Fähigkeit, die privaten Haushalte dazu zu bewegen, Schulden zu machen – der Geldpolitik gelingt es nicht, den Schuldenzyklus wieder in Gang zu setzen.

Inflationserwartungen

Wenn eine Zentralbank während einer auf gehebelte Verluste zurückzuführenden Rezession die Bankreserven expandiert, werden nicht mehr Kredite vergeben oder aufgenommen und es kommt zu einem schweren und langen wirtschaftlichen Abschwung. Aber irgendwann wird die Wirtschaft sich wieder erholen, und wenn die Zentralbank die Zinsen auch weiterhin sehr niedrig hält, werden die Banken wieder mehr Kredite vergeben. Dadurch wird Inflation erzeugt. Hin und wieder ist zu hören, dass die Wirtschaft sogar davon profitieren könne, wenn die Bevölkerung auf lange Sicht Inflation erwartet. Nach dieser Sicht der Dinge führen Inflationserwartungen zu höherem Konsum, obwohl die Wirtschaft mit dem Rücken an der Wand der Null-Prozent-Untergrenze steht. Rufen Sie sich aus Kapitel 4 in Erinnerung, dass die Zinsen unter Umständen negativ sein müssen, um manche Haushalte dazu zu bewegen, mehr Geld auszugeben. Mit anderen Worten: Um die Haushalte zu motivieren, mehr Geld auszugeben, müsste man ihnen Strafzinsen dafür berechnen, dass sie ihr Geld sparen, statt es auszugeben. Wenn man Inflationserwartungen schürt, trägt das dazu bei, einen negativen Zinssatz zu erreichen.

201

Nehmen wir zum Beispiel an, Sie hätten 1000 Dollar auf einem Bankkonto, das null Prozent Zinsen abwirft. Falls Sie erwarten, dass der Preis der Güter, die Sie später kaufen wollen, steigt, dann wird die Kaufkraft ihrer 1000 Dollar auf der Bank sinken. Mit anderen Worten: Im Verhältnis zum Preis der realen Dinge, die Sie kaufen wollen, führt Inflation zu einem *negativen* Zinssatz auf ihrem Bankkonto. Das wird Sie motivieren, Ihr Geld lieber auszugeben, anstatt es zu sparen, wodurch Ihre Nachfrage insgesamt steigt. Wenn es der Fed nun gelänge, Sie glauben zu machen, dass es über kurz oder lang zu einer Inflation kommt, dann könnte das nach der Inflationserwartungstheorie die Wirtschaft ankurbeln.

Das Problem mit dieser Argumentation ist jedoch, dass sie davon ausgeht, dass die Haushalte in ihrem Ausgabenverhalten sehr sensibel auf Veränderungen der realen Zinssätze reagieren. Das mag zwar unter normalen Umständen so sein, aber während einer durch gehebelte Verluste entstandenen Krise kann dieser Zusammenhang verloren gehen. In einer Wirtschaft mit exzessiven Schulden und kollabierenden Preisen für Vermögenswerte sind verschuldete Haushalte gezwungen, ihre Ausgaben massiv einzuschränken, und sie werden von den Kreditmärkten ausgeschlossen, selbst wenn sie einen Kredit aufnehmen wollten. Darum können selbst negative Zinsen die Konsumausgaben nicht merklich ankurbeln.

Aber nehmen wir an, die Haushalte würden tatsächlich in ihrem Konsumverhalten auf höhere Inflationserwartungen reagieren. Selbst dann bliebe ein ernstes Problem: Es ist außerordentlich schwierig für eine Zentralbank, in einer durch gehebelte Verluste entstandenen Rezession höhere Inflationserwartungen zu schüren. Die Haushalte werden nur dann höhere Inflation erwarten, wenn die Zentralbank sich darauf festlegt, Inflation selbst dann zuzulassen, wenn die Wirtschaft sich erholen und der Null-Prozent-Untergrenze für nominale Zinssätze entgehen sollte.

Aber das Renommee eines Zentralbankers beruht darauf, dass er Inflation *bekämpft*, und deshalb erwartet die breite Bevölkerung, dass die

Zentralbank einschreitet und die überflüssigen Reserven aus dem System nimmt, wenn die Wirtschaft anfängt, sich zu erholen. Wenn man nicht sicher sein kann, dass die Zentralbank Inflation zulässt, wenn die Wirtschaft sich erholt, dann wird die Wirtschaft keinen Nutzen aus höheren Inflationserwartungen ziehen. Paul Krugman hat bekanntlich über Japans verlorenes Jahrzehnt Folgendes geschrieben: »Die Geldpolitik wird in der Tat Wirkung entfalten, wenn die Zentralbank überzeugend versprechen kann, dass sie sich *verantwortungslos* verhalten wird …« (unsere Hervorhebung).[196] Wir würden sogar noch weitergehen: Die für die Geldpolitik Verantwortlichen müssten sich darauf festlegen, *sehr* verantwortungslos zu handeln, wenn sie mitten in einem durch gehebelte Verluste verursachten Abschwung Inflationserwartungen schüren wollen. Wenn dann der Crash kommt, werden die Haushalte ihre Ausgaben massiv einschränken. Angesichts einer massiv wegbrechenden Nachfrage wäre die natürliche Reaktion der Unternehmen, Preise und Löhne zu *senken*. Und genau das ist es, was während der Weltwirtschaftskrise geschah. Es sei noch einmal betont, dass diese natürlichen Kräfte innerhalb der Wirtschaft in einem gravierenden Abschwung der Wirtschaft *gegen* Inflation und *für* Deflation wirken. Die Geldpolitik steht vor einer Sisyphusaufgabe.

Sind die Zentralbanken bereit, verantwortungslos genug zu handeln, um dieses Spiel zu gewinnen? Die Fakten lassen vermuten, dass man diese Frage mit Nein beantworten muss. Die Europäische Zentralbank hat sich konservativ verhalten, ebenso die Bank of England. Die Federal Reserve hat sich etwas weiter vorgewagt, mit aggressivem »quantitative easing« und mit an bestimmte Voraussetzungen geknüpften Ankündigungen ihrer zukünftigen Politik. Aber Christina Romer, die frühere Vorsitzende des US-Sachverständigenrats zur wirtschaftlichen Entwicklung, hat dazu gesagt: »In Wahrheit waren selbst diese Ankündigungen ziemlich kleine Schritte. … Es bleibt die zentrale Tatsache, dass die Fed nicht bereit gewesen ist, einen grundsätzlich anderen Weg einzuschlagen. Und deshalb ist es der Geldpolitik nicht gelungen, einen entscheidenden Beitrag zur wirtschaftlichen Erholung zu leisten.«[197]

In makroökonomischen Modellen mag es wunderbar funktionieren, sich auf geldpolitische Maßnahmen zu verlassen, um Inflation zu erzeugen. Will man sich aber im wirklichen Leben auf die Unverantwortlichkeit von Zentralbankern verlassen, hat man von vornherein verloren. Wir können nicht von ihnen erwarten, dass sie das Schuldenproblem wie durch Zauberhand lösen werden.

Was ist mit der fiskalpolitischen Alternative?

Im Gegensatz zu den »keynesianischen« Theorien konzentriert sich die von uns entwickelte Theorie der gehebelten Verluste auf die *Ursache* des Nachfrageschocks, was dann ohne Umwege zu politischen Maßnahmen führt, die das Problem exzessiver Verschuldung der privaten Haushalte direkt in Angriff nehmen. Dessen ungeachtet helfen staatliche Konjunkturprogramme während eines starken wirtschaftlichen Abschwungs durchaus, weil sie die Gesamtnachfrage steigern. Die meisten Ökonomen sind sich darüber einig, dass staatliche Konjunkturprogramme in normalen Zeiten kaum eine Wirkung auf die Wirtschaft haben, weil sie private Ausgaben verdrängen und weil die Haushalte wissen, dass sie letztlich höhere Steuern werden zahlen müssen, um diese staatlichen Ausgaben zu finanzieren. Sollten sie überhaupt eine Wirkung haben, kann es gut sein, dass solche Konjunkturprogramme der Wirtschaft in normalen Zeiten sogar schaden, weil sie die Anreize des Marktes durch Besteuerung verzerren. Wenn jedoch Friktionen wie die Null-Prozent-Untergrenze die Wirtschaft unter Druck setzen, können schuldenfinanzierte staatliche Konjunkturprogramme durchaus positive Wirkungen entfalten.

Umfangreiche Forschungen zeigen den kurzfristigen Nutzen staatlicher Konjunkturprogramme – vor allem, wenn die Wirtschaft mit dem Rücken an der Wand der Null-Prozent-Untergrenze steht. Emi Nakamura und Jon Steinsson haben für die vergangenen 50 Jahre auf der Ebene der Bundesstaaten die Wirkung stark erhöhter Verteidigungsausgaben auf das BIP untersucht. Sie fanden erhebliche Auswirkungen: Jeder für militärische Zwecke ausgegebene Dollar erzeugte 1,50 Dollar an Wirtschaftsleistung. Die Autoren schreiben: »Unsere Ergebnisse stützen Modelle, nach denen ein Nachfrageschock starke Auswirkungen auf die Wirtschaftsleistung haben kann.«[198] Zwei andere unabhängige Studien belegten positive Auswirkungen des American Recovery and Reinvestment Act (»Amerikanisches Aufschwungsgesetz und Reinvestitionsgesetz«), der 2009 verabschiedet wurde. Beide Studien machten sich die Unterschiede bei den staatlichen Ausgaben in verschiedenen Bundesstaaten zunutze und fanden aufgrund dieser Daten signifikante Auswirkungen auf den Beschäftigungsmarkt.[199]

Also können staatliche Konjunkturprogramme die Wirtschaft beleben, Anstrengungen hingegen, mitten in einer durch gehebelte Verluste verursachten Krise Einsparungen durchzusetzen, sind kontraproduktiv. Aber aus unserer Sicht sind staatliche Konjunkturprogramme wesentlich weniger wirkungsvoll als Umstrukturierungen von Schulden der privaten Haushalte, wenn zu hohe private Verschuldung das fundamentale Problem der Wirtschaft ist. Die wirkungsvollste Politik besteht in diesem Fall darin, denjenigen Geld zu geben, die es zum größten Teil wieder ausgeben werden: verschuldete Hauseigentümer haben eine extrem hohe marginale Konsumneigung. Die bessere Wirksamkeit von Schuldenumstrukturierungen im Vergleich zu staatlichen Konjunkturprogrammen zeigt sich in etlichen der einflussreichsten »keynesianischen« Modellen der Großen Rezession. So haben zum Beispiel Gauti Eggertsson und Paul Krugman eine einflussreiche theoretische Studie veröffentlicht, in der die Theorie der gehebelten Verluste eine wichtige Rolle spielt. Eine wichtige Erkenntnis daraus ist, dass sich »die Begründung für expansive fiskalpolitische Maßnahmen ganz natürlich aus diesem Modell [ergibt].«[200] Aber nach diesem Modell stößt die Wirtschaft gegen die Null-Prozent-Untergrenze für nominale Zinssätze, weil verschuldete Hauseigentümer gezwungen sind, ihre Ausgaben drastisch einzuschränken. Im Kontext dieses Modells würde unverzügliches Umstrukturieren privater Schulden helfen, die Liquiditätsfalle von vornherein zu vermeiden, weil so der starke Nachfrageeinbruch vermieden würde. Krugman setzt sich entschieden dafür ein, die Schulden von privaten Haushalten umzustrukturieren.[201]

Staatliche Konjunkturprogramme sind eine unbeholfene Alternative. Wenn solche Programme nicht in Form von Schuldenerlassen umgesetzt werden, kommen sie nicht der richtigen Bevölkerungsgruppe zugute.[202] Außerdem müssen staatliche Ausgaben über kurz oder lang von irgendjemandem bezahlt werden, und zwar über Steuereinnahmen. Wenn diese Steuern nicht von den Kreditgebern in der Wirtschaft bezahlt werden, die für den Immobilienboom verantwortlich waren, können staatliche Programme nicht die Umverteilung von Kreditgebern zu Schuldnern reproduzieren, die die Gesamtnachfrage am wirksamsten ankurbelt. Anders ausgedrückt: Das wirksamste Konjunkturprogramm bestünde darin, dass der Staat Kreditgeber besteuern und das Geld Schuldnern zur Verfügung stellen würde. Aber warum brauchen wir überhaupt staatliche Konjunkturprogramme? So würden zum Beispiel »cram-downs« für notleidende Hypothekendarlehen das gleiche Ziel erreichen, ohne dass man dafür zu steuerlichen Instrumenten greifen müsste.

Fiskalpolitische Maßnahmen sind ein Versuch, das Umstrukturieren von Schulden zu bewirken, was aber in den Vereinigten Staaten besonders problematisch ist, weil deren Staatseinnahmen aus der Besteuerung von *Einkommen* stammen, nicht von *Vermögen*.[203] Die Kreditgeber, die vom Staat besteuert werden sollten, sind häufig die reichsten Menschen in der Wirtschaft, weshalb sie ja überhaupt erst in der Lage sind, den Kreditnehmern Geld zu leihen. Aber die Reichen haben nicht unbedingt hohe Einkommen; und umgekehrt sind Menschen mit einem hohen Einkommen nicht unbedingt wohlhabend. So mag zum Beispiel ein Investmentbanker im Ruhestand kein Einkommen haben, aber dennoch reich sein, während ein junges berufstätiges Paar ein hohes Einkommen haben kann, ohne deswegen reich zu sein. Man denke nur an ein junges Paar, das nach der

Universität zum ersten Mal in einem Beruf arbeitet: Die beiden haben ein hohes Einkommen, aber so gut wie kein Vermögen. Ihr MPC aus Einkommen mag sehr hoch sein, da sie ein stetiges hohes Einkommen erwarten, aber sie müssen auch hohe Investitionen vorab finanzieren, etwa, um ihre erste Wohnung zu möblieren. Sie zu besteuern, würde der Wirtschaft schaden. Außerdem verzerrt der Staat durch Besteuern von Einkommen die Anreize zu arbeiten, was dazu führen könnte, dass einer der beiden Partner lieber zu Hause bleibt, statt zu arbeiten. All diese Probleme lassen vermuten, dass Steuergesetze, die Einkommen besteuern, das durch gehebelte Verluste entstandene Problem im Vergleich zur Umstrukturierung privater Schulden wesentlich weniger effektiv werden lösen können.

Und schließlich bewahren Umstrukturierungen die Anreize des Marktes. Wie wir in Kapitel 8 gezeigt haben, geht jeder durch gehebelte Verluste entstandenen Katastrophe eine Assetpreisblase voran, die von Kreditgebern durch leichtfertig vergebene Kredite angetrieben wurde. Sie sind für die darauffolgende Katastrophe mitverantwortlich, und dadurch, dass man ihnen einen Teil der Verluste auferlegt, wird ein Akteur diszipliniert, der Mitschuld daran hat, dass die Krise überhaupt erst entstand. Die Steuerzahler sind zu recht empört, wenn sie herangezogen werden, um für die Fehler von anderen geradezustehen; und Kreditgeber zu zwingen, Verluste zu übernehmen, ist sicherlich politisch akzeptabler als die meisten Formen staatlichen Konjunkturprogramme. Der Ökonom Hans-Werner Sinn brachte genau das zum Ausdruck, als er einen indignierten Artikel über die Krise in Europa schrieb, in der die deutschen Steuerzahler herangezogen wurden, um Banken zu retten. Darin schrieb er: »Ein Bailout ist wirtschaftlich nicht sinnvoll und würde die Lage wahrscheinlich noch verschlimmern. Solche Pläne verstoßen gegen das Haftungsprinzip, eines der konstituierenden Prinzipien einer Marktwirtschaft, das den Gläubiger dafür verantwortlich macht, welche Schuldner er sich aussucht. Wenn ein Schuldner nicht mehr zahlen kann, sollte der Gläubiger den Verlust tragen.«[204]

Politische Lähmung

In den vorangegangenen drei Kapiteln haben wir die potenziellen politischen Maßnahmen erörtert, die eine Regierung umsetzen könnte, wenn eine durch gehebelte Verluste verursachte Krise zuschlägt. Es ist kontraproduktiv, um jeden Preis die Banken zu retten. Monetäre und fiskalische Maßnahmen können helfen, sind aber einer direkten Attacke auf die Verschuldung der privaten Haushalte unterlegen, die ja immerhin das Hauptproblem ist. Wenn man diese Schulden umstrukturiert, wird das die leidende Wirtschaft am wirkungsvollsten wieder in Schwung bringen.

Zwar ist es nützlich, darüber zu diskutieren, welche politischen Maßnahmen im Falle einer Krise am wirkungsvollsten sind, aber eine solche Diskussion ignoriert den riesigen Elefanten im Porzellanladen: Wenn wir in den vergangenen Jahren überhaupt etwas aus der politischen Diskussion gelernt haben, dann sollten wir wissen, dass die Regierung in Phasen starker Kontraktionen der Wirtschaft durch parteipolitische Konflikte gelähmt wird. Wenn sie am dringendsten gebraucht wird, ist die Politik machtlos. Zum Beispiel wurde die politische Diskussion innerhalb der Wählerschaft der Vereinigten Staaten während der Großen Rezession extrem polarisiert. Das Entstehen von Gruppierungen wie der Tea-Party-Bewegung und Occupy Wall Street sind Beispiele für einen breiter angelegten Trend: In der Hochphase der Großen Rezession nahm der Anteil der Bürger in den Vereinigten Staaten, die sich als »moderat« bezeichneten, stark ab.[205]

Im Rahmen einer gemeinsam mit Francesco Trebbi durchgeführten Studie haben wir gezeigt, dass politische Polarisierung in den Vereinigten Staaten im Laufe der vergangenen sieben Jahre die Regel war und nicht etwa die Ausnahme.[206] Wir haben die auf verschiedene Finanzkrisen jeweils folgende politische Polarisierung im Zeitraum von 1981 bis 2008 in 70 Ländern der Welt untersucht.[207] Wenn eine Krise sich manifestiert, geht der Anteil der Menschen, die sich selbst der politischen Mitte zurechnen, stark zurück. An seine Stelle tritt ein stark zunehmender Anteil von Extremisten, und zwar sowohl am linken als auch am rechten Rand des politischen Spektrums.

Unter solchen Umständen sind Regierungen schlechter in der Lage, funktionsfähige Koalitionen zu bilden, und politische Zerfallserscheinungen werden zum Normalzustand. Selbst wenn sämtliche Ökonomen der Welt sich über die richtigen politischen Maßnahmen einig wären, könnten wir uns nicht darauf verlassen, dass die Regierungen sie umsetzen würden. Das Debakel um die Schuldenobergrenze der USA im Sommer 2011, die Haushaltssperre im Jahr 2013, die Unfähigkeit der US-Regierung in den vergangenen Jahren, sinnvolle Gesetze zu verabschieden – all diese Entwicklungen sind keine Ausnahmen, sondern sie zeigen, wie machtlos eine Regierung wird, wenn die Wirtschaft am Boden liegt. Wir können uns nicht darauf verlassen, dass von der Regierung die richtigen Maßnahmen umgesetzt werden, wenn eine durch gehebelte Verluste verursachte Rezession zuschlägt. Irgendwie muss es uns gelingen, Mechanismen zu implementieren, die der Wirtschaft automatisch helfen, auf abstürzende Assetpreise zu reagieren.

Schulden sind ein schreckliches Instrument, und zwar wegen ihrer *Inflexibilität*: Sie machen nachträgliche Interventionen notwendig, um die durch einen Crash entstandenen Verluste gleichmäßiger zu verteilen. Politische Polarisierung macht solche Interventionen unwahrscheinlich. Und die Zeit, die Energie und die Ressourcen, die beim Kampf um Schuldenumstrukturierungen verschwendet werden, können teuer zu stehen kommen. Im nächsten Kapitel werden wir zeigen, dass der Teufelskreis von gehebelten Verlusten nur durchbrochen werden kann, wenn wir die Art, wie die privaten Haushalte sich finanzieren, grundlegend ändern. Wir müssen Mechanismen implementieren, die uns helfen, durch gehebelte Verluste verursachte Krisen von vornherein zu vermeiden. Wir können die Früchte des Finanzsystems nur genießen, wenn wir von einem System abrücken, das von Schulden abhängig ist wie ein Drogensüchtiger von seinem Stoff.

12   Lastenteilung

Die Studenten des College-Abschlussjahrgangs 2010 hatten kaum Zeit, ihre nagelneuen Diplome zu feiern. Die schwere Rezession stieß sie in die bittere Wirklichkeit, sich auf einem darniederliegenden Arbeitsmarkt einen Job suchen zu müssen. Seinerzeit lag die Arbeitslosenquote unter Collegeabsolventen bei über zehn Prozent.[208] Als sie 2006 ans College gekommen waren, hatte keiner von ihnen eine so katastrophale Lage voraussehen können: Nach 1989 hatte die Arbeitslosenquote unter Collegeabsolventen nie mehr als acht Prozent betragen.

Die trostlose Lage auf dem Arbeitsmarkt bedrohte noch aus einem anderen Grund den Lebensunterhalt frisch gebackener Absolventen: Viele von ihnen hatten während des Studiums eine enorme Schuldenlast aus Studentendarlehen angehäuft. Motiviert von der Aussicht auf ein gutes Gehalt hatten viele Amerikaner einen Kredit aufgenommen, um studieren zu können. Das Volumen ausstehender Studentendarlehen verdoppelte sich von 2005 bis 2010; bis 2012 hatten die Schulden der Studierenden in der US-Wirtschaft die Marke von insgesamt einer Billion Dollar überschritten.[209] Nach Schätzung des Bildungsministeriums hatten sich zwei Drittel der Absolventen mit einem Bachelor-Abschluss Geld geliehen, entweder vom Staat oder von privaten Kreditgebern.[210]

Die Absolventen des Jahrgangs 2010 hatten das Pech, dass Kreditverträge sich nicht darum scherten, wie der Arbeitsmarkt aussah. Unabhängig davon, ob ein Absolvent eine Arbeitsstelle fand, forderten seine Gläubiger, dass er seine Raten zahlte. Studentendarlehen sind in dieser Hinsicht besonders bösartig, weil man sie auch durch eine Privatinsolvenz nicht loswerden kann. Die Regierung kann das Gehalt des Absolventen oder einen Teil seiner Steuerrückerstattung oder Sozialversicherungsbeiträge pfänden, um dafür zu sorgen, dass die Raten für ein vom Staat erhaltenes Darlehen bezahlt werden.[211]

Die Kombination aus Arbeitslosigkeit und dem Schuldenüberhang aus Studentendarlehen dämpfte die Konsumnachfrage, als die Wirtschaft sie gerade am dringendsten brauchte. Frisch gebackene Collegeabsolventen mit hohen Schulden stellten größere Anschaffungen erst einmal zurück, und viele von ihnen waren gezwungen, wieder im Elternhaus einzuziehen.[212] Andrew Martin und Andrew Lehren von der *New York Times* drückten es so aus: »Für eine ganze Generation von Collegeabsolventen und verschuldeten Studienabbrechern hängen wachsende Studentenschulden über der wirtschaftlichen Erholung wie eine bedrohliche dunkle Wolke.«[213] Viele von ihnen fragten sich, welche Vorteile ein Studium ihnen überhaupt bringen könnte. Ezra Kazee, ein arbeitsloser Collegeabsolvent mit 29 000 Dollar Schulden, wurde für einen Bericht über drückende Schuldenlasten aus Studentendarlehen interviewt. »Oft hört man den Spruch, dass Ignoranz unbezahlbar ist«, sagte er. »Aber wenn man sieht, wie die höhere Bildung sich entwickelt, sieht Ignoranz jeden Tag bezahlbarer aus.«[214]

Das Prinzip der Risiko-Lastenteilung

Das Studentendarlehen-Debakel ist ein weiteres Beispiel dafür, wie das Finanzsystem uns in den Rücken fällt. Trotz der hohen Kosten eines Collegeabschlusses sind die meisten Ökonomen sich darüber einig, dass ein Studium sich lohnt, und zwar wegen des höheren Gehalts, das der Absolvent fordern kann. Dennoch kommen junge Amerikaner immer häufiger zu der Erkenntnis, dass Studentendarlehen sie auf unfaire Weise zwingen, ein hohes wirtschaftliches Risiko einzugehen. Ein Kreditvertrag schützt den Kreditgeber selbst dann, wenn der Arbeitsmarkt aus den Fugen gerät, aber die betroffenen Absolventen sind gezwungen, ihr letztes Geld zusammenzukratzen, um den Kredit zu tilgen. Junge Amerikaner zu zwingen, dieses Risiko zu tragen, ist wirtschaftlich nicht sinnvoll. Collegeabsolventen wurden in eine bittere Notlage gestoßen, und das einzig und allein, weil sie zufälligerweise 1988 zur Welt gekommen waren – 22 Jahre vor der desolatesten Arbeitsmarktsituation der jüngeren Geschichte. Warum sollten sie dafür bestraft werden? Anstatt ihnen den Erwerb einer wertvollen Bildung zu ermöglichen, macht ein auf Schulden gebautes Finanzsystem immer häufiger den Traum vom Studium zunichte.

Sowohl Studenten- als auch Hypothekendarlehen illustrieren ein übergeordnetes Prinzip. Wenn wir das Finanzsystem reparieren wollen – und wenn wir die quälenden Boom-and-Bust-Episoden verhindern wollen, die uns immer häufiger heimsuchen –, müssen wir das Kernproblem lösen: die Inflexibilität von Kreditverträgen. Wenn jemand den Erwerb einer Immobilie oder ein Studium finanzieren will, muss der Vertrag, den er unterschreibt, es ihm ermöglichen, die Risiken zu teilen. Der Vertrag muss von den wirtschaftlichen Entwicklungen abhängig gemacht werden, sodass das Finanzsystem uns hilft und nicht in den Abgrund reißt.[215]

Dieses Prinzip lässt sich leicht im Kontext von Bildung erklären. Ein Studentendarlehen sollte an Kennzahlen des Arbeitsmarktes zu dem Zeitpunkt, wenn der Student seinen Abschluss macht, geknüpft werden. So brauchen zum Beispiel Studenten in Australien und Großbritannien nur einen bestimmten Prozentsatz ihres Einkommens zu zahlen, um Studentendarlehen zu tilgen. Wenn der Student keine Arbeit finden kann, braucht er keine Tilgungen zu leisten. Aus Gründen, auf die wir noch näher eingehen werden, meinen wir, dass es besser wäre, die Tilgungszahlungen an eine breitere Kennzahl des Arbeitsmarktes zu knüpfen, nicht nur an das Einkommen des Betreffenden. Aber das Prinzip ist klar: Frischgebackene Absolventen sollten geschützt werden, wenn sie nach ihrem Studium auf einen darniederliegenden Arbeitsmarkt kommen.[216] Im Gegenzug sollten sie dem Kreditgeber mehr zurückzahlen, wenn es ihnen wirtschaftlich gut geht.

Die Nachteile von Verschuldung im Kontext von Studentendarlehen ist keineswegs eine Idee radikaler Linken. Selbst Milton Friedman erkannte die durch Studentendarlehen entstehende Problematik. Er sagte dazu: »Eine weitere Komplikation entsteht dadurch, dass ein Darlehen zu festgelegten Konditionen ungeeignet ist, um Investitionen in Bildung zu finanzieren. Solche Investitionen bringen notwendigerweise ein erhebliches Risiko mit sich. Die durchschnittliche zu erwartende Rendite mag hoch sein, aber es gibt eine breite Streuung um den Durchschnitt. Tod und Berufsunfähigkeit sind offenkundige Ursachen dieser Streuung, aber wahrscheinlich weit weniger wichtig als Unterschiede der individuellen Fähigkeiten, der Energie des Betreffenden und seines persönlichen Glücks.«[217] Friedmans Vorschlag ähnelt dem unsrigen: Er war der Meinung, dass die Finanzierung über Studentendarlehen eher »eigenkapitalähnlich« (»equity-like«) sein sollte, wobei die Tilgungsraten automatisch verringert werden sollten, falls der Student in einer Phase hoher Arbeitslosigkeit seinen Abschluss macht und auf den Arbeitsmarkt kommt.

Finanzkontrakte generell so zu gestalten, dass sie ähnlich wie Eigenkapital funktionieren, bedeutet, die Risiken für die Wirtschaft insgesamt besser zu verteilen. Wenn die Immobilienpreise steigen, würden davon sowohl Kreditgeber als auch Kreditnehmer profitieren. Entsprechend würden beide die Lasten teilen, wenn die Immobilienpreise abstürzen. Das bedeutet keineswegs, Kreditgeber auf unfaire Weise zu zwingen, nur die Verlustrisiken zu tragen. Vielmehr geht es darum, Verträge zu bevorzugen, nach denen das Finanzsystem sowohl von Gewinnen profitiert als auch einen Teil der Verluste trägt.

Finanzkontrakte, die das Risiko besser verteilen, würden dazu beitragen, dass Blasen gar nicht erst entstehen und wenn doch, ihr Platzen weniger verheerende Auswirkungen hat. Rufen Sie sich aus Kapitel 8 in Erinnerung, dass Schulden das Entstehen von Blasen fördern, weil sie Kreditgeber glauben lassen, ihr Geld sei sicher, und weil diese Sicherheit sie dazu verleitet, Kredite an Optimisten zu vergeben, die die Preise immer weiter nach oben treiben. Wenn die Kreditgeber gezwungen wären, Verluste zu tragen, sobald die Blase platzt, würden sie von vornherein nicht so leichtfertig Kredite vergeben. Sie hätten nicht so schnell das trügerische Gefühl von Sicherheit, das Schulden erzeugt. Charles Kindleberger hat ein ums andere Mal erlebt, wie Blasen entstanden, weil die Investoren glaubten, die von ihnen gehaltenen Wertpapiere seien so sicher wie Bargeld. Wir müssen diesen Teufelskreis durchbrechen.

Wir haben auch gezeigt, dass der Teufelskreis aus gehebelten Verlusten und schwerer Rezession entsteht, wenn die Schuldner gezwungen werden, die gesamten Verluste aus einem Absturz der Assetpreise zu tragen. Würden Finanzkontrakte solche Verluste gleichmäßiger sowohl Schuldnern als auch Kreditgebern auferlegen, würde die Wirtschaft von vornherein nicht in die Falle der gehebelten Verluste geraten. Das würde wohlhabende Kreditgeber mit dicker Brieftasche zwingen, einen größeren Teil der Schmerzen zu ertragen, wenn ein Crash geschieht. Aber das würde sich kaum auf ihr Ausgabenverhalten auswirken, und der Schock für die Wirtschaft durch den anfänglichen Nachfrageeinbruch wäre wesentlich erträglicher. Im Kontext des Immobilienmarktes würde eine gleichmäßigere Verteilung von Verlusten auch dazu beitragen, massenhafte Zwangsvollstreckungen zu vermeiden. Wenn Finanzkontrakte entsprechend strukturiert wären, gäbe es keine durch Zwangsvollstreckungen verursachte Krisen.

In Kapitel 10 haben wir politische Maßnahmen vorgeschlagen, die es erleichtern würden, die Schulden von privaten Haushalten zu restrukturieren, wenn ein Crash passiert. Aber nachträgliches Handeln erfordert politischen Willen und öffentliche Unterstützung, und an beidem fehlt es in einer schweren Rezession. Die Eventualkontrakte (»contingent contracts«), die wir hier vorschlagen, würden viele dieser Ziele automatisch erreichen. Und sie würden die Anreize des Marktes bewahren, weil alle

Parteien wüssten, was sie unterschreiben. Im nächsten Abschnitt werden wir eine bestimmte Art von Hypothekendarlehensvertrag vorschlagen, der diese Eigenschaften hat und den wir als »shared-responsibility mortgage« bezeichnen, als eine »Hypothek, die die Lasten teilt«. Wie wir zeigen werden, wäre die Große Rezession in den Vereinigten Staaten gar nicht erst »groß« geworden, hätte es solche Hypotheken gegeben, als die Immobilienpreise abstürzten. Es wäre lediglich ein mittlerer Abschwung geworden, bei dem wesentlich weniger Arbeitsplätze verloren gegangen wären.

Lastenteilungs-Hypotheken

Wie in Kapitel 2 besprochen zwingt ein Standard-Hypothekendarlehensvertrag den Kreditnehmer, die volle Last fallender Immobilienpreise zu tragen, bis sein Eigenkapital komplett aufgebraucht ist. Eine »shared-responsibility mortgage« (SRM), eine »Lastenteilungs-Hypothek«, weicht davon in zwei wichtigen Punkten ab: Erstens gewährt der Kreditgeber dem Schuldner *Schutz vor Verlusten*, und zweitens gibt der Schuldner *5 Prozent Kapitalgewinn* zugunsten des Kreditgebers auf.[218] Wir wollen anhand eines einfachen Beispiels zeigen, wie das funktioniert.

Stellen Sie sich eine Hauseigentümerin namens Jane vor. Sie kauft mit einer Anzahlung von 20 000 Dollar ein Haus im Wert von 100 000 Dollar. Die restlichen 80 000 Dollar hat sie über eine Hypothek finanziert. Nehmen wir weiterhin an, der Wert ihres Hauses fällt auf 70 000 Dollar. Bei einem Standard-Hypothekendarlehensvertrag mit 30 Jahren Laufzeit und fester Verzinsung verliert Jane ihr gesamtes Immobilien-Eigenkapital, das wahrscheinlich den größten Teil ihrer Ersparnisse ausmachte. An diesem Punkt hat sie zwei Möglichkeiten: Sie kann entweder ihre Hausschlüssel der Bank übergeben, oder sie kann auch weiterhin ihre Tilgungen zahlen, obwohl diese Zahlungen ihr Eigenkapital in dem Haus um keinen Cent erhöhen würden. Keine dieser Optionen ist für Jane besonders attraktiv. Der springende Punkt der Theorie der gehebelten Verluste ist, dass *beide*

Optionen ausgesprochen schlecht für uns alle sind. Der Wertverlust ihres Hauses veranlasst Jane, ihre Ausgaben massiv einzuschränken, und ihr privates Sparprogramm wird sogar noch einschneidender, wenn sie weiter ihre Raten zahlt. Falls sie zulässt, dass die Bank ihr Haus auf dem Weg einer Zwangsvollstreckung verkauft, werden dadurch die Immobilienpreise noch weiter nach unten gedrückt, was den Teufelskreis der Vermögensverluste noch beschleunigt.

Wie könnte eine SRM in dieser Situation helfen? Wenn die Immobilienpreise unverändert bleiben oder steigen, würden die Zinszahlungen aus Janes SRM gleich bleiben. Wenn zum Beispiel die aktuellen Hypothekenzinsen über 30 Jahre Laufzeit bei fünf Prozent lägen, müsste Jane bei einer SRM die gleiche Hypothekenrate wie bei einem typischen festverzinslichen Hypothekendarlehen an ihren Kreditgeber zahlen, nämlich 5204 Dollar pro Jahr. Und wie bei einem festverzinslichen Hypothekendarlehen auch, wird ein Teil der von 5204 Dollar für Zinsen verwendet und der Rest, um das Darlehen zu tilgen. Der Tilgungsplan, nach dem Janes Restschuld über die 30 Jahre hinweg abnimmt, bleibt bei einer SRM genau der gleiche wie bei einem Standard-Hypothekendarlehen mit fester Verzinsung.

Der entscheidende Unterschied zwischen der SRM und einem typischen Hypothekendarlehen besteht darin, dass die SRM Jane vor Verlusten schützt, falls der Wert ihres Hauses unter den Kaufpreis sinkt. Das wird erreicht, indem Janes Tilgungsplan an ihren lokalen Immobilienpreisindex geknüpft wird. Wird der Schutz vor Verlusten an Janes lokalen Immobilienpreisindex geknüpft statt nur an ihr eigenes Haus, wird dadurch ausgeschlossen, dass Jane ihr Haus vernachlässigen könnte, um ihre Hypothekenraten zu reduzieren. Wenn die Hypothekenraten an den genauen Wert von Janes Haus geknüpft würden, hätte sie einen perversen Anreiz, den Wert des Hauses zu mindern, indem sie es vernachlässigt, um dadurch die Höhe der Rate zu verringern. Dieses durch moralische Versuchung bedingte Problem ist wichtig und erklärt, warum Kontrakte, die wie Eigenkapital funktionieren, an eine Kennzahl für Asset-Performance geknüpft werden sollten, über die der Schuldner keine Kontrolle hat.

Es hat einen weiteren Vorteil, den lokalen Immobilienpreisindex heranzuziehen, und zwar, dass er so gut wie überall verfügbar ist. Eine Reihe von Firmen – etwa Core-Logic, Zillow, Fiserv Case-Shiller-Weiss und die Federal Housing Finance Agency Local – erstellen solche Indizes, die häufig heruntergebrochen werden auf die Ebene einzelner Postleitzahlbezirke. Man könnte diese Indizes noch glaubwürdiger machen, indem man ein allgemein anerkanntes Verfahren anwendet, um sie zu berechnen, und ein staatlicher oder privater Aufseher könnte darüber wachen, dass sie authentisch sind. Es ist nichts Neues, Zahlungen an einen öffentlich verfügbaren Index zu knüpfen. In vielen Ländern gibt es zum Beispiel Zahlungen, die an einen wie auch immer gearteten Inflationsindex geknüpft sind. Auch die US-Regierung legt inflationsindexierte Staatsanleihen auf, deren Zinserträge in Abhängigkeit von einem Inflationsindex schwanken.

Die Klausel, die Jane vor Verlusten schützt, funktioniert so, dass sie die Höhe von Janes Ratenzahlungen proportional gesenkt wird, wenn der Immobilienpreisindex unter den Wert fällt, den er hatte, als Jane ihr Haus kaufte. Wenn zum Beispiel ihr lokaler Immobilienpreisindex einen Wert von 100 hat und binnen eines Jahres um 30 Prozent fällt, würden Janes Raten im zweiten Jahr um 30 Prozent reduziert werden, also auf 3643 Dollar. Zwar wären Janes Raten dann um 30 Prozent niedriger als im obigen Beispiel, aber ihr Tilgungsplan bliebe unverändert. Im Ergebnis würde ihre Restschuld, obwohl sie niedrigere Tilgungen leistet, nach der ursprünglichen Formel abnehmen. Das bedeutet letztlich, dass Jane automatisch einen Teil ihrer Restschuld erlassen bekommt, wenn der Immobilienpreisindex in ihrer Nachbarschaft unter den Wert zum Zeitpunkt ihres Hauskaufs fällt. Falls in unserem konkreten Beispiel Janes Immobilienpreisindex für die restlichen 29 Jahre Laufzeit bei 70 bleibt, werden ihr am Ende der 30 Jahre 30 Prozent ihrer Schulden erlassen worden sein.

Aber im langfristigen Mittel ist zu erwarten, dass die Immobilien-preise steigen. Darum wird Janes Immobilienpreisindex, nachdem er auf 70 gefallen ist, wahrscheinlich wieder zunehmen und über kurz oder lang seinen ursprünglichen Wert von 100 übersteigen. In dem Maße, wie der lokale Immobilienpreisindex sich nach und nach erholt, werden auch Janes Ratenzahlungen allmählich wieder steigen. Sobald ihr lokaler Im-mobilienpreisindex den Wert von 100 übersteigt, werden ihre Raten wie-der den ursprünglichen Betrag von 5204 Dollar erreicht haben.

In Rezessionen ist häufig zu beobachten, dass die Zinssätze fallen. Da-her bieten Hypotheken mit variabler Verzinsung einen gewissen Schutz, indem sie den Zinssatz automatisch senken, wenn die Wirtschaft ins Stot-tern kommt. Bei SRMs ist der Schutz gegen Verluste sehr viel umfassen-der. Jane kommt nicht nur in den Genuss niedrigerer Zinsen, sondern ihr wird auch ein Teil ihrer Restschuld erlassen, wodurch sie einen Teil des Eigenkapitals in ihrem Haus behält.

Dieser Schutz gegen Verluste geht zulasten des Kreditgebers, und daher wird er von vornherein höhere Zinsen berechnen müssen, um für sein Verlustrisiko kompensiert zu werden. Wie hoch sind diese Vorab-kosten? Die Kosten des Schutzes vor Verlusten hängen von der erwarte-ten Entwicklung der Immobilienpreise und deren Volatilität (Schwan-kungsbreite) ab. Wenn die Immobilienpreise stetig steigen, sind die Kosten des Schutzes vor Verlusten gering. Falls die Immobilienpreise dagegen stark schwanken, besteht ein höheres Risiko, dass sie über kurz oder lang unter das Niveau zum Zeitpunkt des Hauskaufs fallen. In diesem Falle wären die Kosten für den Schutz vor Verlusten deutlich höher.

Mithilfe einer Standardformel lassen sich die Kosten des Schutzes vor Verlusten berechnen, wenn das Wachstum der Immobilienpreise und de-ren Volatilität gegeben sind. Die Immobilienpreise in den Vereinigten Staaten sind historisch im Durchschnitt um 3,7 Prozent gestiegen, bei einer Standardabweichung von 8,3 Prozent. Diese Zahlen ergeben, dass der Kreditgeber dem Schuldner etwa 1,4 Prozent der ursprünglichen Darlehenssumme als Gebühr für den Schutz vor Verlusten berechnen wird. Allerdings können wir diese zusätzliche Gebühr eliminieren, wenn wir dem Kreditgeber einen kleinen Anteil möglicher Kapitalgewinne zukommen lassen. Konkret bedeutet das, dass eine SRM dem Kreditgeber für den Fall, dass Jane ihr Haus verkaufen oder ihre Hypothek umschulden will, einen Anteil von fünf Prozent des Kapitalgewinns zusprechen sollte. Diese Fünf-Prozent-Kapitalgewinn-Regel verursacht nur geringe Kosten für Jane, vor allem, wenn man bedenkt, dass Kapitalerträge aus selbst genutzten Immobilien im Übrigen steuerfrei sind. Das bedeutet, dass Jane 95 Prozent des Kapitalgewinns aus ihrer Immobilie behalten kann.

Der Kreditgeber muss sich keine Sorgen darüber machen, wann Jane beschließen könnte, ihr Haus zu verkaufen. Solange er ein diversifiziertes Portfolio von Hypothekendarlehen ausreicht, wird er einen stetigen Cashflow von Erträgen aus Kapitalgewinnen erzielen. Das bedeutet konkret: Jedes Jahr werden vier bis fünf Prozent des vorhandenen Immobilienbestands verkauft, und auch hier können wir eine Standardformel anwenden, um den Ertrag des Kreditgebers aus der Kapitalgewinn-Klausel zu berechnen. Aus dem historischen Durchschnitt des Immobilienpreis-Zuwachses ergibt sich, dass ein Anteil von fünf Prozent der eventuellen Kapitalgewinne mehr als genug ist, um den Kreditgeber für den Schutz vor Verlusten zu kompensieren. Unterm Strich gewinnt der Kreditgeber dabei 0,81 Prozent des ursprünglichen Darlehensnennbetrags hinzu. Die Kosten einer SRM sind sogar noch niedriger, wenn man die niedrigere Volatilität der Immobilienpreise aufgrund der Risiko-Lastenteilung berücksichtigt. Wenn SRMs in den Vereinigten Staaten im großen Maßstab eingeführt würden, wäre zu erwarten, dass die Volatilität der Immobilienpreise – vor allem die Wahrscheinlichkeit eines großen Crashs – abnimmt. Im nächsten Abschnitt gehen wir ausführlich auf die Gründe für diese niedrigere Volatilität ein.

Die Vorteile von SRMs in Zahlen

SRMs bieten einen wichtigen Mechanismus, der gebraucht wird, um das durch gehebelte Verluste verursachte Problem zu lösen. Der Schutz vor Verlusten für Schuldner wird dazu beitragen, dramatische Nachfrageeinbrüche zu verhindern, und geteilte Kapitalgewinne bei steigenden Immobilienpreisen werden die Kreditgeber dafür kompensieren. Aber wie würden sich die Vorteile von SRMs auf Konsum und Arbeitsmarkt auswirken? Ein Vorteil unseres datengestützten Ansatzes ist, dass wir eine realistische Schätzung anbieten können. Im Folgenden fragen wir: Wie schlimm wäre die Große Rezession ausgefallen, wenn jeder Hauseigentümer anstelle eines Standard-Hypothekendarlehens eine SRM gehabt hätte?

Die direkte Folge von SRMs bei fallenden Immobilienpreisen ist, dass der Wohlstand von Amerikanern mit geringem bis mittelhohem Nettovermögen geschützt wäre. Rufen Sie sich aus Kapitel 2 in Erinnerung, dass verschuldete Haushalte mit geringem Nettovermögen vom Kollaps der Immobilienpreise während der Großen Rezession am schwersten getroffen wurden. Der in SRMs eingebaute Schutz vor Verlusten hätte jedem Betroffenen zumindest den gleichen Anteil an Eigenkapital in seiner Immobilie garantiert, den er hatte, als er das Haus kaufte.

Wenn zum Beispiel der Wert eines Hauses mit SRM-Finanzierung und einer Hypothek über 80 000 Dollar von 100 000 Dollar auf 70 000 Dollar fällt, dann fallen auch die Hypothekenzinsen um 30 Prozent, was bedeutet, dass der Wert der Hypothek um 30 Prozent abnimmt (falls zu erwarten ist, dass die Immobilienpreise niedrig bleiben). Folglich wäre der neue Wert der Hypothek 56 000 Dollar. Der Hauseigentümer behält einen Eigenkapitalanteil in Höhe von 14 000 Dollar an dem Haus im Wert von 70 000 Dollar, also 20 Prozent. Also erleidet der Hauseigentümer einen Verlust, da sein Immobilien-Eigenkapital von 20 000 Dollar auf 14 000 Dollar sinkt. Aber dieser Verlust ist weit geringer, als er es bei einem Standard-Darlehensvertrag gewesen wäre, bei dem er sein gesamtes Eigenkapital von 20 000 Dollar verloren hätte. Daher wären die Vereinigten Staaten vor der starken Zunahme der Vermögensungleichheit ge-schützt gewesen, die zwischen 2006 und 2009 zu verzeichnen war.

Aber die Vorteile von SRMs gehen weit darüber hinaus. Sie hätten *jedem Einzelnen* genützt, da sie die gesamte Wirtschaft gegen Zwangsvoll-streckungen und den starken Konsumeinbruch geschützt hätten. Einer der wichtigsten wirtschaftlichen Vorteile von SRMs wäre daraus entstan-den, dass sie Zwangsvollstreckungen verhindert hätten. Der in SRMs ein-gebaute Schutz vor Verlusten bewirkt, dass die Beleihungsquote nie höher gestiegen wäre, als sie zum Zeitpunkt des Vertragsabschlusses war. Wenn zum Beispiel ein Hauseigentümer eine Immobilie kauft und dabei eine Anzahlung von 20 Prozent leistet, ist garantiert, dass er unabhängig von der späteren Entwicklung der Immobilienpreise immer einen Eigenkapi-talanteil von mindestens 20 Prozent an diesem Haus haben wird.

Wenn alle Hypothekendarlehen in der Wirtschaft als SRMs struktu-riert gewesen wären, hätte es nie so viele überschuldete Hauseigentümer gegeben. Selbst wenn jemand es nicht mehr geschafft hätte, seine monat-lichen Tilgungsraten zu zahlen, hätte er sich nicht einer Zwangsvollstre-ckung unterwerfen müssen. Da er Eigenkapital in dem Haus hatte, wäre es für ihn besser gewesen, das Haus zu verkaufen und das Immobilien-Eigenkapital selbst zu kassieren. SRMs hätten verhindert, dass es durch Zwangsvollstreckungen zu einer grassierenden Krise gekommen wäre. In-teressanterweise hätte diese Eigenschaft von SRMs auch das Ausmaß der eigentlichen Immobilienkrise reduziert: Durch Vermeiden von Zwangs-vollstreckungen wären die Immobilienpreise zwischen 2006 und 2009 weniger stark gefallen.

In der gemeinsam mit Francesco Trebbi durchgeführten Studie, die in Kapitel 2 vorgestellt wurde, haben wir die Wirkung von Zwangsvoll-streckungen auf die Immobilienpreise quantifiziert. Unsere Analyse hat ergeben, dass die Immobilienpreise für jedes Prozent der Hauseigen-tümer, die zwischen 2007 und 2009 in eine Zwangsvollstreckung gingen, um 1,9 Prozent fielen. In diesem Zeitraum gingen 5,1 Prozent aller Häuser in eine Zwangsvollstreckung; SRMs hätten die meisten davon verhindert und dadurch den Rückgang der Immobilienpreise um 9,7 Prozent reduziert. Tatsächlich fielen die Immobilienpreise in diesem Zeitraum um 21 Prozent. SRMs hätten also möglicherweise, indem sie Zwangsvollstreckungen verhindert hätten, erstaunliche 46 Prozent der gesamten Verluste an Immobilienvermögen verhindern können – immerhin 2,5 Billionen Dollar.

Und umgekehrt hätte es zwei positive Anstoßeffekte für die Wirtschaft gehabt, wenn es gelungen wäre, die Verluste an Immobilienvermögen zu verringern: höhere Konsumausgaben der privaten Haushalte und weniger verlorene Arbeitsplätze. In Kapitel 3 haben wir über die Auswirkungen gesprochen, die geringeres Immobilienvermögen auf das Ausgabenverhalten von Haushalten hat. Die Ergebnisse zeigen, dass die Haushalte von 2006 bis 2009 für jeden Dollar, den sie an Immobilienvermögen verloren, ihre Ausgaben um 6 Cent reduzierten. Nach dieser Schätzung hätten die Haushalte bei einem um 2,5 Billionen Dollar höheren Immobilienvermögen 150 Milliarden Dollar mehr ausgegeben.

SRMs hätten noch eine andere, aber subtilere Wirkung auf den Gesamtkonsum gehabt. In Kapitel 3 haben wir auch gezeigt, dass Haushalte mit geringem Vermögen und hoher Verschuldung eine höhere marginale Konsumneigung haben. SRMs hätten geholfen, die Wirkung von Verlusten an Immobilienvermögen zu dämpfen, indem sie einen Teil dieser Verluste den Kreditgebern auferlegt hätten, die eine wesentlich niedrigere marginale Konsumneigung haben. Eine solche Umverteilung von Wohlstand hätte insgesamt zu höheren Konsumausgaben geführt. Um wie viel höher? Wir schätzen, dass das Immobilienvermögen im SRM-Szenario um 3 Billionen Dollar gefallen wäre, das sind 2,5 Billionen Dollar weniger als der tatsächliche Rückgang von 5,5 Billionen Dollar zwischen 2006 und 2009. Anders ausgedrückt wäre das Immobilienvermögen um nur 55 Prozent des Rückgangs gefallen, der zwischen 2006 und 2009 tatsächlich zu verzeichnen war.

Da die Kreditgeber einen Teil des Verlustrisikos getragen hätten, wäre ein Teil dieser Verluste von den Schuldnern auf sie übertragen worden. Wir können diese Verluste für Kreditgeber anhand von für einzelne Postleitzahlbezirke vorliegenden Daten über den tatsächlichen Rückgang der Immobilienpreise und über die durchschnittliche Beleihungsquote der Hauseigentümer schätzen. In dem alternativen SRM-Szenario weisen wir jedem Postleitzahlbezirk 55 Prozent des tatsächlichen Immobilienpreis-Rückgangs zu. Außerdem nehmen wir konservativ an, dass jeder Schuldner eine Anzahlung von nur zehn Prozent auf sein Hypothekendarlehen leistete. Durch den in SRMs eingebauten Schutz vor Verlusten hätten Schuldner, die für ihr Hypothekendarlehen eine Anzahlung von zehn Prozent leisteten, trotzdem zehn Prozent des Eigenkapitals in ihrem Haus behalten. Bei einem großen Teil der Hypothekendarlehen wurde eine Anzahlung von mehr als zehn Prozent geleistet, aber wir wollen zehn Prozent als konservative Schätzung des Eigenkapitals verwenden, das Schuldner in ihrem Haus hatten. Durch die SRMs wäre bei keinem Schuldner das Eigenkapital unter zehn Prozent des Wertes seiner Immobilie gefallen, und seine Beleihungsquote wäre nie über 90 Prozent gestiegen.

Die Garantie, dass die Beleihungsquote 90 Prozent nicht übersteigen kann, sagt uns, wie viel von dem ursprünglichen Darlehensbetrag hätte erlassen werden müssen. Das heißt, es sagt uns, wie viel von dem Verlust an Immobilienvermögen durch die SRM dem Kreditgeber auferlegt worden wäre. Wir schätzen, dass etwa 4,3 Prozent der Restschulden aus Hypothekendarlehen, die an einzelne Familie vergeben worden waren, aufgrund des in SRMs eingebauten Schutzes vor Verlusten abgeschrieben worden wären. Da zum Jahresende 2006 der Bestand an Hypothekendarlehen, die an einzelne Familien vergeben worden waren, 10,5 Billionen Dollar betrug, hätte das eine Umverteilung von Wohlstand von Kreditgebern an Schuldner in Höhe von 451 Milliarden Dollar bedeutet. Laut einer Schätzung von CoreLogic hatten 12,1 Millionen Hauseigentümer im ersten Quartal 2010 negatives Eigenkapital in Höhe von insgesamt

822 Milliarden Dollar. Unsere Schuldabschreibungen sind wesentlich niedriger, da der Rückgang der Immobilienpreise im SRM-Szenario wesentlich schwächer ausgefallen wäre, weil Zwangsvollstreckungen vermieden worden wären. Diese Umverteilung führt zu finanziellen Verlusten für die Kreditgeber und Zugewinnen an Immobilienvermögen für die Schuldner.

Befürworter der Kreditklemmen-Theorie könnten darauf erwidern, dass Verluste von 451 Milliarden Dollar im Finanzsektor der Wirtschaft extrem schaden würden. Aber wie wir ja bereits ausgeführt haben, ist die These, dass Finanzfirmen nie Verluste erleiden sollten, nicht zu rechtfertigen. Immerhin ist es das Geschäft solcher Unternehmen, Risiken einzugehen. Außerdem ist es in einer Welt mit SRMs wahrscheinlich, dass die Investoren, die diese Kredite halten, selbst nicht so stark fremdfinanziert wären. Wir plädieren für ein Finanzsystem, das stärker auf Eigenkapital aufbaut und daher in der Lage ist, Verluste zu verkraften.

Die geschätzte marginale Konsumneigung aus Finanzvermögen ist vernachlässigbar, während die marginale Konsumneigung aus Immobilienvermögen bei überschuldeten Hauseigentümern sehr hoch ist. Wir schätzen, dass die MPC von überschuldeten Hauseigentümern etwa doppelt so hoch ist wie die durchschnittliche MPC.[219] Nehmen wir für jeden Dollar Wohlstand, der an Schuldner umverteilt wird, zusätzliche Konsumausgaben von 12 Cent an, ergeben sich aus den 451 Milliarden Dollar, die nach dem SRM-Szenario an Schuldner umverteilt werden, zusätzliche Konsumausgaben in Höhe von 54 Milliarden Dollar.

Insgesamt hätte eine Welt mit SRMs nach dem Stand von 2006 150 Milliarden Dollar an zusätzlichen Konsumausgaben aus höherem Immobilienvermögen verzeichnet, und darüber hinaus 54 Milliarden Dollar Mehrkonsum aus dem von Kreditgebern mit niedrigem MPC an Schuldner mit hohem MPC umverteilten Wohlstand. Der gesamte Mehrkonsum hätte 204 Milliarden Dollar betragen, was ein beeindruckendes Konjunkturprogramm für die gesamte Wirtschaft dargestellt hätte. Um diese

Zahl in Relation zu setzen: Das 2009 aufgelegte Konjunkturprogramm der Regierung verursachte kurzfristig 550 Milliarden Dollar an zusätzlichen Staatsausgaben. SRMs hätten ein automatisches Konjunkturprogramm bewirkt, das beinahe die Hälfte desjenigen der Regierung ausgemacht hätte – aber ohne einen einzigen Dollar an zusätzlichen Staatsschulden.

Verhindern von Arbeitsplatzverlusten

Ein weiterer wichtiger Vorteil von SRMs ist, dass sie durch Fördern der Gesamtnachfrage in der schlimmsten Phase der Rezession auch Arbeitsplätze erhalten hätten. Wir können die Ergebnisse aus Kapitel 5 heranziehen, um einzuschätzen, wie viele Jobs aufgrund der direkten Ankurbelung der Nachfrage durch SRMs gerettet worden wären. Der Rückgang der Konsumausgaben in den Vereinigten Staaten zwischen 2006 und 2009 betrug im Vergleich zum langfristigen Trend 870 Milliarden Dollar, und wir haben gezeigt, dass vier Millionen der verlorenen Arbeitsplätze eine direkte Folge dieser Konsumzurückhaltung waren. Wenn SRMs mehr Konsum in Höhe von 205 Milliarden Dollar bewirkt hätten, dann wären dadurch zwischen 2006 und 2009 fast eine Million Arbeitsplätze weniger verloren gegangen.

Allerdings ist diese Rechnung unvollständig, da jeder gerettete Arbeitsplatz den Gesamtkonsum noch weiter steigert und dadurch einen positiven Effekt erzeugt, der den ursprünglichen Ausgabenzuwachs erhöht. Das Ergebnis ist ein Phänomen, das Ökonomen als »Multiplikatoreffekt« bezeichnen. Die Frage eines Ausgaben-Multiplikators hat unter Ökonomen viel Beachtung gefunden, und zwar im Kontext des *Staatsausgaben-Multiplikators*, der misst, inwieweit erhöhte Ausgaben des Staates über ihre unmittelbare Wirkung hinaus die Wirtschaftsleistung ankurbeln. Eine der sorgfältigsten Arbeiten zu diesem Thema stammt von Emi Nakamura und Jon Steinsson von der Columbia University, die schätzen, dass der Staatsausgaben-Multiplikator im Durchschnitt bei 1,5 liegt. Sie

225

schätzen allerdings auch, dass dieser Multiplikator zu Zeiten hoher Arbeitslosigkeit – so zum Beispiel von 2007 bis 2009 – deutlich höher liegt, nämlich zwischen 3,5 und 4,5.[220]

Dieser Ausgaben-Multiplikator bezieht sich auf zusätzliche Staatsausgaben, die durch höhere Steuereinnahmen in der Zukunft finanziert werden. Allerdings wäre der durch SRMs bewirkte Mehrkonsum nicht von Erwartungen höherer zukünftiger Steuereinnahmen begleitet worden, sondern er wäre durch höhere private Ausgaben entstanden. Daher hätte der Multiplikator für durch SRMs bewirkte Konsumausgaben möglicherweise über dem Staatsausgaben-Multiplikator liegen können. Aber ganz unabhängig von der genauen Höhe des Multiplikators hätten SRMs die Rezession deutlich milder ausfallen lassen. Wenn wir einen Ausgaben-Multiplikator von 2 verwenden, wäre der Konsum um nur 460 Milliarden Dollar zurückgegangen, und es wären zwei Millionen Arbeitsplätze gerettet worden. Wenn wir einen Ausgaben-Multiplikator von 4 ansetzen, wäre die Rezession fast vollständig verhindert worden.

Weitere Vorteile

Die Vorteile von SRMs reichen weit über ihren unmittelbaren wirtschaftlichen Nutzen hinaus. Vor allem würden SRMs auch einen Beitrag dazu leisten, Blasen zu verhindern. Der in SRMs eingebaute Schutz vor Verlusten wäre ein Anreiz für Kreditgeber, die zukünftige Preisentwicklung im Immobilienmarkt bei ihren Überlegungen zu berücksichtigen. Falls die Immobilienpreise in der näheren Zukunft fallen sollten, würden die zuletzt vergebenen Darlehen dem Kreditgeber die größten Verluste verursachen. Der Kreditgeber müsste sehr genau auf eine mögliche Überhitzung der lokalen Immobilienmärkte achten, vor allem bei neu zu vergebenden Darlehen. Wenn ein Kreditgeber befürchtet, dass der Markt in einer Blase sein könnte, würde er die Zinsen für neue Darlehen erhöhen, um die Kosten eines höheren Verlustrisikos abzudecken. SRMs würden dadurch einen automatischen, marktbasierten Korrekturmechanismus implementieren.

Noch ein Vorteil besteht darin, dass Hauseigentümer es sich sehr genau überlegen würden, bevor sie eine Umschuldung mit Barentnahme durchführen. Wenn ein Hauseigentümer sein Darlehen in einem boomenden Immobilienmarkt umschuldet, um Geld aus seinem neu hinzugewonnenen Immobilien-Eigenkapital zu ziehen, müsste er zuerst fünf Prozent des Nettozugewinns an seinen aktuellen Kreditgeber auszahlen. Dieser Umstand hätte eine gewisse disziplinierende Wirkung auf Schuldner, was durchaus nützlich wäre – vor allem in Anbetracht von Daten, die vermuten lassen, dass viele Hauseigentümer sich exzessiv verschuldeten, als Umschuldungen mit Barentnahmen immer leichter zu bekommen waren.

Warum werden keine SRMs angeboten?
Der Staat subventioniert Schuldenfinanzierungen in großem Umfang aus Steuermitteln, was ein Finanzsystem begünstigt, das allzu sehr von Schuldkontrakten abhängig ist. Konkret bedeutet das zum Beispiel, dass Zinszahlungen auf Schulden in den USA steuerlich absetzbar sind. Also *drängt* der Staat das Finanzsystem zu Finanzierungen durch Schulden, obwohl sie schlimme Folgen für die Wirtschaft haben. Vor allem der Markt für Hypothekenfinanzierungen wird vom Staat dominiert und durch die US- Steuerpolitik verzerrt. Die größten Akteure in diesem Markt sind Fannie Mae und Freddie Mac. Sie bestimmen, welche Art von Hypothekendarlehensvertrag den Markt dominieren wird, und der Rest des Marktes folgt dieser Vorgabe. So wurden zum Beispiel die festverzinslichen Hypothekendarlehen mit einer Laufzeit von 30 Jahren von diesen staatlich geförderten Unternehmen eingeführt und sind eigentlich nur in den Vereinigten Staaten anzutreffen.[221]

Der zentrale Einfluss, den der Staat darauf hat, welche Art von Darlehensvertrag die Haushalte eingehen, zeigt sich auch in Großbritannien. Im Jahr 2013 legte die Regierung das »Help to Buy«-Programm auf, das etwas mit sich brachte, was David Miles als »Eigenkapital-Darlehen« bezeichnet. Wenn ein Haushalt eine Anzahlung von fünf Prozent leistet und ein erstes Hypothekendarlehen über 75 Prozent des Kaufpreises abschließt, liefert der

Staat ein Eigenkapital-Darlehen über die restlichen 20 Prozent dazu, bei dem der Nennbetrag des Darlehens auf 20 Prozent des Immobilienwerts festgelegt ist. Wenn der Wert des Hauses fällt, sinkt folglich auch die Restschuld aus dem Eigenkapital-Darlehen. Aus unserer Sicht ist ein solches Eigenkapital-Darlehen nicht so wünschenswert wie eine SRM, und zwar wegen des Vorhandenseins der ersten Hypothek und der nicht so umfassenden Risiko-Lastenteilung für den Fall, dass die Immobilienpreise sinken. Ein Hauseigentümer im »Help to Buy«-Programm kann immer noch in die Überschuldung geraten, wenn der Preis seines Hauses stark fällt, und die Kombination aus der ersten Hypothek und dem Eigenkapital-Darlehen inflationiert vermutlich die Immobilienpreise. Allerdings hat David Miles aufgrund einer Reihe von Berechnungen gezeigt, dass die Große Rezession in Großbritannien weit weniger schwer ausgefallen wäre, wenn es solche Verträge gegeben hätte. Das Programm erfreut sich großer Beliebtheit und hat zur Vergabe eines sehr hohen Volumens an Eigenkapital-Darlehen geführt, was zeigt, dass die Entscheidungen von Regierungen diktieren, welche Form von Darlehensvertrag sich auf dem Markt durchsetzen wird.[222]

Die Steuerpolitik ist ein weiterer Faktor, der Innovationen in der Hypothekenbranche hemmt. Die steuerliche Absetzbarkeit von Hypotheken-Zinszahlungen motiviert Hauseigentümer, sich auf dem Weg über herkömmliche Hypothekendarlehensverträge Geld zu leihen. Der SRM-Vertrag würde wahrscheinlich – wegen seiner Risiko-Lastenteilungs-Eigenschaften – nicht als »Schuldinstrument« anerkannt werden und deshalb nicht die gleiche steuerliche Vorzugsbehandlung genießen wie Standard-Hypothekendarlehen. Tatsächlich gewährt der IRS (Internal Revenue Service, US-Bundessteuerbehörde) diesen Abzug nur dann, wenn die Ansprüche der finanzierenden Partei – also des Hauseigentümers oder des Anteilseigners einer Kapitalgesellschaft – »den Ansprüchen allgemeiner Gläubiger nachgeordnet sind«.[223] Um in den Genuss des Steuernachlasses zu kommen, muss ein Hauseigentümer also die ersten Verluste tragen, wenn der Preis seiner Immobilie fällt.

Wir können nicht wirklich wissen, ob so etwas wie Lastenteilungs-Hypothekendarlehen organisch entstehen würde, wenn der Staat Standard-Hypothekenverträge nicht so nachdrücklich fördern würde. Aber die Richtung der aktuellen Regierungspolitik ist wichtig: Sie bedeutet nämlich, dass wir das Fehlen von SRMs im Markt nicht als Beleg für ihre Ineffektivität deuten können.

Aber es ist so billig, sich Geld zu leihen!

Wenn wir uns außerhalb des Hypothekenmarktes umsehen, stellen wir fest, dass das Finanzsystem als Ganzes so stark von Schulden abhängig ist, weil es denjenigen, die etwas finanzieren wollen – zum Beispiel Menschen, die ein Haus kaufen wollen, Banken, die Kapital brauchen, um Kredite vergeben zu können, oder Unternehmen, die neue Fabriken bauen wollen –, billiges Geld zur Verfügung stellt. Hin und wieder ist zu hören, dass es der Wirtschaft schaden würde, von einem auf Schulden basierenden Finanzsystem abzurücken, weil dadurch die Kosten von Finanzierungen in die Höhe getrieben würden.

Es ist billig, Schulden zu machen, weil der Staat es so massiv subventioniert. Wir haben bereits über die steuerliche Absetzbarkeit von Zinszahlungen gesprochen, aber diese Subventionen sind allgegenwärtig. Das gesamte Finanzsystem basiert auf expliziten oder impliziten staatlichen Garantien für die Schulden von Finanzintermediären (Banken). Durch Einlagensicherungen werden Banken ermutigt, einen erheblichen Anteil an kurzfristigen Verbindlichkeiten in ihrer Kapitalstruktur zu halten. Implizite Subventionen für Schulden ermutigen Finanzinstitute – vor allem die großen –, sich fast ausschließlich über Schulden zu finanzieren. Privaten Parteien mag geliehenes Geld billig erscheinen, aber die damit einhergehenden Kosten werden von anderen getragen, nämlich vom Steuerzahler. Und wir sollten nicht überrascht sein, dass Finanzintermediäre, die selbst Anreizen ausgesetzt sind, unflexible Schuldenfinanzierungen in so hohem Maße zu nutzen, Darlehen an private Haushalte vergeben, die von den gleichen unflexiblen Kreditverträgen geregelt werden.

Außerdem haben Schuldenfinanzierungen, wie wir es in diesem Buch immer wieder beschrieben haben, schädliche Nebenwirkungen, die nicht von den Parteien eines Vertrages getragen werden, nämlich die negativen Externalitäten. Dazu zählen Notverkäufe von Assets unter dem Marktpreis (etwa im Zuge von Zwangsvollstreckungen) und massive Einbrüche der Gesamtnachfrage (wenn viele Menschen ihre Ausgaben einschränken), die die Wirtschaft in eine Rezession stürzen. Solche flächendeckenden negativen Externalitäten werden von der gesamten Wirtschaft getragen, wenn auch Schuldenfinanzierungen einzelnen Parteien als billig erscheinen mögen.

Unserer Meinung nach erklären die massiven Subventionen für Schuldenfinanzierungen, warum unser Finanzsystem so süchtig danach ist. Aber manche Ökonomen argumentieren, Schulden seien aus anderen Gründen eine optimale Art von Kontrakt, und das würde erklären, warum sie so billig sind. Eine solche Erklärung ist, dass sie eine kostspielige moralische Versuchung beseitigen würden. So würde zum Beispiel ein Studentendarlehen, das unabhängig vom zukünftigen Einkommen des Studenten getilgt werden muss, den frisch gebackenen Absolventen motivieren, sich intensiv um den bestbezahlten Job zu bemühen, den er finden kann. Würde dagegen ein Studentendarlehen vom Einkommen des Absolventen abhängen, hätte er einen schwächeren Anreiz, einen gut bezahlten Job zu finden. Warum sollte er also hart arbeiten, wenn die Bank einen Teil seines Einkommens kassieren würde und es keine Nachteile für ihn hätte, nicht zu arbeiten?

Wenn es allerdings um Folgen geht, die außerhalb der Kontrolle des Betroffenen stehen, greift diese Argumentation nicht. Ein Student kann zwar bestimmen, wie fleißig er studiert, aber er hat keinen Einfluss darauf, wie der Arbeitsmarkt aussehen wird, wenn er seinen Collegeabschluss in der Tasche hat. Eigenkapitalähnliche Kontrakte, wie wir sie hier vorschlagen, zum Beispiel SRMs, wären an ein Risiko geknüpft, auf das der Einzelne keinen Einfluss hat. Im Falle eines SRM-Vertrags wäre der eingebaute Schutz vor Verlust an einen lokalen Immobilienpreisindex geknüpft, nicht an das Haus des Eigentümers selbst. Bei einem Studentendarlehen würde der Vertrag niedrigere Zinszahlungen für den Fall vorsehen, dass die Lage auf dem Arbeitsmarkt sich verschlechtert, nicht das persönliche Einkommen des Schuldners. Verträge, die an Risiken geknüpft sind, auf die der Einzelne keinen Einfluss hat, vermeiden das Problem moralischer Versuchungen vollständig, bieten aber die Sicherheit, die ein Schuldner braucht.

Eine andere, häufig zu hörende Erklärung dafür, dass geliehenes Geld so billig zu haben ist, lautet, dass Investoren supersichere Assets fordern. Mit anderen Worten: Investoren seien bereit, einen Aufpreis für Assets zu bezahlen, deren Wert nie sinkt. Solche Assets können nur produziert werden, wenn der Schuldner das gesamte Risiko trägt. Wenn eigenkapitalähnliche Verträge größere Verbreitung finden, dann werden Investoren, die supersichere Assets wünschen, einen hohen Aufpreis dafür *fordern*, solche Verträge zu halten.

Aber warum sollten Investoren nicht bereit sein, Risiken einzugehen, solange ihnen dafür eine hohe zu erwartende Rendite garantiert würde? Investoren sind die wohlhabendsten Haushalte in der Wirtschaft und daher derjenige Sektor, der am ehesten bereit sein sollte, Risiken zu tragen, solange er dafür angemessen kompensiert wird. Wir geben gerne zu, dass es überzeugende Belege dafür gibt, dass Investoren das ausgeprägte Bedürfnis zeigen, vermeintlich supersichere Assets zu halten. Aber dieses Bedürfnis wird wahrscheinlich von denselben staatlichen Subventionen für Schuldenfinanzierungen genährt, die wir bereits erwähnt haben. Als zum Beispiel die Finanzkrise im September 2008 ihren Höhepunkt erreichte, trat das US-Finanzministerium auf den Plan, um Geldmarktfonds zu garantieren. Heute weiß jeder Investor, dass Geldmarktfonds eine implizite staatliche Garantie genießen. Sein »Bedürfnis«, Cash in Geldmarktfonds anzulegen, ist keineswegs irgendein primitiver Drang: Vielmehr reagiert er ganz einfach auf eine staatliche Subvention.

Und selbst wenn es tatsächlich so wäre, dass Investoren eine ange-
borene Vorliebe für supersichere Assets hätten, dann sollte der Staat
diese Nachfrage bedienen, nicht der private Sektor. Das, was in den
meisten Volkswirtschaften einem wirklich supersicheren Asset am
nächsten kommt, sind Staatsanleihen. Wenn der private Sektor supersichere Assets fordert, sollte es der Staat sein, der sie liefert.[224] Wie in
Kapitel 7 besprochen, hat es toxische Konsequenzen, wenn man sich
auf den privaten Sektor verlässt, um supersichere Assets zu liefern –
und solche Assets sind auch fast nie supersicher. Eine Studie von Annette Vissing-Jørgensen und Arvind Krishnamurthy zeigt, dass Finanzkrisen dadurch eingeleitet werden, dass der Bankensektor versucht,
supersichere Assets zu produzieren, wenn kurz laufende Staatsanleihen
knapp sind. Solche Versuche scheitern unweigerlich, was dann zu einer
Finanzkrise führt.[225]

Breitere Risiko-Lastenteilung

Das Prinzip der Risiko-Lastenteilung, das SRMs zugrunde liegt, kann
auch in vielen anderen Kontexten angewendet werden. So erlitten zum
Beispiel europäische Länder mit besonders hohen Staatsschulden – wie
Irland und Spanien – weit schlimmere Rezessionen als diejenigen Länder,
bei denen sie sich verschuldet hatten, etwa Deutschland. Warum war das
so? Zum Teil wegen inflexibler Schuldkontrakte, die den Schuldnerlän-
dern die Verluste aufbürdeten, während sie die Gläubigerländer schütz-
ten. Die Theorie der gehebelten Verluste lässt sich auch auf das internationale Finanzsystem anwenden.

Die Schulden, die ein Land emittiert, werden als Staatsschulden bezeichnet und haben bedauerlicherweise den Haken, dass der geschuldete
Betrag sich auch dann nicht ändert, wenn das Land eine sehr schwere
Rezession erleidet. Selbst wenn die Wirtschaft abstürzt und die Arbeitslosigkeit über 25 Prozent steigt, wie es zum Beispiel in Spanien der Fall ist,
müssen die gleichen Zinszahlungen auf Staatsschulden geleistet werden.

Ein Nicht-Euro-Land, das Schulden in seiner eigenen Währung hat, kann den realen Wert seiner Zinszahlungen durch Inflation senken, aber den Ländern, die den Euro eingeführt haben, steht diese Option nicht mehr zur Verfügung. Es ist vorgeschlagen worden, dass solche Länder den Euro verlassen und wieder zu ihrer eigenen Währung zurückkehren sollten. Da jedoch durch Verlassen der Gemeinschaftswährung alle in Euro begebenen Schulden ausfallen würden, könnte ein solcher Exit die Wirtschaft des betreffenden Landes zerstören.

In einer Welt, in der Staaten sich flexibler finanzieren könnten, wäre ein so dramatisches Vorgehen nicht nötig. Mark Kamstra und Robert Shiller haben vorgeschlagen, Staatsanleihen einzuführen, deren Couponzahlung – die regelmäßige Zahlung, die das betreffende Land an Investoren leistet – an das nominale BIP des Landes geknüpft sind.[226] Eine solche Anleihe funktioniert ähnlich wie Eigenkapital, weil der Investor Erträge einnimmt, die je nach der wirtschaftlichen Situation des Landes variieren, ganz ähnlich wie ein Aktionär, der je nach Gewinn des Unternehmens eine höhere oder niedrigere Dividende erhält. Im Falle Spaniens würde eine solche Finanzierung als *automatischer Stabilisator* wirken: Die auf Staatsanleihen fälligen Zinszahlungen würden sofort fallen, wenn die Wirtschaft Spaniens in die Knie geht, wodurch den Spaniern eine gewisse Erleichterung gewährt würde.

Kenneth Rogoff, einer der weltweit führenden Experten für Finanzkrisen, führt Staatsschuldenkrisen voll und ganz auf die Inflexibilität von Schuldkontrakten zurück. Er schreibt: »Wenn die Regierungen [entwickelter Länder] einen Schritt zurücktreten und sich fragen würden, wie sie einen sehr viel größeren Teil der Ungleichgewichte in eigenkapitalähnliche Instrumente lenken können, dann könnte das daraus entstehende globale Finanzsystem wesentlich stabiler sein als das krisenanfällige System, das wir heute haben.«[227]

Zweifellos könnten durch solche Instrumente auch Komplikationen entstehen. Sollten Zinszahlungen an das BIP-Wachstum oder an den BIP-

Betrag geknüpft werden: Wie kann sichergestellt werden, dass ein Land seine BIP-Zahlen nicht manipuliert, um seine Zinszahlungen zu senken? Aber solche Komplikationen sollten nicht das übergeordnete Ziel vernebeln: Nämlich, das internationale Finanzsystem so zu organisieren, dass es die Lasten makroökonomischer Risiken effizienter verteilt, anstatt sie ineffizient auf die anfälligsten Länder zu konzentrieren.

Auch das Bankensystem braucht mehr Risiko-Lastenteilung. Anat Admati und Martin Hellwig plädieren zum Beispiel dafür, dass Regulatoren von den Finanzinstituten fordern sollten, sich stärker über Eigenkapital zu finanzieren.[228] Das würde dazu beitragen, das Finanzsystem vor den furchtbaren Schocks zu schützen, die wir in der jüngeren Vergangenheit erlebt haben. Wenn das Bankensystem mit mehr Eigenkapital ausgestattet wäre, könnte vermieden werden, dass die Banken ihre Verbindlichkeiten nicht mehr bedienen können, wenn der Wert ihrer Assets fällt. Mehr Eigenkapital würde helfen, panikartige Bank Runs zu vermeiden, und so dafür sorgen, dass Zentralbanken nicht mehr so oft intervenieren müssten.

Ein Finanzsystem, das nicht gegen, sondern für uns arbeitet

Viele der Vorschläge, die wir in diesem Buch machen, mögen sich radikal anhören. Das liegt daran, dass das Finanzsystem so weit davon entfernt ist, das zu sein, was es sein sollte. In seinem jetzigen Zustand zwingt das Finanzsystem sämtliche Risiken jenen Haushalten auf, die es sich am wenigsten leisten können. Investoren erwarten vom Finanzsystem, staatliche Subventionen für Schuldenfinanzierungen abzugreifen. Viele von ihnen lassen sich von dem trügerischen Gefühl der Sicherheit leiten, sie würden supersichere Assets halten, wodurch das Entstehen von Blasen gefördert wird. Das Finanzsystem hängt eng mit häufigen »Boom-and-Bust«-Zyklen zusammen, die uns allen schaden. Das Finanzsystem hat einen immer höheren Anteil an unserem nationalen Einkommen, aber viele Amerikaner vertrauen ihm nicht mehr.

Unsere Vorschläge führen das Finanzsystem näher an das heran, was es idealerweise sein sollte. Die privaten Haushalte sollten das Finanzsystem nutzen können, um das mit einem Hauskauf oder Investitionen in die Bildung verbundene finanzielle Risiko zu teilen. Investoren sollten vom Finanzsystem nicht erwarten, staatliche Subventionen zu ergattern, sondern gewisse Risiken einzugehen, um eine legitime Rendite zu erzielen. Das Finanzsystem sollte eine wachsende, aber stabile Wirtschaft ermöglichen.

Der Übeltäter ist die übermäßige Verschuldung, und die Lösung des Problems ist ganz einfach: Das Finanzsystem sollte eigenkapitalähnliche Verträge einführen, die an Risiken geknüpft sind, auf die die Haushalte keinen Einfluss haben. Die Investoren sollten dafür, dass sie solche Risiken eingehen, eine Rendite erzielen, und die Haushalte sollten geschützt sein, wenn solche Risiken tatsächlich eintreten. Der Staat sollte aufhören, die Verwendung inflexibler Schuldkontrakte zu subventionieren, sowohl im Bankensektor als auch im Sektor der privaten Haushalte.

Während also die Lösung im Prinzip klar zu sein scheint, machen wir uns keine Illusionen darüber, dass es eine große Herausforderungen es ist, sie umzusetzen. Beim jetzigen Stand der Dinge profitieren sehr wenige Menschen vom Finanzsystem, und dieser kleinen Gruppe ist sehr daran gelegen, jedwede Reform zu verhindern, die uns von Finanzierungen durch Schulden fortführen könnte. Aber wir können nicht diesen Weg unhaltbarer Schuldenexzesse und schmerzlicher Zusammenbrüche weitergehen. Wir müssen unseren Kurs ändern, um die Weltwirtschaft zu stabilisieren. In diesem Buch haben wir versucht, ein intellektuelles Gerüst zu präsentieren, das sich auf eine Unmenge von Daten und Erkenntnissen stützt und als Wegweiser für solche Reformen dienen kann. Vielleicht liegen wir in einzelnen Details nicht immer richtig, aber wir sind zuversichtlich, dass eigenkapitalähnliche Finanzierungen dazu beitragen können, schmerzhafte Rezessionen zu verhindern und nachhaltiges wirtschaftliches Wachstum zu fördern.

13   Nachwort

In der Geschichte »Ein Skandal in Böhmen« liefert uns Sherlock Holmes die Devise, der wir in diesem Buch durchgehend gefolgt sind: Daten sammeln und dann auf Grundlage dieser Daten eine Theorie entwickeln. Aber in »Ein Skandal in Böhmen« wird Sherlock Holmes überlistet, und zwar nicht etwa, weil er sich nicht an die wissenschaftliche Methode hält, sondern weil er die Heimtücke von Irene Adler unterschätzt. Die wissenschaftliche Methode ist zwar die beste Strategie, aber man muss dabei immer darauf achten, dass man nicht durch irgendeine Unachtsamkeit zu falschen Schlüssen geführt wird. Haben wir in unserem Fall irgendwelche wichtigen Daten übersehen? Unterschätzen wir die Stichhaltigkeit irgendeiner anderen Theorie über die Ursachen der Großen Rezession? Je mehr Zeit vergeht, desto mehr Daten werden verfügbar – Daten, die in der Rückschau die von uns vorgelegte Theorie bestätigen oder widerlegen können.

Je mehr Zeit vergeht, desto mehr mögen sich auch die Schwerpunkte verlagern, und es ist fast unmöglich vorherzusehen, welche Ideen und Themen in den Mittelpunkt des Interesses der Ökonomen rücken werden. Den Großteil dieses Buches haben wir Ende 2012 und Anfang 2013 geschrieben. Zu dieser Zeit konnten wir nicht wissen, dass die Diskussion über die Ungleichheit von Einkommen und Wohlstand im Jahr 2014 eine so breite öffentliche Aufmerksamkeit finden würde. Ein offenkundiger Auslöser dafür war das Erscheinen von Thomas Pikettys Bestseller *Das Kapital im 21. Jahrhundert*. Heute wird das Thema Ungleichheit sogar in der populären Kultur aufgegriffen, zum Beispiel in *Die Tribute von Panem*, einer sehr beliebten und mittlerweile auch als Film sehr erfolgreichen Romantrilogie, sowie in etlichen kürzlich erschienenen Science-Fiction-Filmen wie *Elysium* und *Snowpiercer*.

Wir haben in Kapitel 2 die Auswirkungen unserer Theorie der gehebelten Verluste auf die Ungleichheit behandelt, und unsere Vorhersagen haben sich weitgehend als richtig erwiesen: Von 2010 bis 2013 verschärften sich die Vermögens- und Einkommensungleichheiten massiv. Rückblickend würden wir uns wünschen, dass wir ausführlicher auf den Zusammenhang zwischen Verschuldung und diesen Ungleichheiten eingegangen wären. Da dieses Nachwort für die europäischen Ausgaben von *Das Schuldenhaus* geschrieben wird, wollen wir die Theorie der gehebelten Verluste auch zu den Ereignissen in Europa in Beziehung setzen.

Durch die verstrichene Zeit können wir inzwischen auch einschätzen, ob unsere Ideen einen nennenswerten Einfluss auf die Politik hatten. Wir haben die Entscheidungen, die während der Großen Rezession getroffen wurden, offen kritisiert, und wir haben sehr entschieden politische Maßnahmen vorgeschlagen, die stattdessen umgesetzt werden sollten. Sind diese Empfehlungen befolgt worden? Wird es uns gelingen, in Zukunft eine weitere, durch gehebelte Verluste verursachte Krise zu vermeiden?

Der schwache Aufschwung der US-Wirtschaft

Wenn es nach einer alten Redewendung geht, muss man nur drei Ökonomen fragen, um vier Meinungen zu bekommen. Immerhin scheinen sich die meisten Ökonomen über eines einig zu sein: Der Aufschwung nach der Großen Rezession ist bis jetzt nicht gerade berauschend gewesen. Die entsprechenden Daten belegen die Misere, die viele Amerikaner zu spüren bekommen. So hat zum Beispiel das durchschnittliche Wirtschaftswachstum seit Ende der Rezession im Jahr 2014 nur 2,1 Prozent betragen. Von 1947 bis 2007 lag es im Durchschnitt bei jährlich 3,5 Prozent, und wir sind immer noch weit entfernt von dem Wachstum, das die US-Wirtschaft vor der Großen Rezession erzeugte. Das ist ungewöhnlich, da auf die meisten schweren Rezessionen seit Ende des Zweiten Weltkriegs ein stärkerer Aufschwung folgte. Die Arbeitslosenquote ist zwar zurückgegangen, aber sie ist ein irreführender Indikator für die tatsächliche Lage auf dem US-Arbeitsmarkt. Die Arbeitslosenquote ist die Anzahl der Beschäftigten geteilt durch das Erwerbspersonenpotenzial; wenn entmutigte Arbeitssuchende aus diesem Potenzial ausscheiden, geht die rechnerische Arbeitslosenquote automatisch zurück. Eine aussagekräftigere Kennzahl ist die Beschäftigungsquote in der amerikanischen Bevölkerung in der Altersgruppe zwischen 25 und 54 Jahren. Im Jahr 2006 lag die Beschäftigungsquote bei 80 Prozent, aber Ende 2013 betrug sie nur noch 76 Prozent. Das sind vier Millionen Arbeitsplätze, die fehlen – was bedeutet, dass der Arbeitsmarkt nicht gesund ist.

Am Beispiel von Elkhart County, Indiana, – dem in Kapitel 1 erwähnten Bezirk, in dem viele Wohnmobile produziert werden – lassen sich die Probleme auf dem Arbeitsmarkt, die sich der US-Wirtschaft seit der Großen Rezession stellen, sehr gut illustrieren. Im Jahr 2006 gab es in Elkhart County etwa 103 000 Arbeitsplätze. Zwischen 2006 und 2009 gingen beinahe 30 000 dieser Arbeitsplätze verloren. Ende 2013 gab es dort noch 84 000 Jobs, immer noch beinahe 20 000 weniger als 2006. Die Arbeitslosenquote in Elkhart ging auf 6,7 Prozent zurück, was aber hauptsächlich darauf zurückzuführen ist, dass 15 000 Menschen aus dem Erwerbspersonenpotenzial herausfielen – was sich kaum als »Aufschwung« bezeichnen lässt.

Wie lässt sich diese Misere erklären? Die in Kapitel 4 vorgestellte Theorie der gehebelten Verluste führt sie auf die dramatischen Verluste an Nettovermögen zurück, welche die Mittel- und Unterschichten in den USA erlitten. Hat sich ihr Nettovermögen im Laufe des Aufschwungs erholt? Wir haben aktualisierte Daten von der Federal Reserve, die helfen können, diese Frage zu beantworten – und sie bringen keine guten Neuigkeiten. Von 2007 bis 2010 brach das durchschnittliche Nettovermögen der ärmsten 20 Prozent der Hauseigentümer in den USA von 33 000 Dollar auf

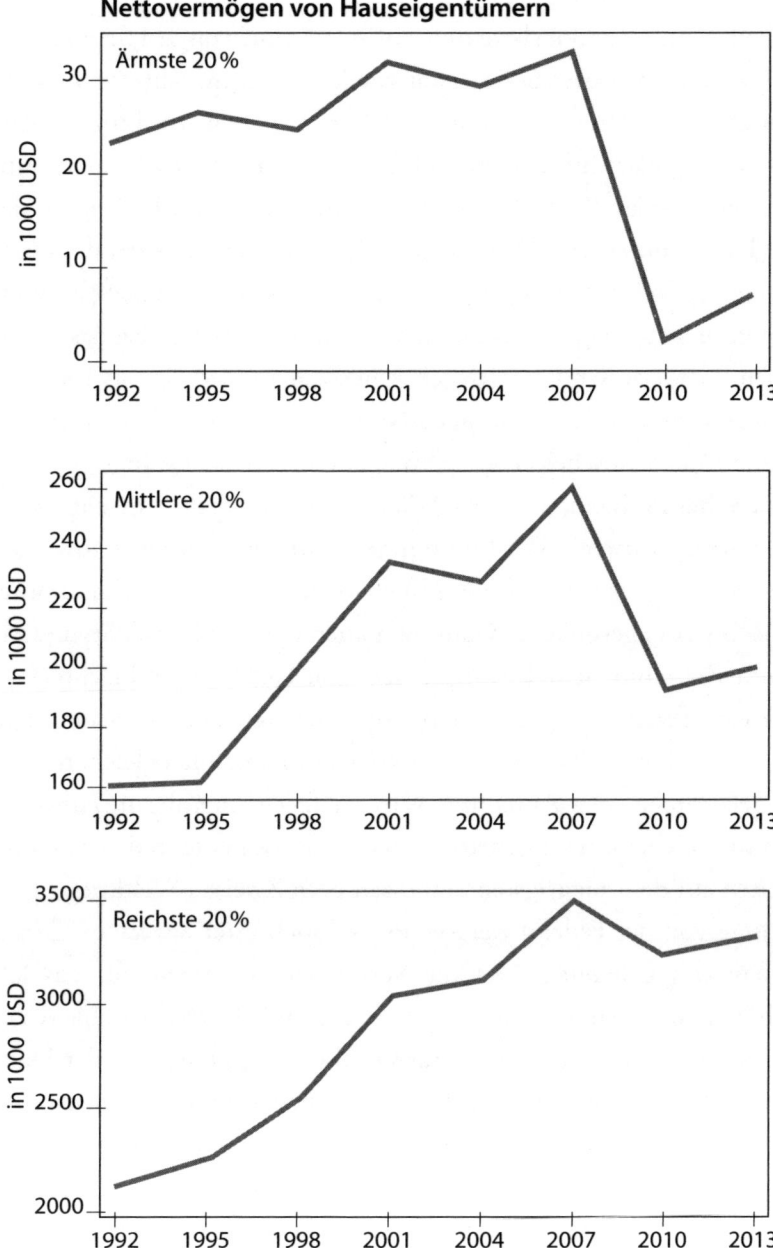

Nettovermögen von Hauseigentümern

Abb. 11.4: Entwicklung des Nettovermögens von Hauseigentümern: ärmstes, mittleres und reichstes Fünftel

2000 Dollar ein (inflationsbereinigt auf den Stand von 2013). Von 2010 bis 2013 stieg ihr Nettovermögen zwar wieder – aber nur auf 7000 Dollar. Das durchschnittliche Nettovermögen der mittleren 20 Prozent stieg von 193 000 Dollar auf 200 000 Dollar, was immer noch weit unter den 264 000 Dollar liegt, die sie 2007 besaßen, und selbst unter den 230 000 Dollar, die sie 2004 hatten. Nur die obersten 20 Prozent der Hauseigentümer sahen ihr Vermögen wieder über das Niveau von 2004 anwachsen. Abbildung 11.5 zeigt diese Entwicklungen. Im Jahr 2013 lag das Nettovermögen für alle außer den reichsten Amerikanern niedriger als 2001. Die Große Rezession hat dem Haushalts-Nettovermögen der meisten Amerikaner einen allem Anschein nach permanenten Verlust zugefügt.

Ein zweites Problem, das der US-Wirtschaft zu schaffen macht, ist der extrem niedrige Zuwachs der Einkommen. Für alle Haushalte außer den obersten zehn Prozent der Einkommensverteilung ist das Einkommen von 2010 bis 2013 gesunken. Wenn man auch den Produktivitätszuwachs in diesem Zeitraum berücksichtigt, sieht die Lage noch schlechter aus. Die Wirtschaftsleistung pro Arbeitnehmer hat seit der Rezession zugenommen, aber dieser Produktivitätszuwachs ist nicht allen gleichermaßen zugute gekommen. Der Anteil der Wirtschaftsleistung, der in Form von Löhnen und Gehältern an Arbeitnehmer fließt, ist heute in den Vereinigten Staaten auf dem niedrigsten Stand seit dem Zweiten Weltkrieg.

Weitere von der Federal Reserve im Rahmen ihrer Survey of Consumer Finances (»Erhebung über die Verbraucherfinanzen«) für das Jahr 2013 erhobenen Daten untermauern diese Ergebnisse. Von 2010 bis 2013 – also nach der Großen Rezession – sanken die Realeinkommen der Haushalte in den unteren 60 Prozent der Einkommensverteilung um zwei bis drei Prozent. Für die oberen zehn Prozent der Bevölkerung stieg das Realeinkommen um zwei Prozent. Für die Mehrzahl der amerikanischen Haushalte widerlegen diese Daten die Vorstellung von einem wirtschaftlichen Aufschwung seit 2010.

Konsumausgaben in Bundesstaaten mit hohem bzw. niedrigem Nettovermögen-Rückgang

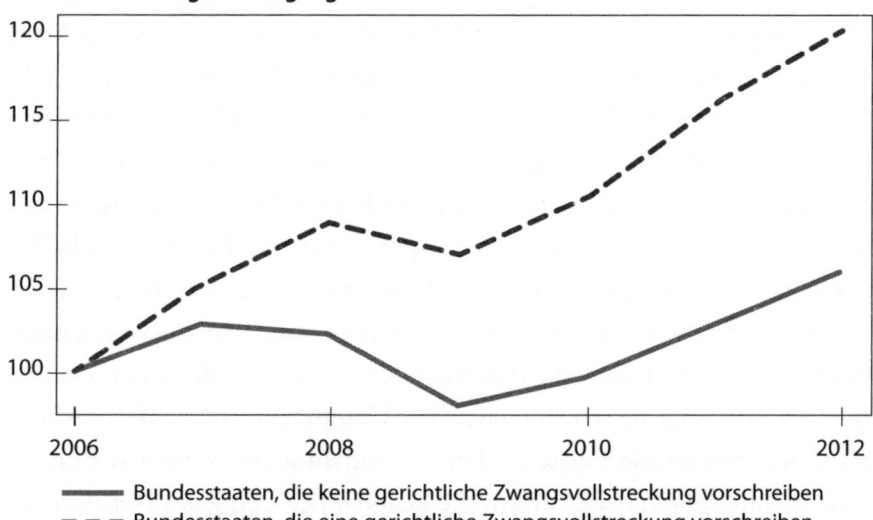

Bundesstaaten, die keine gerichtliche Zwangsvollstreckung vorschreiben
- - - Bundesstaaten, die eine gerichtliche Zwangsvollstreckung vorschreiben

Abb. 11.5: Konsumausgaben in Bundesstaaten mit hohem bzw. niedrigem Netto-vermögen-Rückgang

Das heißt, dass der Aufschwung in Bezug auf die Beschäftigung und die Einkommen in den USA nach wie vor schwach ist. Außerdem zeigt sich in kürzlich vom Bureau of Economic Analysis (BEA) veröffentlichten Daten über den privaten Konsum in den einzelnen Bundesstaaten, dass der generelle Zusammenhang, den wir in Kapitel 3 beschrieben haben, nach wie vor besteht.

Die neuen Daten des BEA zeigen, dass in dem Fünftel der Bundesstaaten, in denen die Immobilienpreise am stärksten fielen – nämlich in Arizona, Kalifornien, Florida, Michigan und Nevada –, die Konsumausgaben im Jahr 2008 um 0,5 Prozent und 2009 um 4,4 Prozent einbrachen. In dem Fünftel der Bundesstaaten, die dem Kollaps der Immobilienpreise weitgehend entgingen, stieg der Konsum 2008 um 3,4 Prozent und sank 2009 nur um 1,4 Prozent. Die Konsumschwäche war in den Staaten, die vom Zusammenbruch des Immobilienmarkts schwer getroffen wurden, wesentlich stärker ausgeprägt.[229]

Die neuen Daten ermöglichen uns zu erkennen, was im Laufe des »Aufschwungs« nach 2009 tatsächlich geschehen ist. Sie zeigen ein klares Muster: der Konsumaufschwung war in den Bundesstaaten, in denen die Immobilienpreise kollabiert waren, wesentlich schwächer. So nahm zum Beispiel im Jahr 2011 der Konsum in den Staaten, in denen kein Immobilienboom stattgefunden hatte, um gesunde fünf Prozent zu, aber in den am schwersten betroffenen Staaten dagegen nur um drei Prozent. In den Staaten, in denen die Immobilienpreise am stärksten einbrachen, war nicht nur ein stärkerer Rückgang der Konsumausgaben zu verzeichnen, darüber hinaus war auch die anschließende Erholung schwächer. Die Abbildung 11.7 zeigt diesen dramatischen Unterschied: Im Jahr 2012 klafft nicht nur eine große Lücke in den Konsumausgaben zwischen Bundesstaaten mit großem beziehungsweise kleinem Rückgang des Nettovermögens, es sieht sogar so aus, als würde diese Lücke immer *größer* werden.

Die Konsumschwäche ist nur eine Kennzahl für die wirtschaftlichen Schwierigkeiten, die sich dem Land seit der Großen Rezession stellen. Von 2006 bis 2009 schnellte die Anzahl der Amerikaner, die auf staatliche Lebensmittelgutscheine angewiesen waren, von 26 Millionen auf 33 Millionen in die Höhe. Im Jahr 2013 stieg diese Zahl sogar noch weiter auf 47 Millionen. Und ebenso wie die Konsumschwäche war auch diese Zunahme in denjenigen Bundesstaaten am stärksten ausgeprägt, die von der Immobilienkrise am stärksten betroffen waren. So nahm zum Beispiel die Zahl der Bedürftigen, die auf Lebensmittelgutscheine angewiesen waren, in Florida und Nevada von 2006 bis 2013 um fast 200 Prozent zu.

Seit Erscheinen dieses Buches sind unsere Erkenntnisse auch durch andere Studien bestätigt worden. Auf der Grundlage eines anderen Datenbestandes über Verschuldung und Konsum in den Vereinigten Staaten kam Scott Baker zu dem Ergebnis, dass stark verschuldete Haushalte empfindlicher auf Einkommensschwankungen reagieren als schuldenfreie, was unsere in Kapitel 3 präsentierte These bestätigt, dass verschuldete Haushalte eine höhere marginale Konsumneigung haben.[230] Im Rahmen einer Studie auf der Grundlage von mikroökonomischen Daten aus Dänemark wurde ein starker negativer Effekt des Verschuldungsgrads von Haushalten vor der Krise auf die Veränderung von deren Konsumverhalten während der Rezession festgestellt.[231] Ökonomen der Bank of England analysierten mikroökonomische Daten aus Großbritannien und stellten fest, dass zwischen einer hohen Verschuldung der privaten Haushalte und stärkerer Konsumzurückhaltung während der Rezession ein Zusammenhang besteht.[232] Solche nach dem Erscheinen der amerikanischen Original-Ausgabe gewonnenen Erkenntnisse bestätigen, dass eine erhöhte Verschuldung der privaten Haushalte und der Zusammenbruch des Immobilienmarktes die wichtigsten Gründe für die Schwere der Rezession und die Schwäche des darauffolgenden Aufschwungs waren.

Im Laufe der Zeit hat sich auch die Kreditklemmen-Theorie, über die wir in Kapitel 9 gesprochen haben, nicht sonderlich gut bewährt. Die Wirtschaft lässt nach wie vor zu wünschen übrig, aber dennoch ist seit Anfang 2009 kein einziger Indikator für Schwierigkeiten im Bankensektor gestiegen. Viele der in der Krise von 2008 und 2009 federführenden Politiker sind immer noch fest davon überzeugt, dass ihre Entscheidung, die langfristigen Gläubiger und Anteilseigner der Banken zu unterstützen, maßgeblich dazu beitrug, die US-Wirtschaft zu retten. Aber die Datenlage ist eindeutig: Die Banken sind gesund, der Aufschwung ist es nicht. Indem man Paniken im Finanzsystem unterdrückte, wurde sicherlich eine noch schwerere Rezession verhindert, aber heute ist noch klarer als damals, dass man mit dem Retten der Banken keineswegs die Wirtschaft gerettet hat.

Das Schuldenhaus Europas

In diesem Buch haben wir uns auf die Große Rezession konzentriert. Die USA sind die am weitesten entwickelte Wirtschaft der Welt, mit den aus-

243

gefeiltesten Finanzmärkten. Wenn es selbst den USA nicht gelang, ihre Wirtschaft vor den durch gehebelte Verluste entfesselten Kräften zu schützen, stehen die Chancen im Rest der Welt noch viel schlechter – und das ist es in der Tat, was die Geschichte uns lehrt.

Es zeigen sich frappierende Parallelen zwischen den Erkenntnissen, die in diesem Buch präsentiert wurden, und der anhaltenden Misere in Europa. Die Wirtschaftskrise in Europa reflektiert in vielerlei Hinsicht die gleichen verheerenden Folgen von Verschuldung, die wir in diesem Buch beschrieben haben. Die Probleme in Europa werden durch die eigenartigen politischen, fiskalischen und monetären Strukturen der Europäischen Union sogar noch verkompliziert.

Während die Saat für die US-Wirtschaftskrise in der ostasiatischen Krise von 1997 gelegt wurde, wurzelt die europäische Krise in der Währungsunion, die Ende der 1990er-Jahre in Europa eingeführt wurde. Durch die gemeinsame Währung wurden die Kapitalkosten für die Länder der sogenannten Peripherie – also zum Beispiel Spanien, Portugal und Griechenland – drastisch gesenkt. Mit dem Euro als gemeinsamer Währung konnten diese Länder sich zu den gleichen Kosten wie Deutschland auf den Kapitalmärkten Geld leihen. Das führte zu einem massiven Zufluss von Kapital aus den sogenannten Kernländern – etwa aus Deutschland und den Niederlanden – in die Volkswirtschaften der Peripherie.

Die Peripherieländer verhielten sich zwischen 2002 und 2008 wie die Zwillingsschwestern der Subprime-Wohngegenden in den USA. Sehr schnell wuchsen die Schulden, und diese Schulden wurden weit schneller angehäuft als die Einkommen stiegen. Das führte dazu, das innerhalb Europas enorme finanzielle Ungleichgewichte entstanden. So liehen sich zum Beispiel Länder wie Portugal, Spanien und Griechenland ein bis zwei Drittel ihres BIPs im Ausland, während Länder wie Deutschland, die Niederlande und Schweden einen ähnlich hohen Anteil ihres BIPs an andere Länder verliehen.

Der eine Unterschied zwischen den USA und den europäischen Peripherieländern bestand in der Art und Weise, wie sie jeweils in den 2000er-Jahren Schulden anhäuften. Während sich in den USA überwiegend die privaten Haushalte verschuldeten, waren es in einigen europäischen Ländern – zum Beispiel Griechenland – eher die Regierungen, die einen Großteil der Schulden aufnahmen; allerdings ist dieser Unterschied nicht allzu wichtig.

Wenn ein Land sich in einer Währung verschuldet, die nicht direkt der Kontrolle seiner Regierung untersteht – wie es in den Ländern der europäischen Peripherie der Fall war –, wird die Nachfrage durch übermäßige Verschuldung eingeschränkt, ebenso wie im Falle privater Verschuldung. Der einzige Unterschied besteht darin, dass es in solchen Fällen der Staat ist, der eingeschränkt wird und daher gezwungen ist, entweder seine Ausgaben zurückzufahren oder die Steuern zu erhöhen – was beides zu sinkender Nachfrage führt.

Die exzessive Verschuldung in den Ländern der europäischen Peripherie ließ eine Zeit lang ein falsches Gefühl von Optimismus entstehen – ganz so, wie es auch in den USA der Fall war. Abbildung 11.6 setzt für die einzelnen Länder Europas das reale Wachstum des Konsums der privaten Haushalte in Beziehung zur jeweiligen Nettokreditvergabe in das Ausland zwischen 2002 und 2008. Die Länder auf der rechten Seite der gestrichelten Linie sind die Kernländer, die dem Rest der Welt Kredit gewährten, während sich auf der linken Seite der gestrichelten Linie die Peripherieländer befinden, die sich im Rest der Welt verschuldeten. In den Peripherieländern nahm der Konsum außerordentlich stark zu, während man sich im Ausland verschuldete.

Allerdings entstanden die Probleme in Europa – wie es auch in den USA der Fall gewesen war –, als die Peripherieländer keine neuen Schulden mehr aufnehmen konnten, um ihren hohen Konsum aufrechtzuerhalten. Der Auslöser war in diesem Fall die Finanzkrise in den USA. Die Gläubiger bekamen Angst vor Verlusten und hörten auf, den Peripherieländern weitere Kredite zu gewähren. Das führte zum Zusammenbruch des Immobilienbooms, und das bis dahin hohe Konsumniveau konnte nicht länger aufrechterhalten werden.

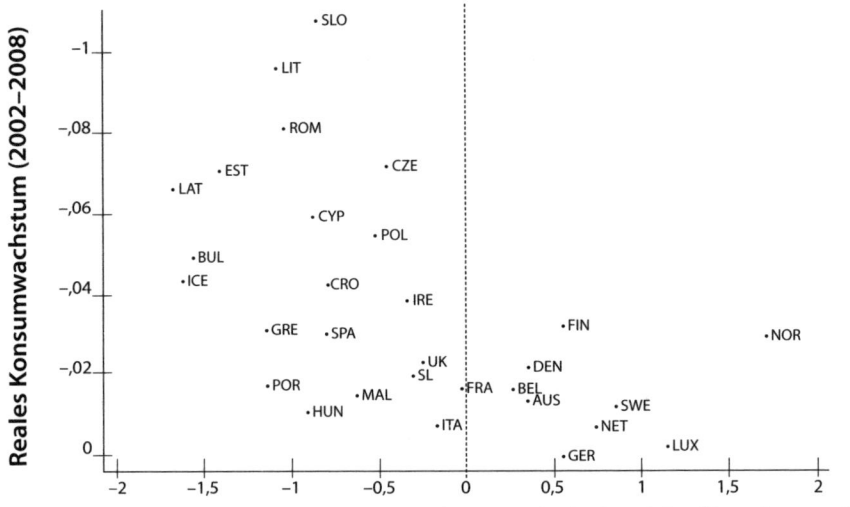

Abb. 11.6: Durchschnittlicher Zahlungsbilanz-Defizit-Überschuss pro Jahr als Anteil vom BIP (2002–2008)

Der scharfe Einbruch der Assetpreise in den Peripherieländern entfesselte die in diesem Buch beschriebenen Kräfte gehebelter Verluste. Wie wir es in Kapitel 2 beschrieben haben, bedeuteten die in den Peripherieländern angehäuften hohen Schuldenberge, dass die Verluste stark in diesen Ländern konzentriert waren. Daraufhin brach dort die Nachfrage ein – ganz so, wie es sich in den überschuldeten Bezirken in den USA zugetragen hatte (siehe Kapitel 3). Abbildung 11.7 zeigt, dass sich das reale Konsumwachstum in den Peripherieländern zwischen 2008 und 2011 stark *negativ* entwickelt hat.

An dieser Stelle könnte man fragen: Ja und? Die Peripherieländer haben sich fast zehn Jahre lang einem schuldenfinanzierten Konsumrausch hingegeben, und so ist es nur recht und billig, wenn sie jetzt zurückzahlen müssen.« Wenn man die Lage isoliert betrachtet, stimmen wir dieser Argumentation zu. Das Problem ist jedoch – und das ist eine der Kernthesen aus diesem Buch – Folgendes: *Wenn Schuldner massenhaft gezwungen sind, ihren Konsum einzuschränken, haben wir alle darunter zu leiden.*

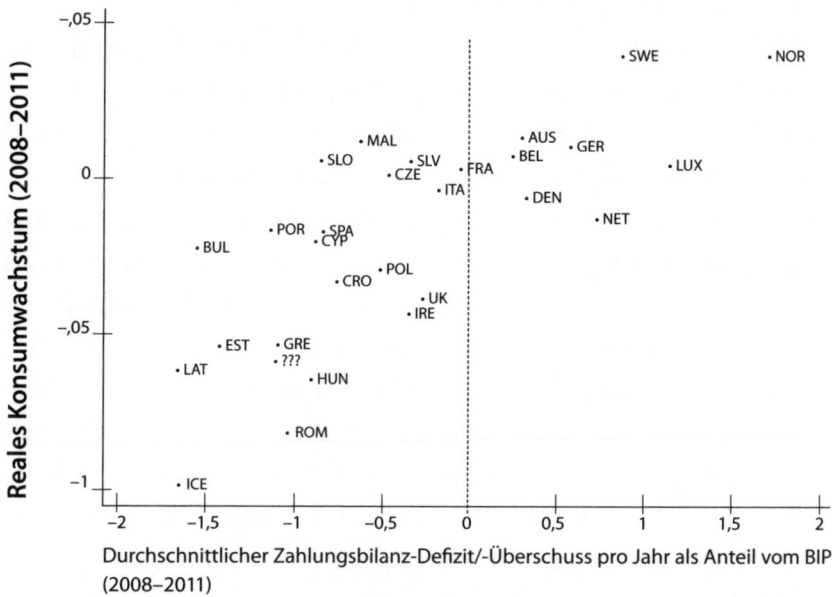

Abb. 11.7: Durchschnittliches Zahlungsbilanz-Defizit-Überschuss pro Jahr als Anteil vom BIP (2008-2011)

Das ist genau das, was auch in Europa geschah. Der heftige Nachfrageeinbruch in den Peripherieländern, den Abbildung 11.7 zeigt, stieß Europa in eine Rezession. In Kapitel 5 haben wir gesehen, dass Indiana sich nicht vor einem abrupten Nachfragerückgang im überschuldeten Kalifornien schützen konnte; in ähnlicher Weise konnten sich auch die Kernländer Europas nicht vor der chaotischen Entwicklung in der Peripherie schützen.

Überall in Europa stieg die Arbeitslosigkeit, und ganz Europa fiel in eine Rezession. Das ganze Ausmaß der menschlichen und wirtschaftlichen Not lässt sich ermessen, wenn man die dortige Lage im Jahr 2011 damit vergleicht, wie die Dinge sich entwickelt hätten, wenn die Wirtschaft in Europa gemäß dem vorherigen Trend weiter gewachsen wäre. Die Wirtschaftsleistung Europas sank 2011 um 1,4 Billionen Euro – ein Verlust von 9,5 Prozent im Vergleich zum Potenzial. Im Vergleich zum historischen Trend brach die Beschäftigung im Jahr 2011 um erschreckende 13,9 Millionen Arbeitsplätze ein.

In Kapitel 11 haben wir gesehen, dass die Vereinigten Staaten in eine Liquiditätsfalle gerieten, weil bei hoher Verschuldung die Nachfrage einbrach. In Europa war die Lage ganz ähnlich. Obwohl die Zinsen auf beinahe null gedrückt wurden, schaffte es die Geldpolitik nicht, die Arbeitslosigkeit unter Kontrolle zu bekommen, weil die Gesamtnachfrage niedrig blieb. Da es durch geldpolitische Maßnahmen nicht gelang, die enormen Schuldenberge abzubauen, suchte Europa nach anderen Lösungsansätzen.

Wie war es zum Beispiel mit der fiskalpolitischen Alternative? Wir haben in Kapitel 11 ausgeführt, dass höhere Staatsausgaben in den USA dazu beitrugen, die Nachfrage anzukurbeln. Die höheren Ausgaben der Bundesregierung halfen vor allem denjenigen Bundesstaaten, die von der Rezession am schwersten betroffen waren. Durch zusätzliche Hilfen vonseiten der Bundesregierung in der Hochphase der Rezession konnte zum Beispiel Kalifornien es sich leisten, keine Lehrer zu entlassen, und es gingen nicht so viele Arbeitsplätze im Bausektor verloren. Zwar gibt es Grenzen, wie erfolgreich eine fiskalische Expansion sein kann, aber in einer durch Schulden verursachten Rezession ist es besser, diese Option zu haben, als gar nichts zu tun.

Leider unterlag die Fiskalpolitik in Europa extremen Einschränkungen. Die Peripherieländer, die eine fiskalische Expansion am dringendsten gebraucht hätten, waren am wenigsten dazu in der Lage, und zwar wegen der fehlenden Fiskalunion in Europa. Obwohl es meistenteils von offenen Grenzen und einer gemeinsamen Währung profitiert, bleibt Europa eine Region von unabhängigen Staaten, die *nicht* die Macht haben, die Bürger der jeweils anderen Länder zu besteuern. Daher konnten fiskalpolitische

Mittel nicht eingesetzt werden, um die Risiken von Verlusten zu verteilen, was – wie wir in den Kapiteln 11 und 12 gesehen haben – angesichts einer von Verschuldung getriebenen Rezession dringend notwendig gewesen wäre.

Die Macht der US-Bundesregierung, alle Bundesstaaten gleichermaßen zu besteuern, bedeutet, dass diese Staaten sich in gewissem Maße gegen Schocks, die bestimmte Staaten besonders schwer treffen, gegenseitig versichern. Im Falle der Großen Rezession leisteten weniger stark in Mitleidenschaft gezogene Staaten, etwa Texas, einen Beitrag, um den Konsum in schwerer getroffenen Staaten wie Kalifornien zu fördern. Diese Form der Risiko-Lastenteilung war dagegen in Europa nicht möglich; so konnte sich zum Beispiel Spanien nicht darauf verlassen, dass der deutsche Steuerzahler während des Abschwungs automatisch einen Beitrag leisten würde, um das spanische Haushaltsdefizit zu finanzieren und den dortigen Konsum zu fördern.

Die fehlende Fiskalunion bedeutete, dass Europa jedes Mal, wenn ein nennenswerter fiskalischer Transfer aus den Kernländern in die Peripherie vorgeschlagen wurde, sich gedulden musste, bis Politiker aus über einem Dutzend Ländern sich geeinigt hatten. Das gelang der europäischen Politik aber nie in ausreichendem Maße. Die Lösung dieses Problems wurde immer wieder auf die lange Bank geschoben, und die anfängliche wirtschaftliche Misere wuchs sich zu einem anhaltenden Siechtum aus.

Politischen Stillstand inmitten von Krisen gibt es nicht nur in Europa. Fragen, bei denen es um staatliche Ausgaben und Schuldenschnitte geht, werden natürlich mitten in einer Krise, wenn alle Betroffenen Angst haben und leiden, kontrovers diskutiert. Genau aus diesem Grund empfehlen wir, dass die entsprechenden Verträge von vornherein flexibel ausgelegt werden, sodass sie sich automatisch anpassen, um Verluste in einem Abschwung zu absorbieren. In Kapitel 12 wurde diese Idee anhand eines Beispiels aus dem Hypothekenmarkt, der sogenannten Lastenteilungs-Hypothek (»shared-responsibility mortgage«, SRM), erklärt.

Ein ähnliches Produkt könnte man auch auf dem Staatsanleihenmarkt einführen. In einer Arbeit aus dem Jahr 2009 schlugen Mark Kamstra von der York University und Nobelpreisträger Robert Shiller von der Yale University eine neue Form von Staatsanleihen vor, die sie »trills« (von »trillionth part of GDP«, ein Billionstel der Wirtschaftsleistung) nannten. Wenn ein Staat eine Trill-Anleihe ausgibt, sind deren Zinserträge an das BIP des betreffenden Landes geknüpft.[233] Falls das BIP (und daher die Steuereinnahmen) fallen, werden die Trill-Verbindlichkeiten des Staates ebenfalls abnehmen. Folglich implementiert dieser Vorschlag von Kamstra und Shiller einen automatischen Mechanismus der Risiko-Lastenteilung.

Die Vorteile flexibler Finanzverträge wie SRMs und Trill-Anleihen werden klar, wenn man sich vorstellt, was in Europa passiert wäre, wenn die Peripherieländer Trills statt normaler Staatsanleihen ausgegeben hätten. Europa hätte einen automatischen Stabilitätsmechanismus gehabt und Bailouts, also die viel zitierten Rettungspakete für in Schwierigkeiten geratene Volkswirtschaften, wären nicht notwendig geworden. Europa als Union wäre gesünder und stärker gewesen. Wir hätten die Kosten, die der politische Stillstand und die fehlende Fiskalunion verursacht haben, vermieden. Und vielleicht hätten die Gläubiger etwas gründlicher nachgedacht, bevor sie Milliardenbeträge verliehen.

In letzter Konsequenz bedeutet das, dass die Rezessionen sowohl in Europa wie in Nordamerika durch Verschuldung getrieben wurden. In beiden Fällen entstanden die Probleme durch die *Unerbittlichkeit* von Schulden, über die wir in Kapitel 2 gesprochen haben. Die Verluste, die durch leichtfertig vergebene Kredite in den 2000er-Jahren entstanden waren, wurden weitgehend von den Schuldnern getragen – von überschuldeten Hauseigentümern in den USA und in den Peripherieländern Europas. Nach der in Kapitel 4 präsentierten Theorie der gehebelten Verluste zieht es die gesamte Wirtschaft mit in den Abgrund, wenn auf diese Weise die Verluste auf die Schuldner konzentriert werden.

Im Kern dieser ganzen Debatte geht es um Folgendes: Wenn die Nachfrage durch zu hohe Schulden einbricht, muss es Schuldenerlasse für Schuldner geben. Wir profitieren *alle* von einer solchen Politik. Allerdings ist es politisch und logistisch schwierig umzusetzen, wenn man Schuldnern durch Umstrukturieren ihrer Schulden helfen oder die Nachfrage übergangsweise durch erhöhte Staatsausgaben stützen will. Deswegen sollten wir uns auf die Ursache des Problems konzentrieren, und die liegt im Wesen des herkömmlichen Schuldvertrags. Wir müssen unsere Finanzverträge flexibel gestalten, sodass Schuldner und Gläubiger die Lasten extremer Wirtschaftsabschwünge *teilen*.

Ungleichheit und finanzielle Instabilität

Das stetige Zunehmen der Ungleichheit in den USA seit den 1980er-Jahren ist gut belegt und bringt gravierende soziale und politische Herausforderungen mit sich. Es besteht jedoch auch ein enger Zusammenhang zwischen steigender Ungleichheit, Verschuldung und finanzieller Instabilität. Die Theorie der gehebelten Verluste kann uns helfen, diesen Zusammenhang besser zu verstehen.

Wenn die steigende Einkommensungleichheit den Reichen mehr Wohlstand beschert (die, wie wir in Kapitel 3 gezeigt haben, eine niedrigere marginale Konsumneigung haben), werden ihre zusätzlichen Ersparnisse zurück in den Finanzsektor geschleust, wodurch das verfügbare Kreditangebot steigt. Und damit das Gleichgewicht zwischen Kreditangebot und -nachfrage erhalten bleibt, muss das zusätzliche Kreditangebot neue Kreditnehmer finden – das heißt, dass die Verschuldung steigen muss, wenn die Reichen mehr sparen. Das ist genau die Entwicklung, die in den USA zu beobachten war, als die Einkommensungleichheit zunahm.

In der Zeit nach dem Zweiten Weltkrieg blieb die Einkommensungleichheit in den USA entweder stabil oder sie nahm leicht ab. Seit Anfang der 1980er-Jahre stieg jedoch der Anteil der obersten zehn Prozent am gesamten Einkommen von unter 35 Prozent auf beinahe 50 Prozent.[234]

Wie entwickelte sich die Gesamtverschuldung – definiert als die Summe aus staatlichen und privaten Schulden – über diesen Zeitraum?

Während die Ungleichheit von 1960 bis 1980 abnahm, fiel auch die Gesamtverschuldung der US-Regierung und der privaten Haushalte als Anteil des BIPs: die Verschuldungsquote fiel in diesen 20 Jahren von 94 Prozent auf 77 Prozent. Aber 1982 – als die Ungleichheit gerade anfing zuzunehmen – begann auch die Verschuldungsquote zu steigen, und zwar sehr schnell. Bis Mitte der 1990er-Jahre war sie auf 125 Prozent angestiegen, und bis 2013 war sie auf 175 Prozent hochgeschnellt. Der Zusammenhang zwischen der Zunahme von Ungleichheit und steigender Gesamtverschuldung ist eng.

Eine zweite Folge des steigenden verfügbaren Kreditangebots durch höhere Ungleichheit ist, dass es die Zinssätze nach unten drückt, während die Banken mehr Menschen zu überzeugen versuchen, sich die zusätzlichen Ersparnisse der Reichen zu leihen. Auch dies ist eine Entwicklung, die ziemlich klar in den Vereinigten Staaten und anderen entwickelten Volkswirtschaften zu beobachten ist. Eine kürzlich vom IWF veröffentlichte Studie zeigt stetig abnehmende reale Zinserträge auf Staatsanleihen mit zehn Jahren Laufzeit; betrugen sie Anfang der 1980er-Jahre noch acht Prozent, waren sie bis kurz vor der Großen Rezession auf zwei Prozent gefallen und dann auf minus ein Prozent im Jahr 2013.[235] Dieser dramatische Verfall der Zinssätze vollzog sich zur gleichen Zeit wie das enorme Zunehmen der Einkommensungleichheit.

Weder kann die Verschuldung ewig weiter steigen, noch können die Zinssätze endlos weiter fallen. Und damit könnte man kurz und bündig das strukturelle Kernproblem zusammenfassen, das sich der US-Wirtschaft stellt. Da die Wirtschaft bereits mit dem Rücken an der Wand der Null-Prozent-Untergrenze für nominale Zinssätze steht und die Verschuldung im Privatsektor bereits ein ziemlich hohes Niveau erreicht hat, besteht Grund zu der Annahme, dass weiter zunehmende Ungleichheit unser Wachstumspotenzial begrenzen könnte.

Jeder weitere Versuch der Wirtschaft, die Nachfrage durch weiteres Steigern der privaten Verschuldung oder durch Senken der Zinssätze anzukurbeln, kann womöglich zum Entstehen von Blasen und finanzieller Instabilität führen. Schon jetzt haben die seit Langem bei null liegenden kurzfristigen Zinssätze zu sehr hohen Bewertungen sowohl auf den Aktien- als auch auf den Anleihenmärkten geführt. Glücklicherweise hält sich die Vergabe von Subprime-Krediten im Immobiliensektor in Grenzen, die Anzahl von Autokrediten an Schuldner mit niedrigen Bonitäts-Scores ist jedoch dramatisch gestiegen.

Von 2009 bis zum ersten Quartal 2014 nahm die Vergabe von Autokrediten an Verbraucher mit einem Bonitäts-Score unter 620 – also deutlich im Subprime-Bereich – um 300 Prozent zu. Die Vergabe solcher Kredite an Verbraucher mit einem Bonitäts-Score von über 700 nahm wesentlich schwächer zu, nämlich um weniger als 50 Prozent. Die Ausgaben für die Anschaffung von Autos waren ein Lichtblick im Bereich des Endverbraucherkonsums seit Ende der Großen Rezession, und die enorme Zunahme der Vergabe von Autokrediten an Subprime-Schuldner mag eine Erklärung dafür sein.

Ein so rapides Wachstum der Kreditvergabe an Haushalte mit niedriger Bonität muss nicht unbedingt ein Anlass zur Sorge sein, da immerhin die Kreditvergabe an Haushalte mit niedriger Bonität während der Rezession beinahe völlig aufhörte; insofern war durchaus zu erwarten, dass sie von 2009 bis 2014 wieder zunehmen würde. Aber die entscheidende Frage ist, ob diese vermehrte Vergabe von Autokrediten durch steigende Einkommen gerechtfertigt ist. Sind die Kreditgeber bereit, mehr Kredite zu vergeben, weil sie glauben, dass die Kreditnehmer bessere Einkommen erwarten können? Das ist leider in Anbetracht der weiterhin sinkenden Realeinkommen eines Großteils der US-Bevölkerung ziemlich unwahrscheinlich.

Verschiedene Datenbestände erzählen übereinstimmend immer dieselbe Geschichte: Wie seinerzeit im Subprime-Hypothekendarlehen-

Boom werden wieder einmal immer mehr Kredite an Haushalte ausge-reicht, deren Realeinkommen sinken. Zwar ist das Volumen dieser Kreditexpansion geringer, da Autokredite einen viel kleineren Markt bil-den als Hypothekendarlehen, aber dennoch kann diese Entwicklung nicht lange gut gehen. Die Einkommen müssen steigen, da sonst die Kreditge-ber über kurz oder lang den Geldhahn zudrehen. Das schlimmste Szena-rio wäre, dass es schnell zu immer mehr Insolvenzen käme, was makro-ökonomische Effekte nach sich ziehen könnte. In einem größeren Zusammenhang betrachtet liefert der Autokreditmarkt ein weiteres Bei-spiel dafür, wie die Ersparnisse reicher Haushalte über kurz oder lang ihren Weg in die Verschuldung von Haushalten mit niedrigem oder mitt-lerem Einkommen finden.

Können wir den Zyklus durchbrechen?

Die vielleicht heftigste Kritik an unserem Buch bezieht sich auf unsere Empfehlungen, das Finanzsystem stärker auf Eigenkapital auszurichten. Es besteht weitgehend Einigkeit darüber, dass das schuldenbasierte Fi-nanzsystem gefährlich ist. Und kaum jemand bestreitet, dass es im Prinzip eine gute Idee ist, mehr Finanzierungen über Eigenkapital zu realisieren. Aber viele halten diese Idee für unrealistisch oder zu radikal, um durch-führbar zu sein. Bei einem Gespräch über unser Buch im Rahmen einer Veranstaltung der Resolution Foundation in London sagte Martin Wolf: »Es wäre wunderbar, wenn wir viel mehr Eigenkapital-Verträge im System hätten, aber wenn wir viel mehr Eigenkapital-Verträge im System hätten, dann würde das Bankenwesen, wie wir es kennen, verschwinden. Es würde verschwinden.«

Wir räumen in Kapitel 12 durchaus ein, dass die von uns vorgeschla-genen Ideen sehr radikal erscheinen mögen. Aber wir sagen auch, dass sie radikal erscheinen, weil das Finanzsystem in seiner jetzigen Form verzerrt ist und weit von dem entfernt, was es idealerweise sein sollte. Unsere Ar-beit als Forscher gestattet uns den Luxus, einen Schritt zurückzutreten und auf konzeptioneller Ebene über die Eigenschaften eines idealen Finanzsystems nachzudenken. In Abwandlung eines Ausspruchs von Robert F. Kennedy könnte man sagen: Sie erlaubt uns, von einem System zu träumen, das ideal wäre, und dann zu fragen, warum wir es nicht in der Realität sehen.

Fangen wir mit einer grundlegenden, unbestreitbaren Prämisse an: Die Wirtschaft ist ein riskantes Spielfeld. Zuerst steigen die Immobilienpreise, dann fallen sie wieder, ebenso wie die Renditen auf Geschäftskapital. Das Einkommen, das man verdient, kann womöglich wegbrechen, falls die Wirtschaft in einer Rezession versinkt. Irgendjemand muss solche Risiken tragen. Wie würden wir unter diesen Voraussetzungen ein Finanzsystem völlig neu konstruieren? Wie würde dieses System aussehen? Unsere wichtigste These ist, dass das Finanzsystem den Menschen helfen sollte, diese Risiken untereinander zu *teilen*. Die größten Risiken sollten von all denen getragen werden, die am besten in der Lage sind, Verluste zu verschmerzen, falls die Wirtschaft abstürzt. Im Allgemeinen sind dies die Menschen mit großem Wohlstand. Und natürlich sollten jene, die die größten Risiken tragen, dafür auch belohnt werden – sie sollten hohe Renditen verdienen, wenn die Wirtschaft stark ist. Investoren sollten das Finanzsystem nutzen, um Risiken einzugehen und auf diesem Wege eine Rendite zu erzielen.

Warum ist also unser jetziges Finanzsystem in so hohem Maße von Schuldverträgen abhängig? Viele Ökonomen gehen davon aus, dass das jetzige System optimal sei, und entwickeln nur Modelle, die seine Existenz rechtfertigen. Aber das jetzige System ist nicht ideal; es ist durch politische Entscheidungen verzerrt worden. Wir haben eine Reihe solcher politischen Maßnahmen in Kapitel 12 erwähnt, und wir forschen weiter, um zu quantifizieren, inwieweit die Politik von Regierungen das Finanzsystem dazu gedrängt hat, von unflexiblen Schulden Gebrauch zu machen.

Unsere Erfahrung mit der in Kapitel 12 beschriebenen Idee von Lastenteilungs-Hypotheken kann helfen, diesen Punkt zu bestätigen. In unseren Gesprächen mit Investoren stoßen wir immer wieder auf großes Interesse an stärker eigenkapitalähnlichen Hypothekendarlehensverträgen. Das größte Problem dabei sind jedoch die höheren Kosten solcher Hypotheken im Vergleich zu konformen Hypotheken, etwa bei Fannie Mae und Freddie Mac. Mit anderen Worten: Fannie Mae und Freddie Mac erwerben nur bestimmte Arten von Hypothekendarlehen, und die Lastenteilungs-Hypothek wäre dafür nicht qualifiziert. Die Hypotheken, die von Fannie Mae und Freddie Mac angekauft werden, können von Hypotheken-Originatoren (den ursprünglichen Kreditgebern) zu wesentlich geringeren Kosten vergeben und verteilt werden, was Innovationen in diesem Markt stark erschwert. Die unflexible Hypothek dominiert den Markt nicht etwa, weil sie optimal wäre, sondern vielmehr, weil der Staat dem Finanzsystem enorme Anreize liefert, sie zu produzieren.

Der Übergang zu einem stärker auf Eigenkapital ausgerichteten Finanzsystem wird nicht von einem Tag auf den anderen gelingen. Aber wir freuen uns, berichten zu können, dass einige positive Fortschritte in dieser Richtung erzielt worden sind, seit wir dieses Buch geschrieben haben. Im September 2014 hat die Federal Reserve angekündigt, dass sie große US-Banken dazu verpflichten will, mehr Eigenkapital zu verwenden, um ihre Assets zu finanzieren. Generell scheinen höhere Eigenkapitalanforderungen für Banken immer mehr Unterstützung in politischen Kreisen zu finden, was zum Teil auf die Bemühungen von Akademikern wie Anat Admati zurückzuführen ist. Vermehrte Eigenkapitalfinanzierung der Banken ist ein wichtiger Schritt, um die Verträge zu ändern, die Banken verwenden, um Kreditnehmer zu finanzieren. Wenn die Banken in die Lage versetzt werden, höhere Risiken zu tragen, und sich weniger auf staatlich garantierte Verbindlichkeiten verlassen, dann werden sie vielleicht eher bereit sein, die Art von Eigenkapitalverträgen zu verwenden, die wir vorschlagen.

Außerdem wird man sich immer stärker der Probleme bewusst, die durch ein Bankensystem entstehen, das sich in so hohem Maße von gefährlichen kurzfristigen Verbindlichkeiten abhängig macht. John Cochrane hat – neben anderen – neuerliches Interesse an einem Vollreserve-Bankensystem geweckt. Damit ist gemeint, dass eine Bank, die kurzfristige Verbindlichkeiten begibt, diese Verbindlichkeiten mit US-Schatzwechseln oder Reserven bei der Federal Reserve unterlegen muss.[236] Finanzinstitute, die Kredite vergeben wollen, müssten sich über langfristige Anleihen oder Eigenkapital finanzieren. Auch Martin Wolf hat sich für das Vollreserve-Bankensystem ausgesprochen, sowohl in seinen Kolumnen in der *Financial Times* als auch in seinem neuen Buch.[237] Es ist fraglich, ob wir innerhalb kurzer Zeit zu einem solchen System übergehen könnten; aber es ist ein positives Zeichen, dass Ökonomen jeglicher Couleur die Fehler eines Finanzsystems einräumen, das so sehr von Schulden abhängig ist.

Wir haben dieses Buch geschrieben, weil wir glauben, dass wissenschaftlich fundierte Forschung der politischen Debatte sachliche Argumente liefern kann, um ideologisch geprägte, vorgefasste Meinungen infrage zu stellen und zu besseren politischen Lösungen zu kommen. Wenn wir über finanzielle Reformen diskutieren, ist es wichtig, stets daran zu denken, was das Finanzsystem leisten sollte und warum es nicht das leistet, was wir von ihm erwarten. Wenn wir vom Finanzsystem wollen, dass es Wachstum fördert, muss es dazu gebracht werden, Risiken gleichmäßiger zwischen Sparern und Schuldnern zu verteilen.

Atif Mian & Amir Sufi, im Oktober 2014

Danksagung

Die diesem Buch zugrunde liegende Forschungsarbeit wurde über einen Zeitraum von mehr als fünf Jahren durchgeführt. Unzählige Kollegen, Seminarteilnehmer, Diskutanten und Experten haben einen Beitrag zu unseren Ideen geleistet. Zuerst möchten wir das anregende intellektuelle Umfeld der Universitäten würdigen, an denen wir in dieser Zeit angestellt waren: der Princeton University, der University of California in Berkeley sowie der Booth School of Business der University of Chicago. Dafür, dass sie unsere Forschungsarbeit finanziert haben, danken wir ganz herzlich dem Fama-Miller Center an der Booth School Business, dem Fisher Center for Real Estate and Urban Economics an der University of California in Berkeley, der Initiative on Global Markets an der Booth School of Business, dem Julis-Rabinowitz Center for Public Policy and Finance an der Princeton University sowie der National Science Foundation.

Außerdem sind wir Kamalesh Rao und Francesco Trebbi sehr dankbar, die als Koautoren einen unschätzbaren Beitrag zu einem Teil der in diesem Buch zusammengefassten Arbeit geleistet haben. Dylan Hall hat uns sehr bei den Recherchen geholfen, und sein gründliches Korrekturlesen hat das Buch um vieles besser gemacht. Die Kommentare von Lord Adair Turner, Hal Weitzman und zwei nicht namentlich genannten Reviewern waren außerordentlich hilfreich. Wir danken auch Sarah Niemann, die uns bei organisatorischen Aufgaben sehr geholfen hat.

Joe Jackson, unser Lektor beim Verlag University of Chicago Press, hat uns stets mit Rat und Tat zur Seite gestanden und uns sehr geholfen, aus unseren wissenschaftlichen Unterlagen einen lesbaren und hoffentlich ansprechenden Text zu extrahieren. Wir bedanken uns auch bei Carrie Olivia Adams und den anderen Mitgliedern des Teams bei University of Chicago Press, die dieses Buch möglich gemacht haben.

Dieses Buch und die ihm zugrunde liegende Forschungsarbeit wären ohne die rückhaltlose Unterstützung unserer Familien nicht möglich gewesen, die es irgendwie geschafft haben, unsere ständige Geistesabwesenheit und unser professorales Gehabe zu ertragen. Wir widmen dieses Buch unseren Eltern und unseren Ehefrauen.

Atif kann kaum in Worte fassen, wie sehr er die Liebe, Zuneigung und unzähligen Opfer seiner Eltern zu schätzen weiß. Außerdem empfindet er es als unermessliches Glück, eine so wunderbare Lebenspartnerin wie Ayesha Aftab zu haben.

Amir dankt Saima Abedin Sufi für ihre unbeirrbare Liebe und Unterstützung. Sie hat die entscheidende Rolle auf seinem Weg zum beruflichen Erfolg gespielt. Außerdem dankt er seinen Eltern dafür, dass sie immer für ihn da waren, um ihn durch die schwierigsten Phasen des Lebens zu begleiten.

Zu guter Letzt danken wir unseren Kindern dafür, dass sie uns immer wieder auf so angenehme Weise von unserer Forschungsarbeit abgelenkt haben, während sie uns gleichzeitig einen Grund lieferten, diese Arbeit überhaupt erst in Angriff zu nehmen: um hoffentlich die Welt zu einem besseren Ort für künftige Generationen zu machen.

Anmerkungen

Kapitel eins: Ein Skandal in Böhmen

1   Die Informationen über die Situation im nördlichen Indiana, einschließlich der wört-
     lichen Zitate, stammt aus folgenden Quellen: Jim Meenan, »1,400 Monaco Jobs Lost«,
     South Bend Tribune, 18. Juli 2008; James Kelleher, »Economy Slams Brakes on Winne-
     bago«, *Global and Mail* (Canada), 22. Juli 2008; Jim Meenan, »Monaco Says State
     Requirements Met«, *South Bend Tribune*, 9. August 2008; Tony Pugh, »Is RV Capital of
     America on the Road to Ruin?«, *Knight Ridder Washington Bureau*, 19. Dezember 2008;
     Andrea Holecek, »Notices of Closings or Layoffs Tell Sad Story in Indiana«, *Times*
     (Munster, IN), 11. August 2008; »Corporate Fact Sheet«, Monaco Coach Corporation,
     http://media.corporate-ir.net/media_files/IROL/67/67879/Monaco_factsheet10.11.06.
     pdf; Joseph Dits, »Agency Leaders Digest the News«, *South Bend Tribune*, 18. Juli 2008.

2   Die Zahlen über Zwangsvollstreckungen stammen aus der CoreLogic-Pressemitteilung
     »CoreLogic Reports 61,000 Completed Foreclosures in January« vom 28. February
     2013, http://www.corelogic.com/about-us/news/corelogic-reports-61,000-completed-
     foreclosures-in-january.aspx. Die Zahlen über Einkommensverluste basieren auf einer
     linearen Projektion des langfristigen BIP-Wachstumstrends auf der Grundlage von
     NIPA-Daten.

3   Die Studie über das Suizidrisiko wurde von Timothy Classen und Richard A. Dunn
     durchgeführt: »The Effect of Job Loss and Unemployment Duration on Suicide Risk in
     the United States: A New Look Using Mass-Layoffs and Unemployment Duration«,
     Health Economics 21 (2011), S. 338–350; die Studie über Einkommensverluste ist von
     Steven J. Davis und Till von Wachter: »Recessions and the Costs of Job Loss«, *Brookings
     Papers on Economic Activity*, Herbst 2011.

4   Franklin Delano Roosevelt, *Fireside Chats*, 30. September 1934.

5   John Maynard Keynes, *Allgemeine Theorie der Beschäftigung, des Zinses und des Geldes*,
     11. Aufl., Berlin: Duncker & Humblot, 2009, S. 28.

6   Sir Arthur Conan Doyle, *Die Abenteuer des Sherlock Holmes*, Band 1, Zürich: Haffmans,
     1984, S. 11.

7   Der Brutto-Schulden-Einkommensquotient der privaten Haushalte ist definiert als die
     Summer der Kredite und Verbindlichkeiten dividiert durch das verfügbare Bruttoein-
     kommen. Ausführliche Daten und Hinweise zur Methodik siehe http://ec.europa.eu/
     eurostat/sectoraccounts.

8   David Beim, »It's All about Debt«, *Forbes*, 19. März 2009, http://www.forbes.com/2009/03/19/household-debt-gdp-markets-beim.html.

9   Charles Persons, »Credit Expansion, 1920 to 1929, and Its Lessons«, *Quarterly Journal of Economics* 45 (1930), S. 94–130.

10   Martha Olney, »Avoiding Default: The Role of Credit in the Consumption Collapse of 1930«, *Quarterly Journal of Economics* 114 (1999), S. 319–335.

11   Barry Eichengreen und Kris Mitchener, »The Great Depression as a Credit Boom Gone Wrong«, *Bank for International Settlements Working Paper* 137 (2003), S. 36.

12   Olney, »Avoiding Default«, S. 321; Frederic Mishkin, »The Household Balance Sheet and the Great Depression«, *Journal of Economic History* 38 (1978), S. 918–937.

13   Persons, »Credit Expansion«.

14   Peter Temin, *Did Monetary Forces Cause the Great Depression?*, New York: Norton, 1976.

15   Reuven Glick und Kevin J. Lansing, »Global Household Leverage, House Prices, and Consumption«, *Federal Reserve Bank of San Francisco Economic Letter*, 11. Januar 2010.

16   International Monetary Fund, »Chapter 3: Dealing with Household Debt«, in *World Economic Outlook: Growth Resuming, Dangers Remain*, April 2012.

17   Mervyn King, »Debt Deflation: Theory and Evidence«, *European Economic Review* 38 (1994), S. 419–445.

18   Carmen Reinhart und Kenneth Rogoff, »Is the 2007 US Sub-Prime Financial Crisis So Different?: An International Historical Comparison«, *American Economic Review* 98 (2008), S. 339–344.

19   Carmen Reinhart und Kenneth Rogoff, *Dieses Mal ist alles anders: Acht Jahrhunderte Finanzkrisen*, München: FinanzBuch Verlag, 2010.

20   Oscar Jorda, Moritz Schularick und Alan M. Taylor, »When Credit Bites Back: Leverage, Business Cycles, and Crisis« (Arbeitspapier Nr. 17621, NBER, 2011).

21   Auch die IWF-Studie bestätigt diese Erkenntnis. Darin wird gezeigt, dass erhöhte private Verschuldung zu einer schwereren Rezession führt, und zwar auch ohne eine Bankenkrise. IWF, »Chapter 3: Dealing with Household Debt«.

22   Jorda, Schularick und Taylor, »When Credit Bites Back«, S. 5.

23   J. M. Keynes, *Allgemeine Theorie der Beschäftigung, des Zinses und des Geldes,* 11. Aufl., Berlin 2009, S. 137.

24   George W. Bush, »Speech to the Nation on the Economic Crisis«, 24. September 2008, http://www.nytimes.com/2008/09/24/business/economy/24text-bush.html?pagewanted=all&_r=0.

Kapitel zwei: Schulden und Zerstörung

25   Alle Zahlen in diesem Abschnitt stammen aus dem »Survey of Consumer Finances« (»Erhebung über Verbraucherfinanzen«), die von dem »Board of Governors of the Federal Reserve System« (»Direktorium des Zentralbankensystems«) vorgelegt wurde.

26　Der Verschuldungs-Multiplikator ist mathematisch definiert als $1/(1-B)$, wobei B die Beleihungsquote des Hauses ist. In diesem Beispiel hat B einen Wert von 80 Prozent, woraus sich ein Verschuldungs-Multiplikator von $1/(1-0{,}80) = 1/0{,}2 = 5$ ergibt. Je höher die Beleihungsquote, desto höher der Verschuldungs-Multiplikator.

27　Eine vollständige Zusammenfassung der Datenbestände, die wir in unserer Analyse verwendet haben, findet sich in den folgenden Studien: Atif Mian und Amir Sufi, »The Consequences of Mortgage Credit Expansion: Evidence from the U.S. Mortgage Default Crisis«, *Quarterly Journal of Economics* 124 (2009), S. 1449–1496; Atif Mian und Amir Sufi, »Household Leverage and the Recession of 2007–2009«, *IMF Economic Review* 58 (2010), S. 74–117, sowie Atif Mian, Kamelesh Rao und Amir Sufi, »Household Balance Sheets, Consumption, and the Economic Slump«, *Quarterly Journal of Economics*, erscheint in Kürze.

28　Pressemitteilung von CoreLogic, »CoreLogic Third Quarter 2011 Negative Equity Data Shows Slight Decline but Remains Elevated«, 29. November 2011, http://www.core logic.com/about-us/news/corelogic-third-quarter-2011-negative-equity-data-shows-slight-decline-but-remains-elevated.aspx.

29　Daniel Hartley, »Distressed Sales and Housing Prices«, *Federal Reserve Bank of Cleveland Economic Trends*, 24. Februar 2012.

30　Atif Mian, Amir Sufi und Francesco Trebbi, »Foreclosures, House Prices, and the Real Economy« (Arbeitspapier Nr. 16685, NBER, Mai 2012).

31　Eine andere Studie, bei der eine andere Methodik eingesetzt wurde, kam zu sehr ähnlichen Ergebnissen: Elliot Anenberg und Edward Kung, »Estimates of the Size and Source of Price Declines Due to Nearby Foreclosures« (Arbeitspapier 2013-09, UCLA, 11. Januar 2013). Die Autoren fanden den gleichen Effekt: Zwangsvollstreckungen drücken die Preise der Häuser in der Nachbarschaft, weil deren Eigentümer gezwungen werden, unter dem vorher marktüblichen Preis zu verkaufen.

32　Andrei Shleifer und Robert Vishny, »Liquidation Values and Debt Capacity: A Market Equilibrium Approach«, *Journal of Finance* 47 (1992), S. 1343–1366.

33　John Geanakoplos, »The Leverage Cycle«, in *NBER Macroeconomic Annual 2009*, Vol. 24, Hrsg. Daron Acemoglu, Kenneth Rogoff und Michael Woodford (Chicago: University of Chicago Press, 2010), S. 1–65.

34　Siehe Daten der National Fire Protection Association, http://www.nfpa.org/research/fire-statistics/the-us-fire-problem/home-fires.

Kapitel drei: Der Gürtel wird enger geschnallt

35　Das genaue Zitat stammt von Alan Blinder, der schrieb, Lehman nicht zu retten »war ein kolossaler Fehler, und viele Menschen haben das damals auch gesagt«. Siehe Alan Blinder, »Six Errors on the Path to the Financial Crisis«, *New York Times*, 25. Januar 2009.

36　Jacob Weisberg, »What Caused the Great Recession?«, *Daily Beast*, 8. Januar 2010, http://www.thedailybeast.com/newsweek/2010/01/08/what-caused-the-great-recession.html.

37 Die Fakten in diesem Abschnitt basieren auf zwei Studien: Atif Mian, Kamalesh Rao und Amir Sufi, »Household Balance Sheets, Consumption, and the Economic Slump«, *Quarterly Journal of Economics*, erscheint in Kürze; und Atif Mian und Amir Sufi, »Household Leverage and the Recession of 2007–2009«, *IMF Economic Review* 58 (2010), S. 74–117.

38 James Surowiecki, »The Deleveraging Myth«, *The New Yorker*, 14. November 2011. In dieser Kolumne schrieb er auch, dass »ungezügeltes Beleihen von Immobilien-Eigenkapital, um einen Konsumrausch zu finanzieren, nicht nachhaltig war, und wir sollten nicht versuchen, die Wirtschaft wieder in diesen Zustand zu bringen«. Mit dieser Meinung sind wir voll und ganz einverstanden – siehe Kapitel 6 bis 8.

39 Auch Karen Dynan an der Brookings Institution fand einen starken Effekt von Verschuldung auf die Konsumausgaben von Haushalten, obwohl sie eine völlig andere Untersuchungsanordnung und anderes Datenmaterial verwendete. Aufgrund ihrer Analyse kam sie zu dem Ergebnis, dass »hoch verschuldete Hauseigentümer ihre Ausgaben zwischen 2007 und 2009 stärker reduzierten als andere Hauseigentümer, obwohl sie geringere Veränderungen ihres Nettovermögens erfuhren. Das lässt vermuten, dass ihre Schulden sich stärker auf ihr Konsumverhalten auswirkten, als es ausschließlich aufgrund von Vermögenseffekten zu erwarten gewesen wäre.« Karen Dynan, »Is a Household Debt Overhang Holding Back Consumption?«, *Brookings Papers on Economic Activity* (Frühjahr 2012), S. 299–344.

Kapitel vier: Gehebelte Verluste: die Theorie

40 Die Zitate stammen aus zwei Interviews mit Hal Varian, siehe Holly Finn, »Lunch with Hal«, *Google Think Quarterly*, März 2011, http://www.thinkwithgoogle.co.uk/quarterly/data/hal-varian-treating-data-obesity.html; und McKinsey & Company, »Hal Varian on How the Web Challenges Managers«, *McKinsey Quarterly*, Januar 2009, http://www.mckinsey.com/insights/innovation/hal_varian_on_how_the_web_challenges_managers.

41 Makroökonomen bezeichnen diese auf Fundamentaldaten beruhende Theorie als die *real business cycle theory* (»Theorie realer Konjunkturzyklen«), die besagt, dass Konjunkturschwankungen durch »reale« Störungen angetrieben werden – damit sind Störungen gemeint, die die Produktionskapazität der Wirtschaft beeinträchtigen. Die klassische Quelle zu dieser Theorie ist ein Artikel von Edward C. Prescott, »Theory Ahead of Business Cycle Measurement«, *Federal Reserve Bank of Minneapolis Quarterly Review* 10, Nr. 4 (1986), S. 9–21.

42 Robert Barro verwendet dieses Beispiel in Kapitel 2 seines Lehrbuchs *Macroeconomics*, 5. Aufl., Cambridge, MA: MIT Press, 1997.

43 Neben unserer eigenen Arbeit haben vier Studien einen starken Einfluss auf unsere Überlegungen zu diesen Problemen gehabt: Gauti Eggertsson und Paul Krugman, »Debt, Deleveraging, and the Liquidity Trap«, *Quarterly Journal of Economics* 127, Nr. 3 (2012), S. 1469–1513; Veronica Guerrieri und Guido Lorenzoni, »Credit Crises, Precautionary Savings, and the Liquidity Trap« (Arbeitspapier, University of Chicago Booth

School of Business, Juli 2011); Robert E. Hall, »The Long Slump«, *American Economic Review* 101 (2011), S. 431–469; sowie Virgiliu Midrigan und Thomas Philippon, »Household Leverage and the Recession« (Arbeitspapier, NYU Stern School of Business, April 2011).

44 Ein eng damit zusammenhängender Grund für Konsumzurückhaltung nach einem Vermögensschock ist Vorsorgesparen, siehe Christopher Carroll und Miles Kimball, »On the Concavity of the Consumption Function«, *Econometrica* 64 (1996), S. 981–992. Christopher Carroll hat umfassend analysiert, welchen Einfluss die Vermögensverteilung auf die Konsumzurückhaltung in Rezessionen hat. In diesem Zusammenhang ist auch die Arbeit von Richard Koo relevant, über das, was er die »bilanzgesteuerte Rezession« in Japan nennt, in der verschuldete Unternehmen ihre Investitionen zurückfahren, um ihre Schulden zu reduzieren. Siehe Richard Koo, *The Holy Grail of Macroeconomics: Lessons from Japan's Great Recession,* Singapur: John Wiley & Sons [Asia], 2009.

45 Siehe Paul Krugman, »It's Baaack: Japan's Slump and the Return of the Liquidity Trap«, *Brookings Papers on Economic Activity* 2 (1998), S. 137–205.

46 Robert Hall hat die intuitive Wahrnehmung der Null-Prozent-Untergrenze sehr schön erklärt: »Eine Regierung, die Geld mit einer Rendite [die höher ist als der negative reale Zinssatz] in Umlauf bringt, tut etwas fundamental unwirtschaftliches, was keine private Organisation je tun würde – sie zahlt den Menschen, die ihr etwas leihen, zu viel.« Mit anderen Worten: Cash wird zu einem Asset mit einer ineffizient hohen Rendite, was dazu führt, dass zu viel davon gehortet wird. Siehe Robert E. Hall, »The Long Slump«, *American Economic Review* 101 (2011), S. 431–469.

47 Irving Fisher, »The Debt-Deflation Theory of Great Depressions«, *Econometrica* 1, Nr. 4 (1933), S. 337–357.

48 Zum Beispiel entwickeln Zhen Huo und Jose-Victor Rios-Rull ein Wirtschaftsmodell, demzufolge eine Rezession generiert wird, wenn Vermögen an Wert verliert, weil es schwierig ist, Ressourcen in die Produktion von Gütern zu verlagern, die für den Export bestimmt sind. Siehe Zhen Huo und Jose-Victor Rios-Rull, »Engineering a Paradox of Thrift Recession« (Arbeitspapier, University of Minnesota, Minneapolis, Dezember 2012).

49 Wir entwickeln dieses Modell systematisch in Atif Mian und Amir Sufi, »What Explains High Unemployment?: The Aggregate Demand Channel« (Arbeitspapier, University of Chicago Booth School of Business, 2012).

Kapitel fünf: Die Erklärung für Arbeitslosigkeit

50 Senator Bob Corker, »Corker: Obama Administration's Principal Write-Down Proposal for Underwater Home Mortgages Is ›Terrible Public Policy‹, Forces Tennesseans to Pay for Reckless Housing Practices in Other States«, Pressemitteilung, 30. Januar, 2012, http://www.corker.senate.gov/public/index.cfm/2012/1/corker-obama-administration-s-principal-write-down-proposal-for-underwater-home-mortgages-is-terrible-public-policy-forces-tennesseans-to-pay-for-reckless-housing-practices-in-other-states.

51 Diese Methodik basiert auf folgender Studie: Atif Mian und Amir Sufi, »What Explains High Unemployment?: The Aggregate Demand Channel« (Arbeitspapier, University of Chicago Booth School of Business, 2012).

52 Die wichtigste dieser technischen Annahmen bezieht sich auf die Präferenzen der Haushalte; wir nehmen an, dass die Haushalte Präferenzen nach Cobb-Douglas in Bezug auf ortsungebundene und ortsgebundene Arbeitsplätze zeigen. Diese Annahme ermöglicht eine einfache Verhältnisberechnung. Der Anteil der Arbeitsplätze, der im *ortsgebundenen* Sektor aufgrund des Ausgabeneinbruchs durch gehebelte Verluste verloren ging, ermöglicht uns, den Anteil aller Arbeitsplätze, die in der *gesamten* Wirtschaft verloren gingen, zu berechnen. Siehe Atif Mian und Amir Sufi, »What Explains High Unemployment?: The Aggregate Demand Channel.«

53 John Maynard Keynes, *Allgemeine Theorie der Beschäftigung, des Zinses und des Geldes*, 11. Aufl., Berlin 2009, S. 29.

54 Mary Daly, Bart Hobijn und Brian Lucking, »Why Has Wage Growth Stayed Strong?«, *FRBSF Economic Letter*, 2. April 2012.

55 Mary Anastasia O'Grady, »The Fed's Easy Money Skeptic«, *Wall Street Journal*, 12. Februar 2011.

56 Kyle Herkenhoff und Lee Ohanian, »Foreclosure Delay and U.S. Unemployment« (Arbeitspapier, Federal Reserve Bank of St. Louis, Juni 2012).

57 Jesse Rothstein, »Unemployment Insurance and Job Search in the Great Recession«, *Brookings Papers on Economic Activity*, Herbst 2011, S. 143–196.

58 Johannes Schmieder, Till von Wachter und Stefan Bender, »The Effects of Extended Unemployment Insurance over the Business Cycle: Evidence from Regression Discontinuity Estimates over 20 Years«, *Quarterly Journal of Economics* 127 (2012), S. 701–752.

59 Steven J. Davis und Till von Wachter, »Recessions and the Costs of Job Loss«, *Brookings Papers on Economic Activity*, Herbst 2011.

Kapitel sechs: Die Kreditexpansion

60 Wir definieren die Westside von Detroit als die Menschen, die in den folgenden Postleitzahlbezirken leben: 48219, 48223, 48227, 48228, 48235. Die Hintergrund-Informationen stammen aus dem *Wikipedia*-Eintrag über Brightmoor, siehe http://en.wikipedia.org/wiki/Brightmoor,_Detroit und aus Berechnungen der Autoren.

61 Ron French, »How the Home Loan Boom Went Bust«, *Detroit News*, 27. November 2007.

62 Mark Whitehouse, »›Subprime‹ Aftermath: Losing the Family Home«, *Wall Street Journal*, 30. Mai 2007.

63 French, »Home Loan Boom Went Bust«.

64 Die »höchsten« und »niedrigsten« Bezirke in dieser Rechnung sind die obersten und untersten 20 Prozent der Bonitäts-Score-Verteilung; die Ablehnungsquoten basieren auf den Daten von 1998.

65 Ben Bernanke, Sachverständigenaussage zum Thema »The Economic Outlook« am 20. Oktober 2005 vor dem Wirtschaftsausschuss des 109. US-Kongresses.

66 Die Details dieser Berechnungen finden sich in Atif Mian und Amir Sufi, »The Consequences of Mortgage Credit Expansion: Evidence from the U.S. Mortgage Default Crisis«, *Quarterly Journal of Economics* 124 (2009), S. 1449–1496.

67 In Wirklichkeit sind die schuldenorientierte Sicht und die Animalische-Instinkte-Theorie nicht unabhängig voneinander. So können zum Beispiel Menschen mit irrationalen Überzeugungen durch Verschuldung in die Lage versetzt werden, eine Immobilie zu kaufen; ein Kanal, auf den wir in Kapitel 8 noch ausführlich eingehen werden.

68 Vgl. Edward Glaeser, Joseph Gyourko und Albert Saiz, »Housing Supply and Housing Bubbles«, *Journal of Urban Economics* 64 (2008), S. 198–217.

69 Mian und Sufi, »Consequences of Mortgage Credit Expansion«; Albert Saiz, »The Geographic Determinants of Housing Supply«, *Quarterly Journal of Economics* 125 (2010), S. 1253–1296.

70 Wir haben absichtlich die y-Achse so beschriftet, dass sie der Beschriftung der y-Achse in Abbildung 6.2 entspricht; so wird ein direkter Vergleich zwischen Städten mit unelastischem bzw. elastischem Immobilienangebot ermöglicht.

71 Die leichtere Verfügbarkeit von Krediten ermöglichte manchen existierenden Hauseigentümern, ein größeres Haus zu kaufen, aber diese Gruppe machte nur einen kleinen Teil der Bevölkerung aus.

72 Siehe Ron French und Mike Wilkinson, »Easy Money, Risky Loans Drive Area Home Losses; 70,000 Filings for Foreclosure in the Past Two Years«, *Detroit News*, 27. November 2007. In diesem Artikel wird berichtet, dass Ms. Cochran von Hypothekenmaklern auf betrügerische Weise dazu verleitet wurde, ihre Hypothek in einen so hohen Betrag umzuschulden.

73 Atif Mian und Amir Sufi, »House Prices, Home Equity-Based Borrowing, and the U.S. Household Leverage Crisis,« *American Economic Review* 101 (2011), 1232–56.

74 Glenn Canner, Karen Dynan und and Wayne Passmore, »Mortgage Refinancing in 2001 and Early 2002«, *Federal Reserve Bulletin* 88, Nr. 12 (2002), S. 469–481.

75 Andere Studien haben gezeigt, dass im Kontext von Kreditkarten und Subprime-Autoverkäufen ähnlich aggressiv Schulden gemacht wurden; siehe David Gross und Nicholas Souleles, »Do Liquidity Constraints and Interest Rates Matter for Consumer Behavior?: Evidence from Credit Card Data«, *Quarterly Journal of Economics*, Nr. 117 (2002), S. 149–185; und William Adams, Liran Einav und Jonathan Levin, »Liquidity Constraints and Imperfect Information in Subprime Lending«, *American Economic Review* no. 99 (2009), S. 49–84.

76 Siehe zum Beispiel R. H. Strotz, »Myopia and Inconsistency in Dynamic Utility Maximization«, *Review of Economic Studies* 3 (1955), S. 165–180; E. S. Phelps und R. A. Pollak, »On Second-Best National Saving and Game-Equilibrium Growth«, *Review of Economic Studies* 35 (1968), S. 185–199; und David Laibson, »Golden Eggs and Hyperbolic Discounting«, *Quarterly Journal of Economics* 112 (1997), S. 443–478.

77   Die Unterscheidung zwischen der Theorie von Kreditaufnahme-Restriktionen und der Theorie von Verhaltenstendenzen bleibt eine der schwierigsten Herausforderungen bei der Erforschung des Konsumverhaltens der privaten Haushalte. Die Schwierigkeit ist, dass das beobachtbare Verhalten nach beiden Theorien weitgehend identisch ist. Trotz dieser Schwierigkeiten bleibt dieses Problem eines der wichtigsten in der Makroökonomie, und wir erwarten, dass in Zukunft weitere Fortschritte in dieser Frage erzielt werden.

Kapitel sieben: Der Weg in die Katastrophe

78   Laurids Lauridsen, »The Financial Crisis in Thailand: Causes, Conduct, and Consequences?«, *World Development* 26 (1998), S. 1575–1591.

79   Lester Thurow, »Asia: The Collapse and the Cure«, *New York Review of Books*, 5. Februar 1998.

80   Ramon Moreno, »What Caused East Asia's Financial Crisis?«, *Federal Reserve Bank of San Francisco Economic Letter* 98–24, 7. August 1998.

81   Paul Krugman, »What Happened to Asia«, *Mimeo*, Januar 1998, http://web.mit.edu/krugman/www/disinter.html.

82   Franklin Allen und Joo Yun Hong, »Why Are There Global Imbalances?: The Case of Korea« (Arbeitspapier 11–32, Wharton Financial Institutions Center, University of Pennsylvania, 27. Februar 2011).

83   Leon Kendall, »Securitization: A New Era in American Finance«, in *A Primer on Securitization*, Hrsg. Leon Kendall und Michael Fishman, Cambridge, MA: MIT Press, 2000.

84   Siehe zum Beispiel Claire Hill, »Who Were the Villains in the Subprime Crisis, and Why It Matters«, *Entrepreneurial Business Law Journal* 4 (2010), S. 323–350. Sie sagt: »Ende der 1990er-Jahre begann Wall Street, Hypotheken zu verbriefen, die an Schuldner ausgereicht worden waren, die keine ›erstklassige‹ Bonität hatten. Solche Hypotheken hatten vorher einen verschwindend geringen Anteil des gesamten Hypothekenvolumens ausgemacht, aber das änderte sich schnell.«

85   Adam Levitin und Susan Wachter, »Explaining the Housing Bubble«, *Georgetown Law Journal* 100 (2012), S. 1177–1258.

86   Joshua Coval, Jakub Jurek und Erik Stafford, »The Economics of Structured Finance«, *Journal of Economic Perspectives* 23 (2009), S. 3–25.

87   Ebenda.

88   So lautete der Titel eines Artikels über unsere Recherchen, der im Februar 2008 in dem Wirtschaftsmagazin *Economist* erschien. Siehe *Economist*, »Chain of Fools«, 7. Februar 2008.

89   Benjamin Keys, T. Mukherjee, Amit Seru und Vikrant Vig, »Did Securitization Lead to Lax Screening?: Evidence from Subprime Loans«, *Quarterly Journal of Economics* 125 (2010), S. 307–362.

90   Christopher Mayer, Karen Pence und Shane Sherlund, »The Rise in Mortgage Defaults«, *Journal of Political Economy* 23 (2009), S. 27–50, liefern weitere Belege. Sie »fanden, dass

die Bonitätsprüfungen sich in mehreren Aspekten verschlechterten: Immer mehr Kredite wurden an Schuldner vergeben, die kaum Eigenkapital und ungenügende oder gar keine Einkommens- oder Vermögensnachweise hatten.«

91 Tomasz Piskorski, Amit Seru und James Witkin, »Asset Quality Misrepresentation by Financial Intermediaries: Evidence from RMBS Market« (Arbeitspapier, Columbia Business School, Columbia University, 12. Februar 2013).

92 Adam Ashcraft, Paul Goldsmith-Pinkham und James Vickery, »MBS Ratings and the Mortgage Credit Boom«, *Federal Reserve Bank of New York Staff Report #449*, Mai 2010.

93 Piskorski, Seru und Witkin, »Asset Quality Misrepresentation«.

94 Yuliya Demyanyk und Otto Van Hemert, »Understanding the Subprime Mortgage Crisis«, *Review of Financial Studies* 24 (2011), S. 1848–1880.

95 Diese Schätzung basiert auf dem ABX-Index, der den Wert von hypothekenbesicherten Verbriefungen für Hypotheken abbildet, die 2007 vergeben wurden.

Kapitel acht: Schulden und Blasen

96 Daniel Altman, »Charles P. Kindleberger, 92, Global Economist, Is Dead«, *New York Times*, 9. Juli 2003.

97 Robert Solow, im Vorwort zu *Manias, Panics, and Crashes: A History of Financial Crises*, 5. Aufl., von Charles Kindleberger und Robert Aliber, Hoboken, NJ: John Wiley & Sons, 2005. [Deutsche Ausgabe: *Manien, Paniken, Crashs – die Geschichte der Finanzkrisen dieser Welt*, Kulmbach 2001.]

98 Vernon Smith, Gerry Suchanek und Arlington Williams, »Bubbles, Crashes and Endogenous Expectations in Experimental Spot Asset Markets«, *Econometrica* 56 (1988), S. 1119–1151.

99 Robert Shiller, »Do Stock Prices Move Too Much to Be Justified by Subsequent Changes in Dividends?«, *American Economic Review* 71 (1981), S. 421–436.

100 Jeffrey Pontiff, »Excess Volatility and Closed-End Funds«, *American Economic Review* 87 (1997), S. 155–169.

101 David Porter und Vernon Smith, »Stock Market Bubbles in the Laboratory«, *Journal of Behavioral Finance* 4 (2003), S. 7–20.

102 Siehe folgende Studien für Modelle, die diese Logik beschreiben: Michael Harrison und David Kreps, »Speculative Investor Behavior in a Stock Market with Heterogeneous Expectations«, *Quarterly Journal of Economics* 92 (1978), S. 323–336; Jose Scheinkman und Wei Xiong, »Overconfidence and Speculative Bubbles«, *Journal of Political Economy* 111 (2003), S. 1183–1219; sowie Dilip Abreu und Markus Brunnermeier, »Bubbles and Crashes«, *Econometrica* 71 (2003), S. 173–204.

103 Die folgende Erörterung wurde inspiriert von John Geanakoplos, »The Leverage Cycle«, in *NBER Macroeconomic Annual 2009*, Vol. 24, Hrsg. Daron Acemoglu, Kenneth Rogoff und Michael Woodford, Chicago: University of Chicago Press, 2010, S. 1–65.

104 Das wird durch die Feststellung verifiziert, dass $100 \times 125\,000$ Dollar = 12,5 Millionen Dollar.

105 Siehe zum Beispiel Edward Glaeser, Joshua Gottlieb und Joseph Gyourko, »Can Cheap Credit Explain the Housing Boom?« (Arbeitspapier Nr. 16230, NBER, Juli 2010).

106 Nicola Gennaioli, Andrei Shleifer und Robert Vishny, »Neglected Risks, Financial Innovation, and Financial Fragility«, *Journal of Financial Economics* 104 (2012), S. 452–468.

107 Solow, Vorwort zu *Manias, Panics and Crashes*.

108 Jon Hilsenrath, »A 91-Year-Old Who Foresaw Selloff is ›Dubious‹ of Stock-Market Rally«, *Wall Street Journal*, 25. Juli 2002.

Kapitel neun: Die Banken retten, dann rettet man die Wirtschaft?

109 *Euronews*, »Spain's Unforgiving Eviction Law«, 11. Dezember 2012; Suzanne Daley, »In Spain, Homes Are Taken but Debt Stays«, *New York Times*, 27. Oktober 2010.

110 Gabriele Steinhauser und Matthew Dalton, »Lingering Bad Debts Stifle Europe Recovery«, *Wall Street Journal*, 31. Januar 2013.

111 Daley, »In Spain, Homes Are Taken but Debt Stays«.

112 Matt Moffett und Christopher Bjork, »Wave of Evictions Spurs Sympathy in Spain«, *Wall Street Journal*, 11. Dezember 2012.

113 Ilan Brat und Gabriele Steinhauser, »EU Court Rules against Spanish Mortgage Laws«, *Wall Street Journal*, 14. März 2013.

114 *Wall Street Journal*, »Spanish Mortgage Misery,« 21. März 2013.

115 Sharon Smyth und Angeline Benoit, »PP Aims to Change Spanish Mortgage Law within Two Months«, *Bloomberg*, 27. März 2013.

116 Daley, »In Spain, Homes Are Taken but Debt Stays«.

117 Raphael Minder, »Bailout in Spain Leaves Taxpayers Liable for Cost,« *New York Times*, 12. Juni 2012.

118 »Robert Reich«, *Daily Show with Jon Stewart*, Comedy Central, 16. Oktober 2008.

119 Stephen G. Cecchetti, »Crisis and Responses: The Federal Reserve in the Early Stages of the Financial Crisis«, *Journal of Economic Perspectives* 23, Nr. 1 (2009).

120 Pietro Veronesi und Luigi Zingales, »Paulson's Gift«, *Journal of Financial Economics* 97 (2010), S. 339–368.

121 Bryan Kelly, Hanno Lustig und Stijn van Nieuwerburgh, »Too-Systemic-to-Fail: What Option Markets Imply about Sector-Wide Government Guarantees« (Fama-Miller Arbeitspapier, University of Chicago Booth School of Business, 21. März 2012).

122 George W. Bush, »Address to the Nation on the Financial Crisis« (Rede, Washington, DC, 24. September 2008), *New York Times*, http://www.nytimes.com/2008/09/24/business/economy/24text-bush.html?pagewanted=all&_r=0.

123 Ben Bernanke, »Nonmonetary Effects of the Financial Crisis in the Propagation of the Great Depression«, *American Economic Review* 73 (1983), S. 257–276.

124 Die von Chefökonom William Dunkelberg geleitete Umfrage der NFIB kann hier abgerufen werden: http://www.nfib.com/research-foundation/surveys/small-business-economic-trends.

125 Atif Mian und Amir Sufi, »Aggregate Demand and State-Level Employment«, *Federal Reserve Bank of San Francisco Economic Letter 2013-04*, 11. Februar 2013.

126 Atif Mian und Amir Sufi, »What Explains High Unemployment?: The Aggregate Demand Channel« (Arbeitspapier, University of Chicago Booth School of Business, 2012).

127 Kathleen Kahle und Rene M. Stulz, »Access to Capital, Investment, and the Financial Crisis«, *Journal of Financial Economics*, erscheint in Kürze.

128 Atif Mian, Amir Sufi und Francesco Trebbi, »The Political Economy of the U.S. Mortgage Default Crisis«, *American Economic Review* 100 (2010), S. 67–98.

129 Die Abschrift dieses Gesprächs wurde auf der Website der *Columbia Journalism Review* zur Verfügung gestellt, siehe http://www.cjr.org/the_audit/so_thats_why_the_press_wont_co_1.php?page=all&print=true. Davidson hat sich später bei den Zuhörern für dieses Segment des Interviews entschuldigt.

130 Diese Frage wurde am 25. März 2013 während einer von der London School of Economics veranstalteten Podiumsdiskussion unter dem Titel »What Should Economists and Policymakers Learn from the Financial Crisis?« gestellt. Die Niederschrift steht auf Brad DeLongs Website zur Verfügung: http://delong.typepad.com/sdj/2013/04/reconstructing-macroeconomics-exchange-mervyn-king-ben-bernanke-olivier-blanchard-axel-weber-larry-summers.html.

131 Clea Benson, »Obama Housing Fix Faltered on Carrots-Not-Sticks Policy«, *Bloomberg News*, 11. Juni 2012.

132 Kristin Roberts und Stacy Kaper, »Out of Their Depth«, *National Journal*, 22. März 2012.

Kapitel zehn: Schuldenerlass

133 Das CNBC-Video kann hier abgerufen werden: https://www.youtube.com/watch?v=bEZB4taSEoA.

134 Dina ElBoghdady, »HUD Chief Calls Aid on Mortgages a Failure«, *Washington Post*, 17. Dezember 2008.

135 SIGTARP, »Quarterly Report to Congress«, 24. April 2013, http://www.sigtarp.gov/Quarterly%20Reports/April_24_2013_Report_to_Congress.pdf.

136 Office of the Special Inspector General for the Troubled Asset Relief Program, »Quarterly Report to Congress«, 24. April 2013, siehe http://www.sigtarp.gov/Quarterly%20Reports/April_24_2013_Report_to_Congress.pdf.

137 Zachary Goldfarb, »Why Housing Is Still Hindering the Recovery«, *Washington Post*, 24. November 2012.

138 Kristin Roberts und Stacy Kaper, »Out of Their Depth«, *National Journal*, 22. März 2012.

139 Siehe vor allem Anna Gelpern und Adam Levitin, »Rewriting Frankenstein Contracts: Workout Prohibitions in Residential Mortgage-Backed Securities«, *Southern California Law Review* 82 (2009), S. 1075–1152.

140 Ebenda.

141 Ebenda.

142 John Geanakoplos, »Solving the Present Crisis and Managing the Leverage Cycle«, *FRBNY Economic Policy Review* 16, Nr. 1 (August 2010).

143 Christopher Mayer, Edward Morrison und Tomasz Piskorski, »A New Proposal for Loan Modifications«, *Yale Journal on Regulation* 26, Nr. 2 (2009).

144 Sumit Agarwal, Gene Amromin, Itzhak Ben-David, Souphala Chomsisengphet, Tomasz Piskorski und Amit Seru, »Policy Intervention in Debt Renegotiation: Evidence from the Home Affordable Modification Program« (Arbeitspapier, University of Chicago Booth School of Business, 2012).

145 Tomasz Piskorski, Amit Seru und Vikrant Vig, »Securitization and Distressed Loan Renegotiation: Evidence from the Subprime Mortgage Crisis«, *Journal of Financial Economics* 97 (2010), S. 369–397.

146 Sumit Agarwal, Gene Amromin, Itzhak Ben-David, Souphala Chomsisengphet und Douglas Evanoff, »Market-Based Loss Mitigation Practices for Troubled Mortgages Following the Financial Crisis« (Arbeitspapier, SSRN, Oktober 2010).

147 Recherchen im Rahmen der folgenden Studie stützen diese These von Insolvenzen aus strategischen Gründen: Christopher Mayer, Edward Morrison, Tomasz Piskorski und Arpit Gupta, »Mortgage Modification and Strategic Behavior: Evidence from a Legal Settlement with Countrywide« (Arbeitspapier Nr. 17065, NBER, Mai 2011).

148 Siehe Jesse Eisenger, »Fannie and Freddie: Slashing Mortgages Is Good Business«, *ProPublica*, 23. März 2012, http://www.propublica.org/article/fannie-and-freddie-slashing-mortgages-is-good-business.

149 Siehe Ben Hallman, »Ed DeMarco, Top Housing Official, Defied White House; Geithner Fires Back«, *Huffington Post*, 31. Juli 2012, http://www.huffingtonpost.com/2012/07/31/ed-demarco-principal-reduction_n_1724880.html.

150 Annie Lowrey, »White House Urged to Fire a Housing Regulator«, *New York Times*, 17. März 2013.

151 Siehe Interview mit Mike Konczal von *Next New Deal*, http://www.nextnewdeal.net/rortybomb/post-debate-interview-glenn-hubbard-housing-policy.

152 Generell lässt sich Folgendes sagen: Wenn nominale Rigiditäten vorhanden sind, können die Mechanismen der Finanzmärkte wegen einer Gesamtnachfrage-Externalität ineffizient sein. Siehe Emmanuel Farhi und Ivan Werning, »On the Inefficiency of Financial Market Equilibria in Macroeconomic Models with Nominal Rigidities« (Arbeitspapier, Harvard University, 2013). Diese Studie zeigt, dass Transfers wie derjenige, den wir vorschlagen, sinnvoll sind.

153 Zum Beispiel lautet ein häufig vorgebrachtes Gegenargument ungefähr so: Es gab 750 Milliarden Dollar an notleidenden Hypothekendarlehen. Selbst wenn man den überschuldeten Haushalten diese 750 Milliarden Dollar gegeben hätte, dann hätten sie davon nur 10 Cent pro Dollar ausgegeben, also 75 Milliarden Dollar. Das ist im Vergleich zum gesamten BIP ein kleiner Betrag. Allerdings ignoriert eine solche Rechnung

die Auswirkungen von Zwangsvollstreckungen auf die Immobilienpreise und die Auswirkungen auf die Beschäftigung, die, wie wir in Kapitel 5 erklärt haben, massiv waren.

154 Martin Feldstein, »How to Stop the Drop in Home Values«, *New York Times*, 12. Oktober 2011.

155 Goldfarb, »Why Housing Is Still Hindering the Recovery«.

156 Craig Torres, »Household Debt Restructuring in U.S. Would Stimulate Growth, Reinhart Says«, *Bloomberg*, 5. August 2011.

157 Murray N. Rothbard, *The Panic of 1819: Reactions and Policies,* New York: Columbia University Press, 1962, S. 7.

158 Patrick Bolton und Howard Rosenthal, »Political Intervention in Debt Contracts«, *Journal of Political Economy* 110 (2002), S. 1103–1134.

159 Rothbard, *Panic of 1819*, S. 24.

160 Bolton und Rosenthal, »Political Intervention in Debt Contracts«.

161 Rothbard, *Panic of 1819*.

162 Ebenda.

163 Ebenda, S. 28.

164 Price Fishback, Jonathan Rose und Kenneth Snowden, *Well Worth Saving: How the New Deal Safeguarded Home Ownership* Chicago: University of Chicago Press, 2013.

165 Ebenda.

166 Randall Kroszner, »Is It Better to Forgive than to Receive?: Repudiation of the Gold Indexation Clause in Long-Term Debt during the Great Depression« (Manuskript, University of Chicago, 1998).

167 John Geanakoplos und Susan Koniak, »Mortgage Justice Is Blind«, *New York Times*, 29. Oktober 2008.

168 Die Informationen über die Insolvenzordnung nach Chapter 13 stammen aus Mark Scarberry und Scott Reddie, »Home Mortgage Strip Down in Chapter 13 Bankruptcy: A Contextual Approach to Sections 1322(b)(2) and (b)(5)«, *Pepperdine Law Review* 20, Nr. 2 (2012), S. 425–496.

169 Diese Interpretation ist unter Juristen sehr umstritten. Eine Reihe von entsprechenden Fällen in den späten 1980er- und frühen 1990er-Jahren endete 1992 mit dem Rechtsstreit *Nobleman vs. American Savings Bank*. In diesem Fall entschied das Gericht, dass Schulden, die durch eine Hypothek auf die Immobilie am Erstwohnsitz des Schuldners besichert waren, nicht entsprechend der ursprünglichen Insolvenzordnung nach Chapter 13 abgeschrieben werden können. Vor diesem Urteil hatten viele Richter bei einer Insolvenz ein »cram-down« von Hypothekenschulden zugelassen. Siehe Scarberry und Reddie, »Home Mortgage Strip Down in Chapter 13 Bankruptcy«.

170 Clea Benson, »Obama Housing Fix Faltered on Carrots-Not-Sticks Policy«, *Bloomberg News*, 11. Juni 2012.

171 Binyamin Appelbaum, »Cautious Moves on Foreclosures Haunting Obama«, *New York Times*, 19. August 2012.

172 Ebenda.

173 Doris Dungey, »Just Say Yes to Cram Downs«, *Calculated Risk*, 7. Oktober 2007, http://www.calculatedriskblog.com/2007/10/just-say-yes-to-cram-downs.html.

174 Doris Dungey, »House Considers Cram Downs«, *Calculated Risk*, 12. Dezember 2007, http://www.calculatedriskblog.com/2007/12/house-considers-cram-downs.html.

175 Bill McBride, »Mortgage Cramdowns: A Missed Opportunity«, *Calculated Risk*, 20. August 2012, http://www.calculatedriskblog.com/2012/08/mortgage-cramdowns-missed-opportunity.html.

176 Eric Posner und Luigi Zingales machten einen ähnlichen Vorschlag, dem zufolge Chapter 13 so modifiziert werden sollte, dass es für Hauseigentümer in Postleitzahlbezirken, die besonders hart durch fallende Immobilienpreise getroffen worden waren, leichter gewesen wäre, bei einer Insolvenz die Restschuld erlassen zu bekommen, wenn sie einen Teil des möglichen Gewinns aus einem späteren Verkauf der Immobilie aufgaben. Siehe Eric Posner und Luigi Zingales, »A Loan Modification Approach to the Housing Crisis«, *American Law and Economics Review* 11, Nr. 2 (2009), S. 575–607.

177 Siehe Geanakoplos, »Solving the Present Crisis«.

178 OCC Mortgage Metrics Report, »OCC Reports on Mortgage Performance for Fourth Quarter«, 27. März 2013.

179 Roberts und Kaper, »Out of Their Depth«.

180 Benson, »Obama Housing Fix Faltered«.

181 Internationaler Währungsfond, »Concluding Statement of the 2012 Article IV Mission to the United States of America«, 3. Juli 2012, http://www.imf.org/external/np/ms/2012/070312.htm.

182 Daniel Leigh, Deniz Igan, John Simon und Petia Topalova, »Chapter 3: Dealing with Household Debt«, in *IMF World Economic Outlook: Growth Resuming, Dangers Remain*, April 2012.

183 Will Dobbie und Jae Song, »Debt Relief and Debtor Outcomes: Measuring the Effects of Consumer Bankruptcy Protection« (Arbeitspapier, Harvard University, Mai 2013).

Kapitel elf: Geld- und fiskalpolitische Maßnahmen

184 Irving Fisher, »The Debt-Deflation Theory of Great Depressions«, *Econometrica* 1 Nr. 4 (1933), S. 341.

185 Ben Bernanke, »On Milton Friedman's Ninetieth Birthday« (Rede, Feierstunde zur Würdigung Milton Friedmans, University of Chicago, 8. November 2002).

186 Genau genommen kauft die Federal Reserve auch von anderen Marktteilnehmern Wertpapiere, nicht nur von den Geschäftsbanken. Wenn dann allerdings diese Marktteilnehmer ihren Erlös als Einlage ins Bankensystem einzahlen und das Bankensystem dieses zusätzliche Geld als Reserve hält, hat das ähnliche Implikationen.

187 Paul Douglas, Irving Fisher, Frank Graham, Earl Hamilton, Willford King und Charles Whittlesey, »A Program for Monetary Reform« (Publikation, erneut aufgelegt durch das Kettle Pond Institute, Juli 1939).

188 Richard Koo argumentiert in einem Buch über Japan in den 1990er-Jahren ganz ähnlich, siehe Richard Koo, *The Holy Grail of Macroeconomics: Lessons from Japan's Great Recession,* Singapore: John Wiley & Sons [Asia], 2009.

189 Siehe Peter Temin, *Did Monetary Forces Cause the Great Depression?,* New York: Norton, 1976; und Paul Krugman, »It's Baaack: Japan's Slump and the Return of the Liquidity Trap«, *Brookings Papers on Economic Activity* 2 (1998), S. 137–205.

190 Richard Koo, »The World in Balance Sheet Recession: What Post-2008 West Can Learn from Japan 1990–2005« (Vortrag auf dem Kongress »Paradigm Lost: Rethinking Economics and Politics«, Berlin, 15. April 2012), http://ineteconomics.org/conference/berlin/world-balance-sheet-recession-what-post-2008-west-can-learn-japan-1990-2005.

191 Die am häufigsten zitierte Quelle für solche »Geldabwürfe aus Hubschraubern« ist Milton Friedman, »The Optimum Quantity of Money«, in *The Optimum Quantity of Money and Other Essays*, Chicago: Aldine, 1969, S. 1–50.

192 Ben Bernanke, »Japanese Monetary Policy: A Case of Self-Induced Paralysis« (Publikation, Princeton University, 1999).

193 Martin Wolf, »The Case for Helicopter Money«, *Financial Times*, 12. Februar 2013.

194 Willem H. Buiter, »Helicopter Money: Irredeemable Fiat Money and the Liquidity Trap; Or, Is Money Net Wealth after All?« (Arbeitspapier, 31. Januar 2004), http://www.willembuiter.com/helinber.pdf.

195 Alan Boyce, Glenn Hubbard, Christopher Mayer und James Witkin, »Streamlined Refinancings for Up to 13 Million Borrowers« (Entwurf für eine Gesetzesvorlage, Columbia Business School, Columbia University, 13. Juni 2012), http://www8.gsb.columbia.edu/sites/realestate/files/BHMW-V15-post.pdf.

196 Krugman, »It's Baaack«.

197 Christina Romer, »It Takes a Regime Shift: Recent Developments in Japanese Monetary Policy through the Lens of the Great Depression« (Rede, NBER Annual Conference on Macroeconomics, Cambridge, MA, 12. April 2013).

198 Emi Nakamura und Jon Steinsson, »Fiscal Stimulus in a Monetary Union: Evidence from U.S. Regions«, *American Economic Review*, erscheint in Kürze.

199 Gabriel Chodorow-Reich, Laura Feiveson, Zachary Liscow und William Gui Woolston, »Does State Fiscal Relief during Recessions Increase Employment?: Evidence from the American Recovery and Reinvestment Act«, *American Economic Journal: Economic Policy* 4 (2012), S. 118–145; und Daniel Wilson, »Fiscal Spending Job Multipliers: Evidence from the 2009 American Recovery and Reinvestment Act«, *American Economic Journal: Economic Policy*, erscheint in Kürze.

200 Gauti Eggertsson und Paul Krugman, »Debt, Deleveraging, and the Liquidity Trap: A Fisher-Minsky-Koo Approach«, *Quarterly Journal of Economics* 127, Nr. 3 (2012), S. 1469–1513.

201 Paul Krugman, *End This Depression Now!*, New York: Norton, 2012.

202 Es gibt natürlich durchaus Beispiele dafür, dass staatliche Ausgaben in Form von Schuldenerlassen umgesetzt wurden. Das offensichtlichste dieser Beispiele ist die Home

Owners' Loan Corporation während der Weltwirtschaftskrise, die wir in Kapitel 10 beschrieben haben.

203 Die Erbschaftssteuer ist eine Ausnahme, aber sie bringt nur 0,6 Prozent des gesamten Steueraufkommens ein. Siehe Center on Budget and Policy Priorities, »Where Do Federal Tax Revenues Come From?«, 12. April 2013, http://www.cbpp.org/cms/?fa=view&id=3822.

204 Hans-Werner Sinn, »Why Berlin Is Balking on a Bailout«, *New York Times*, 12. Juni 2012.

205 Atif Mian, Amir Sufi und Francesco Trebbi, »Resolving Debt Overhang: Political Constraints in the Aftermath of Financial Crises«, *American Economic Journal: Macroeconomics*, erscheint in Kürze.

206 Ebenda.

207 Hierbei handelt es sich um die von Carmen Reinhart und Ken Rogoff definierten Finanzkrisen.

Kapitel zwölf: Lastenteilung

208 Siehe Heidi Shierholz, Natalie Sabadish und Nicholas Finio, »The Class of 2013: Young Graduates Still Face Dim Job Prospects«, *Economic Policy Institute Briefing Paper* 360 (2013), S. 1–30.

209 Siehe Federal Reserve Bank of New York, *Quarterly Report on Household Debt and Credit*, Februar 2013, http://www.newyorkfed.org/research/national_economy/householdcredit/DistrictReport_Q42012.pdf.

210 Andrew Martin und Andrew Lehren, »A Generation Hobbled by the Soaring Cost of College«, *New York Times*, 12. Mai 2012.

211 Tara Siegel Bernard, »In Grim Job Market, Student Loans Are a Costly Burden«, *New York Times*, 18. April 2009.

212 Siehe Charley Stone, Carl Van Horn und Cliff Zukin, »Chasing the American Dream: Recent College Graduates and the Great Recession«, in *Work Trends: Americans' Attitudes about Work, Employers, and Government*, Rutgers University, Mai 2012, http://media.philly.com/documents/20120510_Chasing_American_Dream.pdf; sowie Meta Brown und Sydnee Caldwell, »Young Student Loan Borrowers Retreat from Housing and Auto Markets«, *Federal Reserve Bank of New York Liberty Street Economics Blog*, 17. April 2013, http://libertystreeteconomics.newyorkfed.org/2013/04/young-student-loan-borrowers-retreat-from-housing-and-auto-markets.html.

213 Martin und Lehren, »A Generation Hobbled«.

214 Bernard, »In Grim Job Market«.

215 Wir sind in Bezug auf viele der in diesem Kapitel präsentierten Ideen stark von der Arbeit Robert Shillers beeinflusst worden. Er hat sich im Kontext von Schulden der privaten Haushalte und von Staatsschulden vehement für Kreditverträge eingesetzt, die das Risiko gleichmäßiger verteilen. Siehe zum Beispiel Stefano Athanasoulis, Robert Shiller und Eric van Wincoop, »Macro Markets and Financial Security«, *FRBNY Econo-*

mic Policy Review, April 2009. Auch Kenneth Rogoff hat im Kontext staatlicher Verschuldung Instrumente befürwortet, die eher Eigenkapital ähneln als Schulden. Siehe Kenneth Rogoff, »Global Imbalances without Tears«, *Project Syndicate*, 1. März 2011, http://www.project-syndicate.org/commentary/global-imbalances-without-tears. Lord Adair Turner hat eine hervorragende Zusammenfassung der Problematik von Schulden und der Vorteile von Eigenkapital-Finanzierungen verfasst. Siehe Lord Adair Turner, »Monetary and Financial Stability: Lessons from the Crisis and from Classic Economics Texts« (Vortrag auf einer Veranstaltung der South African Reserve Bank, 2. November 2012); seine Rede kann abgerufen werden unter http://www.fsa.gov.uk/static/pubs/speeches/1102-at.pdf.

216 Es wird häufig vorgeschlagen, dass man Studentendarlehen ans Einkommen knüpfen sollte; siehe zum Beispiel Kevin Carey, »The U.S. Should Adopt Income-Based Loans Now«, *Chronicle of Higher Education*, 23. Oktober 2011; und Bruce Chapman, »A Better Way to Borrow«, *Inside Higher Ed*, Juni 8, 2010. Elena Del Rey und Maria Racionero vertreten die Auffassung, dass »ein ans Einkommen geknüpftes Darlehen mit Risiko-Pooling die optimale Teilnahmequote erbringen kann, wenn das Programm allgemein zugänglich ist und das Darlehen sowohl die Kosten des Studiums als auch des entgangenen Einkommens abdeckt«. Siehe Elena Del Rey und Maria Racionero, »Financing Schemes for Higher Education«, *European Journal of Political Economy* 26 (2010), S. 104–113.

217 Milton Friedman, »The Role of Government in Education«, in *Economics and the Public Interest*, Hrsg. Robert A. Solo, New Brunswick, NJ: Rutgers University Press, 1955, http://www.edchoice.org/The-Friedmans/The-Friedmans-on-School-Choice/The-Role-of-Government-in-Education-%281995%29.aspx.

218 Wir sind nicht die Ersten, die eine Risiko-Lastenteilung im Rahmen hypothekenbesicherter Finanzierungen vorschlagen. Siehe zum Beispiel Andrew Caplin, Sewin Chan, Charles Freeman und Joseph Tracy, *Housing Partnerships,* Cambridge, MA: MIT Press, 1997; Andrew Caplin, Noel Cunningham, Mitchell Engler und Frederick Pollock, »Facilitating Shared Appreciation Mortgages to Prevent Housing Crashes and Affordability Crises« (Diskussionspapier 2008-12, Hamilton Project, September 2008); sowie David Miles, »Housing, Leverage, and Stability in the Wider Economy« (Vortrag auf dem Kongress »Housing Stability and Macroeconomy: International Perspectives«, Federal Reserve Bank of Dallas, November 2013), verfügbar unter http://www.bankofengland.co.uk/publications/Pages/news/2013/132.aspx.

219 Siehe auch Xia Zhou und Christopher Carroll, »Dynamics of Wealth and Consumption: New and Improved Measures for U.S. States«, *B.E. Journal of Macroeconomics* 12, Nr. 2 (2012).

220 Nakamura und Steinsson, »Fiscal Stimulus in a Monetary Union«.

221 Frank Fabozzi und Franco Modigliani, *Mortgage and Mortgage-Backed Securities Markets,* Boston: Harvard Business School Press, 1992.

222 Miles, »Housing, Leverage, and Stability in the Wider Economy«.

223 Siehe Gregor Matvos und Zhiguo He, »Debt and Creative Destruction: Why Could Subsidizing Corporate Debt Be Optimal?« (Arbeitspapier, University of Chicago Booth School of Business, März 2013).

224 Siehe Pierre-Olivier Gourinchas und Olivier Jeanne, »Global Safe Assets« (Bank for International Settlements, Arbeitspapier 399, Dezember 2012). Die Autoren weisen auf Folgendes hin: »Privat aufgelegte Wertaufbewahrungsmittel können keine ausreichende Versicherung gegen globale Krisen leisten. Das können nur vom Staat aufgelegte sichere Assets, wenn sie von der Geldpolitik angemessen gestützt werden.«

225 Annette Vissing-Jørgensen und Arvind Krishnamurthy, »Short-Term Debt and Financial Crisis: What Can We Learn from U.S. Treasury Supply« (Arbeitspapier, Kellogg School of Management, Northwestern University, Mai 2013).

226 Mark Kamstra und Robert Shiller, »The Case for Trills: Giving the People and Their Pension Funds a Stake in the Wealth of the Nation« (Diskussionspapier Nr. 1717, Cowles Foundation, Yale University, August 2009).

227 Rogoff, »Global Imbalances without Tears«.

228 Anat Admati und Martin Hellwig, *The Bankers' New Clothes: What's Wrong with Banking and What to Do about It,* Princeton, NJ: Princeton University Press, 2013.

Nachwort

229 Der relative Rückgang des Konsums der privaten Haushalte von 2006 bis 2009 in den stark betroffenen Regionen erscheint in den BEA-Daten schwächer ausgeprägt als in den Daten, die wir in Kapitel 3 präsentiert haben, und zwar hauptsächlich aus zwei Gründen. Erstens bezogen sich die in Kapitel 3 verwendeten Daten auf die Ebene einzelner Bezirke, was bedeutet, dass wir das Ausmaß des Immobilienpreisschocks in der betreffenden Region besser erfassen konnten. Die BEA-Daten auf der Ebene der Bundesstaaten machen es notwendig, die Bezirke innerhalb der Bundesstaaten zusammenzufassen, wobei allerdings in einigen der Bezirke in den vom Immobilienpreisschock schwer getroffenen Staaten kein Kollaps der Immobilienpreise zu verzeichnen war. Zweitens enthalten die BEA-Daten auch Ausgaben für Dienstleistungen – zum Beispiel für Krankenversicherungsbeiträge und Bildung –, die in den Kapitel 2 zugrunde liegenden Daten nicht enthalten waren, die auf Kreditkarten- und Debitkarten-Ausgaben basieren. Die Ausgaben für solche Leistungen werden wahrscheinlich von einem Einbruch des Nettovermögens weniger stark beeinflusst, und deshalb ist der Unterschied geringer. Aber dessen ungeachtet zeigen die BEA-Daten einen Konsumrückgang in den schwer getroffenen Bundesstaaten, der statistisch signifikant ist.

230 Scott Baker, »Debt and the Consumption Response to Household Income Shocks« (Arbeitspapier, Northwestern University, August 2014).

231 Asger Lau Anderson, Charlotte Duus, Thais Laerkholm Jensen, »Household debt and consumption during the financial crisis: Evidence from Danish micro data« (Danmarks Nationalbank Working Papers, März 2014).

232 Philip Bunn, »Household debt and spending«, *Bank of England Quarterly Bulletin*, 2014Q3, S. 304–315.

233 Mark Kamstra und Robert J. Shiller, »The Case for Trills: Giving the People and their Pension Funds a Stake in the Wealth of the Nation«, (Cowles Foundation Discussion Paper Nr. 1717, Yale University August 2009).

234 Siehe Thomas Piketty und Emmanuel Saez, »Income Inequality in the United States, 1913–1998«, *Quarterly Journal of Economics* 118 (2003), S. 1–39, sowie Thomas Piketty und Emmanuel Saez, »Inequality in the Long Run«, *Science* 344 (Mai 2014), S. 838–843.

235 International Monetary Fund, *World Economic Outlook: Recovery Strengthens, Remains Uneven*, IMF, Washington, DC, April 2014. Siehe dort Kapitel 3, vor allem Abbildung 3.2.

236 John Cochrane, »Toward a Run-Free Financial System«, (Arbeitspapier, April 2014).

237 Martin Wolf, *The Shifts and the Shocks: What We've Learned – and Still Have to Learn – from the Financial Crisis*, Allen Lane: London, 2014.

Register

Weitere Titel aus dem Orell Füssli Verlag

Daniele Ganser

Europa im Erdölrausch

Die Folgen einer gefährlichen Abhängigkeit

88 Millionen Fässer Erdöl werden weltweit täglich verbraucht. Das sind 44 Supertanker. Woher kommt das Öl? Wie hat es die europäische Geschichte in den letzten 150 Jahren beeinflusst? Und vor allem: Warum geht es uns jetzt aus?

Daniele Ganser, Peak-Oil-Experte und Friedensforscher, legt die erste Gesamtdarstellung zu Europas Erdöl-Abhängigkeit vor. Er schildert den Beginn der Erdölindustrie, das durch billige Energie angetriebene Wirtschaftswachstum, die Erdölkrisen der 1970er-Jahre und die Hintergründe des andauernden, blutigen Kampfs ums Erdöl bis hin zu den jüngsten Kriegen im Irak und in Libyen. Absoluten Neuigkeitswert hat Gansers Nachweis, dass beim konventionellen Erdöl weltweit bereits 2005 das Fördermaximum erreicht wurde. Für heiße Diskussionen werden auch seine Szenarien zur energiepolitischen Zukunft sorgen: Spitzt sich der globale Kampf ums Erdöl zu? Gelingt den Europäern die Wende hin zu 100 Prozent erneuerbaren Energien?

416 Seiten, Broschur
ISBN 978-3-280-05474-1

orell füssli Verlag

Naveed Jamali mit Ellis Henican

Jagd auf Juri

Ich war ein US-Doppelagent

»Du könntest eine Menge Geld machen!«
»Was heißt denn ‚ne Menge?«
»Du hast doch mal von dieser Corvette geschwärmt.«
»Ja, und?«
»Mit den Unterlagen, an die du rankommst, könntest du zehn von denen kaufen.«
Nun ja, ich liebte diese geilen amerikanischen Sportwagen…

Die wahre Geschichte eines jungen Amerikaners, der sich selbst das Agentenhandwerk beibringt, für Russland in den USA spioniert und dem FBI hilft, einen russischen Agenten zu Fall zu bringen.
Atemberaubend und beängstigend zugleich: eine Geschichte von Spionage und Gegenspionage, von Vertrauen und Verrat, von List und Täuschung, und über den Kalten Krieg in unseren Tagen.

352 Seiten, Hardcover mit Schutzumschlag
ISBN 978-3-280-05574-8

orell füssli Verlag